高职高专“十三五”规划教材

经济学基础应用与实训

主　编　农祥亮　周岳梅
副主编　潘　剑

中国铁道出版社有限公司
CHINA RAILWAY PUBLISHING HOUSE CO., LTD.

内 容 简 介

本书从高职教育特点和工学结合模式的人才培养特色出发，教学目标充分体现教学过程的实践性、开放性和职业性，重视培养学生运用经济学基本原理分析现实经济问题和解决现实经济问题的能力。

本书共分为十三个项目，内容包括认知经济学、需求与供给分析、均衡价格分析及其运用、弹性分析及其运用、消费者选择理论、消费者如何决策、企业生产的组织、企业决策的财务分析、企业在市场结构中的行为决策、市场失灵和政府失灵的应对、宏观经济运行的衡量、宏观经济运行的监测、宏观经济运行的调控。

本书适合作为高职高专院校经贸类、金融类、财经类等专业的核心技能课程教材，也可作为企业管理、销售人员的业务培训教材或业务参考书。

图书在版编目(CIP)数据

经济学基础应用与实训/农祥亮，周岳梅主编．—北京：中国铁道出版社有限公司，2020.1

高职高专"十三五"规划教材

ISBN 978-7-113-26624-0

Ⅰ.①经… Ⅱ.①农…②周… Ⅲ.①经济学-高等职业教育-教材 Ⅳ.①F0

中国版本图书馆 CIP 数据核字(2020)第 021355 号

书　　名：**经济学基础应用与实训**
作　　者：农祥亮　周岳梅

策　　划：潘星泉　　　　编辑部电话：010-63589185 转 2052
责任编辑：潘星泉　包　宁
封面设计：刘　颖
责任校对：张玉华
责任印制：郭向伟

出版发行：中国铁道出版社有限公司（100054，北京市西城区右安门西街 8 号）
网　　址：http://www.tdpress.com/51eds/
印　　刷：北京柏力行彩印有限公司
版　　次：2020 年 1 月第 1 版　2020 年 1 月第 1 次印刷
开　　本：787 mm×1 092 mm　1/16　**印张**：12.25　**字数**：297 千
印　　数：1～2 000 册
书　　号：ISBN 978-7-113-26624-0
定　　价：38.00 元

前言

“经济学基础”课程在我国高职高专院校经济管理类专业人才培养方案的教学计划中被设定为必修的专业基础理论课。

经济学属于理论经济学范畴，偏重于理论分析，涉及许多图形、公式和模型，使用许多数学方法，而且每一个结论都包含着严格的前提假设。高职高专学生很难理解这些数学化理论和模型与日常生活之间的联系，再加上概念、定律、原理、方法很多，相互之间又极易混淆，经常会觉得迷惑不解。

常规教材一般都严格遵循章、节、课后练习的编写顺序，强调课程体系的完整性、严密性、系统性和衔接性，对于“研究型”高校教学具有很强的科学性和合理性。但是，高职院校的学生知识零散，思维跳跃性强，大都不习惯系统地思考问题。

很多老师在上这门课时也是采用传统的教学方法，用大部分时间对课本中的概念、特征、成因、规律等内容进行逐一讲授，并通过作业练习、考试考查的方法督促学生死记硬背，从而达到掌握知识点的目的。教师在课堂上完全占据着主要的地位，通过讲授知识、控制课堂，把讲台当成自己表演的天地；而学生坐在下面被动听讲，跟着老师的步骤学习，看着老师热情洋溢的表演，却无法融入，最终可能会缺乏运用所学知识分析和解决实际问题的能力。在实际工作和生活中碰到了经济问题，往往都是手足无措，无法应对。

工学结合模式的“经济学基础”教学，要突破单纯知识目标下从概念到概念、从原理到原理的内容体系，形成知识目标和能力目标并重，原理、原理的应用及典型案例三者有机结合的内容体系，增加学生的感性认识，加强学生实践能力的培养。

本书根据高职课堂教学活动组织的需要和教师教学方法多样性的需求来组织项目单元内容，理论简洁易懂，先微观、后宏观，以微观经济为主，了解宏观经济运行，和现实生活紧密结合，尽可能做到适合高职学生“去数学化”的要求；选用的案例生动、新颖、有趣。本书编写始终遵循“学生做主演，教师做导演，学练做合一”的编写原则。以导引案例的“驱动任务”，指导学生通过自学本书内容根据自己的理解发现任务的要义。本书适合在大班教学环境下实施分小组的项目任务操作,把讲台更多地交给学生,使学生积极地融入课堂教学活动中来。相信本书会使得“经济学基础”课堂教学活跃、生动起来。

本书由农祥亮、周岳梅任主编,潘剑任副主编。

由于编者水平有限,书中难免存在不足和疏漏之处,恳请广大读者提出宝贵意见!

编　者

2019 年 11 月

目　　录

项目一　认知经济学

【学习目标】

1. 了解经济学的含义和研究对象。
2. 了解经济学的七个重要理念。
3. 理解微观经济学和宏观经济学。
4. 对资源稀缺性、选择、机会成本能够理解和应用。

【导引案例】

经济学思维——让你学会思考

有一位经济学家、一位医生和一位教徒约好某天去打高尔夫球。到球场后发现球场上总是有人在漫无目的地乱跑。于是，他们去同工作人员交涉。工作人员向他们解释："为了向全社会残疾人献爱心，星期一下午球场向盲人开放，由此带来不便，向你们表示歉意。"三人听后，有三种不同的反应。

教徒听了大为感动，决定抽出时间，免费为残疾人祈祷，祈求保佑他们；医生听后，决定在他的诊所里免费为残疾人提供一定的医疗服务；经济学家却说："我有些不明白，你们为什么不把时间安排在晚上。"

从道德方面考虑，经济学家的说法可能是对残疾人的一种歧视。但从理性角度分析，白天与黑夜对盲人来说确实没有区别。盲人的利益是建立在一般顾客利益牺牲的基础上，这样看来，球场的资源配置的确缺乏效率。

经济学思维是从资源配置的角度看问题，"理性"是永恒的价值导向。

实际上，在生活中，人人都是"理性人"。比如买一件商品时，人们都希望买到物美价廉的东西，决不希望买到质次价高的东西。在经济活动中，每个人都会保持自利性和理性。

既然人人都是理性人，为什么在实际生活中，一些人的理性思考会得到非理性的结果？

其实，人的理性是"有限理性"。人的思考和行为要受到各种因素的制约，如占有信息多少、聪明程度以及外部条件等因素的影响。比如，西方那则"为了一碗红豆汤而放弃继承权"的故事中，红豆汤代表眼前的利益，继承权代表长远的利益。选择红豆汤也是理性思考的结果，但从长远来看，这样的理性选择无疑是不理性的。这就是人的有限理性。

历史上的道光皇帝非常简朴，一次他的裤子破了一块。于是，他让人打上补丁接着穿。后来裤子补好了，他问花了多少钱，官员回答："一千两白银。"道光听了很吃惊，但也无可奈何。

这个问题要从两方面理解。一个是经济层面的问题：补一条裤子要花这么多钱，还不如花几十两银子买条新的划算。另一个层面是意识形态领域的问题：皇帝穿打补丁的裤子，一旦传到民间，会产生巨大的蝴蝶效应，这种精神是多少钱都买不来的。

当然，这个问题也可以用上面讲到的有限理性来看待。

学习经济学不是为了学到多少理论知识，而是学会如何思考问题，获得一种理性的思维方式。

人的一生都面临理性的选择。当我们是学生时，父母替我们考虑应该选择什么样的教育；大学毕业后，我们和父母一块考虑是继续读研，还是工作；工作有了收入以后，我们要考虑多少用来储蓄，多少用来投资；有一天有了自己的企业，我们还要考虑如何获取更高的利润。这些都需要我们做出选择，这就要求我们要具有理性的思维。

当然，在现实生活中，我们绝不可能处处都以经济学"理性"的视角理解世界。毕竟，世界上还有除了经济学之外的东西，比如亲情、爱情、友情、同情心、道德精神等。如果一味地把理性观运用到生活中，生活也会变味，说明你也不是一个"理性"人。

【驱动任务】

水 危 机

水是哺育人类的乳汁。没有水的哺育，就没有生命的繁衍；没有水的世界，将是死亡的世界。地球上因为有了水，才变得生机勃勃。各种形态的水，包括液态、气态和固态的水，都统计起来总水量大约有13.8亿km^3，即1.38×10^9 km^3。从总水量来看，极其惊人。然而，一方面，人类对水的需求与日俱增，另一方面，又存在着水资源的浪费和污染的问题，使水资源不断枯竭。水资源危机将成为21世纪人类面临的最为严峻的现实问题之一。

思考：水看起来是最不缺的资源，但为什么还会出现水危机呢？请用经济学的稀缺性进行分析。

单元一 经济中的永恒矛盾及其解决之道

一、经济学的起源

人类需求（欲望）的无限性与资源的有限性之间的矛盾，是困扰人类的永恒矛盾。因此，提出了经济学要回答的基本问题：选择最优的资源配置方式，实现利益最大化。

（一）人类欲望的无限性

所谓欲望，是人们想要得到满足的愿望。它是人们对生活资料和服务的不间断的需求，是人们的一种心理感受。空气、食品和水是维持人们生存的最基本的要素，人们也需要衣着和住所，需要一个属于自己的空间，而这些满足后，人们又会有其他的、更高的欲求。需要更好的食品、时尚的衣饰、舒适的住房。根据西方心理学家马斯洛的理论，人的欲望或需要可以分为五个层次，它们由低到高分别是：基本的生理需要；安全和保障需要；社会需要（如爱情、归属感等）；被尊重的需要；自我实现的需要。从欲望或需要的层次来考察，较低层次的欲望或需要一旦得到相应的满足，人们就会产生一个更高层次的欲望或需要。人们的欲望表现为一种无限的特征。

（二）资源的稀缺性

稀缺性(scarcity)指相对于人们无限的欲望和需要而言，再多的资源也是不够的、稀缺的。用来满足人类欲望的物品可以分为自由取用物品（free goods）和经济物品（economic goods)两种。前者的供给是无限的,不需要花费任何成本便可获取,如空气、阳光等,但它们只能满足人类最基本的需要;后者的供给是有限的,相对于人类的欲望而言,绝大多数物品都属于经济物品,这些物品和生产这些物品所需要的资源总是不足的,这种不足就是稀缺。

这里需要指出的是,经济学上所说的稀缺性,不是指物品或资源绝对数量的多少,而是指相对于人类欲望的无限性而言,再多的物品和资源总是不足的。所以,资源的稀缺性是相对的,相对于人们无限的欲望需要,资源总是稀缺的。但是,稀缺性的存在又是绝对的,它存在于人类社会的任何时期和任何地方,是人类社会面临的永恒的问题。

当然,这并不否定人类的无穷欲望。没有无穷的欲望人类社会和文明就不会进步,但是也造成了很多问题,如污染、过度开发等,对人类的生存环境造成了威胁。

由于资源是稀缺的,所以如何利用有限的资源在有限的时间内去满足人们最重要、最迫切的欲望,便成了人类经济生活的首要课题。要解决该问题,人类社会就必须进行选择。所谓选择就是如何利用既定的资源去生产经济物品,以便更好地满足人类的欲望。

稀缺性是人类社会所面临的永恒问题,所以"生产什么""如何生产""为谁生产"问题就成为人类社会所必须解决的基本问题。这三个问题被称为资源配置问题。经济学正是为了解决稀缺性问题而产生的。经济学的研究对象也是由稀缺性问题而引起的。

"稀缺"是"缺","短缺"也是"缺",我们会错误地认为两者是一回事,其实不然。

经济学中的供求机制告诉我们,市场提供的商品数量少于我们需要买的商品数量,我们买不到,就会出现短缺,价格也会随之升高,让一些人买不起,从而需求下降,供给和需求又恢复平衡。短缺是暂时的,价格一升就能解决,但稀缺我们无能为力,像石油这种稀缺资源,开采完就没有了。

二、资源的配置

如前所述,人类社会必须解决的三大基本问题被称为资源配置问题。但在现实中,人类社会往往面临这样一种矛盾:一方面资源是稀缺的;另一方面稀缺的资源可能又没有得到充分利用。如劳动者的失业、生产设备和自然资源的闲置等。这样,资源的稀缺性又引出了另一个需要研究的问题,即资源利用。所谓资源利用就是人类社会如何更好地利用现有的稀缺资源,使之生产更多的物品。

这就是说,由于资源是稀缺的,所以人们在进行经济活动时要合理配置资源,同时还应考虑这样几个相关的问题:

第一,在资源既定的情况下,如何使稀缺的资源得到充分利用,使产量达到最大?

第二,经济为什么会发生周期性波动?如何促进经济稳定增长?

第三,货币或储蓄的购买力是否发生了变化?还是由于通货膨胀而下降了?

三、经济学的定义

从以上的分析,可以对经济学下一个较全面的定义:经济学(economics)是研究社会如何使用稀缺资源生产各种产品和劳务,并分配给不同的人,以求满足人类无限欲望并使之最大化的一门学科。经济学研究的起点是资源的稀缺性,而终点是人的欲望的最大满足。该定义是围绕资源配置和资源利用的效率展开的,通过提高资源配置和资源利用的效率来最大限度地解决资源稀缺性与无限欲望的矛盾。

单元二　微观经济学与宏观经济学

一、微观经济学研究什么

（一）微观经济学的定义

微观经济学(microeconomics)是现代经济学的一个分支，主要以单个经济单位(单个生产者、单个消费者、单个市场经济活动)作为研究对象分析的一门学科。微观经济学是研究社会中单个经济单位的经济行为，以及相应的经济变量的单项数值如何决定的经济学说。

亚当·斯密(Adam Smith)通常被认为是微观经济学的创始人。今天，经济学的这一分支主要是研究作为单个实体的市场、企业、家庭的行为。亚当·斯密在《国富论》(1776)中考虑了单个价格是怎么制定的，研究了土地、劳动力和资本的价格的决定因素，并且探讨了市场机制的优缺点。最重要的是，他发现了市场的显著效率特性，并认为经济效益来自个人的自利行为。这些仍然是今天的重要问题，虽然微观经济学的研究自斯密时代以来已取得了很大进展，但他仍然受到政治家和经济学家的引用。

【相关资料】

看不见的手——市场调节机制

“看不见的手”的概念，出自亚当·斯密1776年出版的《国家财务的性质和原因的研究》(简称《国富论》)，该书中有一段话被后人广为引用：“每个人都试图应用他的资本，来使其生产品得到最大的价值。一般来说，他并不企图增进公共福利，也不清楚增进的公共福利有多少，他所追求的仅仅是他个人的安乐、个人的利益。但他这样做的时候，就会有一双看不见的手引导他去达到另外一个目标，而这个目标绝不是他所追求的东西。由于追逐他个人的利益，他经常促进了社会利益，其效果比他真正想促进社会利益时所得到的效果更大。”这就是现在经济学著名的“看不见的手”的原理。图1-1所示为“看不见的手”示意图。

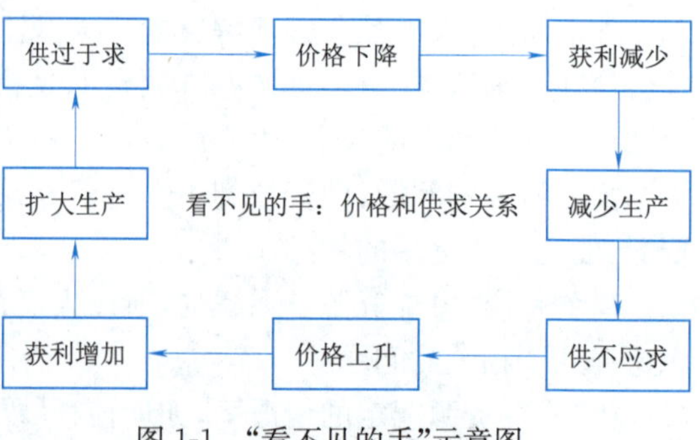

图1-1　“看不见的手”示意图

通俗地讲，就是在市场中每个人的动机都是利己的，而在利己心的驱使下，人们会在市场交易中都奔着最大的利益而去，在每个人获得了利益后，社会也就得到了利益。但是，促进社会利益不是个人的本意，他们似乎受到一只“看不见的手”的牵引，在完成个人利益最大化的同时不自觉地促进了社会利益。

“看不见的手”即强调市场对资源的配置作用，通过价格、供求、竞争和风险机制，市场能够促使生产要素优化组合，促进商品生产者改善经营管理、提高生产技术，并最终实现资源的优化配置。

（二）微观经济学的基本内容

微观经济学的基本内容主要包括以下五方面：

(1)价格理论：研究商品的价格是如何决定的，价格对消费者需求和生产者供给的影响，以及价格如何调节整个经济的运行。价格理论是微观经济学的核心理论。

(2)消费者行为理论:研究消费者如何将有限的收入分配于各种物品的消费上,以实现最大的满足感。

(3)生产者行为理论:研究生产者如何将有限的资源用于各种物品的生产,以实现利润最大化。

(4)分配理论:研究生产要素的价格和数量与生产要素所有者收入的关系。

(5)市场失灵与微观经济政策:市场机制是有效的社会资源配置方式,但市场机制并非万能,市场机制的调节作用具有自发性和盲目性的特点,因此单靠市场机制无法解决经济中的所有问题,就需要相应的微观经济政策来对经济生活进行调节。

二、宏观经济学研究什么

(一)宏观经济学的定义

宏观经济学(macroeconomics)是经济学的另外一个主要分支,使用国民收入、经济整体的投资和消费等总体性的统计概念来分析经济运行规律的一个经济学领域。宏观经济学是相对于微观经济学而言的。

宏观经济学关注的是经济的总体表现。约翰·梅纳德·凯恩斯(John Maynard Keynes),英国经济学家,1936 年出版了具有革命性的著作《就业、利息与货币通论》,标志着现代宏观经济学的形成。当时的英国和美国仍处在自 1929 年爆发的经济大萧条中,伴随大萧条而来的是美国超过四分之一的劳动力失业。凯恩斯在他的新理论中对商业周期(交替出现高失业率和高通货膨胀)的成因进行了分析。当今,宏观经济学研究领域更广泛,比如:总的投资和消费是如何决定的?央行是如何管理货币和利率的?国际金融危机是如何产生的;为什么有的国家发展很快而有的国家却陷入停滞?尽管宏观经济学自凯恩斯以来已经取得了很大的发展,但凯恩斯所提出的问题仍然是当今宏观经济学研究的重要内容。

【相关资料】

看得见的手——政府调控与干预

"看得见的手"出自英国另一位经济学家凯恩斯的《就业、利息和货币通论》一书。核心思想是国家对经济生活的调控与干预,主张国家采用扩张性的经济政策,通过增加需求促进经济增长。凯恩斯主义开创了人类经济史上处理金融危机的方式,在短期内缓解了资本主义大萧条带来的灾难。

凯恩斯认为政府这只"看得见的手"在保持供需平衡、维护经济稳定方面有着巨大的作用。我国在计划经济时代。"看得见的手"可谓无处不在,从工厂到农村的生产队,生产什么、生产多少、产品如何定价、如何销售,都是各级政府说了算。市场经济下的政府在经济发展中的主要作用是提供国家安全、法制基础;提供稳定的宏观环境(例如:稳定的货币供给、物价、合理的利率和汇率);保护资源和环境;反对垄断,维护公平的市场竞争秩序;照顾缺乏竞争力的弱势群体。

(二)宏观经济学的研究内容

宏观经济学的基本内容主要包括以下五方面:

(1)国民收入决定理论。国民收入是衡量一国经济资源利用情况和整个国民经济状况的基本指标。国民收入决定理论从总供求关系来分析国民收入决定因素和国民收入的变动规律。

(2)通货膨胀与失业。通货膨胀和失业是各国普遍存在的问题,宏观经济学将两者与国民收入结合起来分析其成因和相互关系,以求找到解决通货膨胀和失业的方法。

(3)经济增长与商业周期理论。其是研究经济增长的影响因素、过程与结果的长期趋势,以便政府制定反经济周期的应对措施,以实现经济的长期、稳定、均衡增长。

(4)开放经济理论。当今各国存在着日益紧密的经济联系,一国的经济发展会受到国际经济的影响。开放经济理论就是在全球经济的体系内研究国民收入决定、通货膨胀与失业、经济增长与经济周期,进而说明一个国家的经济政策是如何对国民收入进行调整的。

(5)宏观经济政策。宏观经济政策是国家干预的表现,包括政策目标、政策工具和政策效应三方面内容。

图 1-2 所示为市场构成与运行循环图。

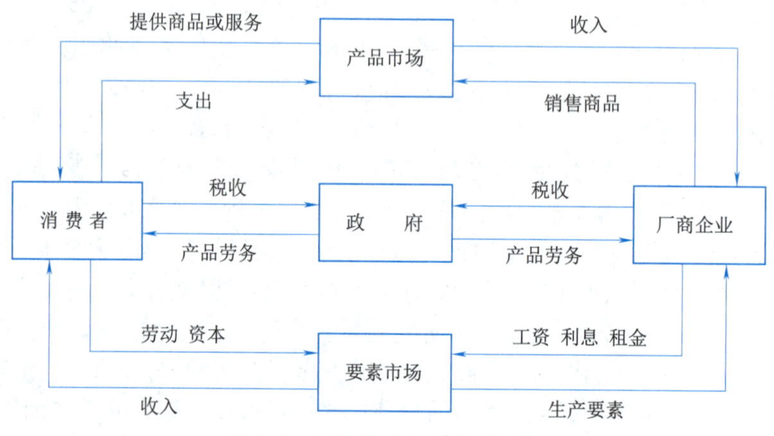

图 1-2　市场构成与运行循环图

单元三　七个最重要的经济学理念

七个最重要的经济学理念出自《宏观经济学:现代原理》一书,是美国经济学家泰勒·考恩(Tyler Cowen)和亚历克斯·特布洛克(Alex Tabarrok)创作的经济学著作,本书通过大量联系实际、生动有趣的案例表明,宏观经济学与人们的生活息息相关。此外,本书对真实经济周期理论与新凯恩斯理论进行了综合,为我们理解经济带来了更全面的视角。

这七个大理念分别是:激励很重要、好的制度使个人利益和社会利益趋于一致、利弊权衡无处不在、从边际进行思考、干预供求定律会产生后果、财富和经济增长的重要性、制度很重要。以下我们就来学习这七个大理念。

在过去,囚犯们也许会因为坏血病、伤寒发热和感染天花而死于非命,但是,没有什么比糟糕的激励更能令他们丧命。1787 年,英国政府曾经雇用一些船长把一些被判了重刑的罪犯航运到澳大利亚。航运船只上的条件简直恶劣得令人恐怖,有人甚至说这些船上的条件比贩卖奴隶的船还要糟糕。有一次在航运过程中,超过三分之一的男人都死了,其余的人到达时也都是精疲力竭,饥饿难忍,疾病缠身。一名长官在评论这些罪犯时残酷地说:“就让这些人下地狱吧,反正运送他们的酬金老板们已经拿到了。”

英国的公众对这些罪犯也没有多少好感,但问题在于,这些罪犯们并没有被判处死刑。

于是，新闻报纸发表社论要求改善航运条件，宗教人士呼吁船长们应该有人道主义精神，立法委员们通过了立法，要求改善航运过程中的食物和饮水、光线和空气，以及提供必要的医疗救助。然而，即使这样，死亡率仍然一直高得惊人。直到有位经济学家给出新的建议之前，任何措施都没有见效过。你能想象得出这位经济学家给出的是什么建议吗？

这位经济学家建议，不应该在大不列颠上船时就为所有的囚犯都付清费用，而应该在达到澳大利亚时，为那些能离开船只的囚犯们向船长们支付运费。1793 年，当新的措施付诸实施后，存活率立即跃升为 99%。一位精明的观察者如此评价这一事件："经济战胜了情感和仁爱。"

这一航运囚犯的故事说明了一个经济学的重大启示：激励至关重要。

我们认为，以下一系列理念，都是经济学对于人类理解力所做出的最重要和最基础性的贡献。这些贡献被称为大理念。不同的经济学家也许会按照不同的方式和顺序来排列这些理念，但是，任何一位优秀的经济学家都不会反对，这些理念是经济学中公认的基本原理。

一、激励很重要

如果在囚犯上船时，就已经向船长们支付完了费用，船长们是很少有激励来善待囚犯的。实际上这样的做法只能激励虐待囚犯。例如，有些船长不为囚犯供给必需品，他们把囚犯的食物储存起来，然后在到达澳大利亚后卖掉这些食物，并从中获得丰厚利润。

但是，如果只有当囚犯能活着达到目的地时，船长才被支付运费，对船长的激励就发生了变化。在此之前，船长能从囚犯的死亡中获利。但现在，只有这些囚犯活着，船长才能得到这笔钱。

激励无处不在。在美国，我们都理所当然地认为，当我们走进超市的时候，货架上会摆满了新西兰的奇异果、印度的大米、智利的葡萄酒。我们每天都依赖千百万的其他人为我们提供食品、衣服和住所。为什么会有这么多人在为我们的利益服务呢？亚当·斯密在其 1776 年的经典著作《国富论》中解释到："我们能期待的宴餐，并不是屠夫、酿酒商和面包商的仁慈，而是来自于他们对自我利益的追求。"

每个人在任何时候都是自私的吗？当然不是！我们像其他人一样喜爱我们的伴侣和孩子。但是，经济学家认为，人们会按照一种可预测的方式来对待各种激励。名望、权力、声誉、欲望和爱好，这一切都是重要的激励。

二、好的制度能使得个人利益和社会利益趋于一致

船运囚犯故事中隐含的第二个启示是：当私人利益和社会利益一致时，能得到好的结果；但是，一旦私人利益和社会利益发生冲突，有时会出现一些残酷而又极不人道的结果。为每一位走下甲板的囚犯向船长支付报酬，这就是一种好的支付制度。因为它建立的激励机制能够引导船长采取正当行为，不仅仅是为了自己，也为了所有囚犯，为了给他们支付报酬的政府。

经济学中最不寻常的发现就是：在合适的条件下，市场能把私人利益和社会利益结合在一起。超市储存有来自全世界的商品，是因为市场在引导和协调成千上万人的私人利益与社会整体利益相致。农夫在早晨 5 点醒来就去照看自己的庄稼，卡车司机把货物运往超市交货，业主冒着投资风险来建造超市——他们中的每个人都在为自己的利益努力。但与此同时，他们也在达成了你我的利益。

亚当·斯密曾经以一种令人印象深刻的隐喻手法说：如果市场运行良好，追求自我利益

的人们会提高整个社会的利益，这就好像有一只“看不见的手”在引导他们。“对自我利益的追求符合社会整体利益。”——也就是说，至少在某些时候，“贪婪就是美德”这一理念是经济科学中最惊人的发现。

追求自我利益的个体能够产生一种并非大家刻意为之的结果，但它却是一种能令所有人都满意的结果。

三、利弊权衡无处不在：机会成本

2004 年 9 月，当默克公司宣布从市场上撤销关节炎药时，万络关节炎药的使用者变得愤怒起来。同时，一份新的研究报告表明，万络关节炎药可能会导致中风和心脏病发作。万络药品已经上市 5 年，其间有上百万人使用过这种药品。患者对默克公司和美国食品药品管理局(简称 FDA)非常不满。FDA 的职责是确保新药品的安全性和有效性，它是怎么让万络关节炎药进入市场的？很多民众要求，为了确保药品的安全性更好，需要再加强药品的安检措施。不过，经济学家担心的却是，被批准的药品可能会安全过头了。

安全过头！怎么可能会安全过头呢？是的！因为利弊权衡无处不在。研究、开发和测试一种新药品需要耗费时间和资源。平均来说，需要 12 年的时间和 9 亿美元的费用，才能把一种新的药品推向市场。更多的检测意味着被批准的药品将具有更少的副作用，但是，另外两个重要的方面也必须考虑：药品的滞后和药品的缺失。

药品检测需要时间，因此，更多次的检测就意味着好的药品会被延期上市，就像差的药品被延期一样。平均来说，新药品总比原有的药品疗效更好。因此，新药上市花费的时间越长，可能就有越多的人会受到损失。因为如果新药品被早点批准上市的话，这些人就能够从新药品的治疗中受益。一个人可能会由于不安全的药品被批准使用而死亡，一个人同样也可能由于一种安全药品还没有被批准使用而死亡。这就是药品的滞后。

药品检测不仅需要时间，它也耗费成本。检测成本越高，新药品就会越少。检测成本是每一种潜在药品都必须跨越的障碍，只要这种潜在药品希望被开发出来。高成本意味着高障碍，这会导致新药品出现得更少，从而被挽救的生命也会更少。一个人可能会由于不安全的药品被批准使用而死亡，同样也可能会由于一种安全药品从来没有被开发使用而死亡。这就是药品的缺失。

因此，社会面对的是一种利弊权衡。更多的检测意味着(最终)被批准的药品会更安全，但是，它同样也意味着更多的药品滞后和更多的药品缺失。在考虑 FDA 的政策时，如果我们希望做出明智的选择，我们就需要同时兼顾到这两个方面的平衡。

抉择同经济学中的另一个重要理念密切相关——机会成本！什么是机会成本？

每一项选择都涉及成本和收益。一项选择的机会成本就是在进行该项选择过程中丧失的其他机会的价值。来看看人们对上大学的选择吧。上大学的成本是什么呢？首先，你可能会这样计算成本：学费加上书本费，再加上住宿费，一年 15 000 美元。但是，这并不是上大学的机会成本。你由于上大学而损失的机会是什么呢？

你因为上大学而损失的最主要机会(大概)是拥有一份全职工作的机会。大部分人也许能够很容易地找到一份 25 000 美元年薪的工作，甚至可能是更高年薪的工作(比尔·盖茨就没有念完大学)。如果你大学读了四年，那么，你就为接受这份教育放弃了 100 000 美元。上大学的机会成本大概比你想象的要高。为了使这些钱花的物有所值，你们也许应该在课堂上多问些问题吧！(但是，回过头去再看看我们刚才所列举的费用——学费、书本费和住宿费——其实住宿费不应该算作上大学的机会成本，因为无论是否上大学，你都需要支付住宿费。)

由于以下两方面的原因,机会成本非常重要:首先,如果你不理解选择过程中你正在失去的机会,你就不可能清楚地认识到你所面临的实际抉择。认清你所面临的抉择,这是进行明智选择的第一步。其次,大多数情况下,人们都会对机会成本的变化做出反应,即使所花费的货币成本没有改变。因此,如果你想要理解人类的行为,你就必须理解机会成本。

例如,如果经济变得萧条,你认为去上大学的人数会如何变化呢?在经济萧条的时候,学费、书本费和住宿费并不会下降,但上大学的机会成本下降了。为什么?在经济萧条时,失业率上升,因此,找到一份高薪水的工作更难。这就意味着在高失业率的时候,上大学所损失的机会成本更少。因此,我们预测,失业率上升时,上大学的人数会增加;从机会成本的角度来看,上大学更便宜了。在 2009 年,当失业率飙升的时候,大学入学率到达了 70.1%。这在历史上是最高的。

四、用边际进行思考

罗伯特正驾车从 80 州际国道驶向艾奥瓦州的首府得梅因。他希望尽快地到达目的地,但又不想领到超速罚单。国道的限速是 112 km/h。不过罗伯特盘算,如果只超速一点点的话,领罚单的风险可能很小,因此,罗伯特把超速控制在 115 km/h。这条路又直又平,而且 20 min都看不到一辆车。于是罗伯特又动了动手指,把车速提到了 120 km/h。在快要到达得梅因时,罗伯特发现了辆警察巡逻车,因此他又把车速调低到 112 km/h。过了得梅因之后是一片安静的玉米地,因此他又把速度调高到 115 km/h。过了这条国道进入内布拉斯加州后,罗伯特看到限速是 120 km/h,因此他把车速调高到 123 km/h。在到达奥马哈之前,他没有再调低车速。

罗伯特和他的车速控制说明了经济学家所谓的用边际思考的意思。在罗伯特开车的时候,他在不断地盘算着收益和成本,并借此做出决策:车速是应该快一点,还是慢一点?

用边际思考就是通过计算边际收益和边际成本——再多一点(或者再少一点)的收益(成本)来进行选择。我们生活中的绝大多数决策都是某物再多一点或者再少一点的选择,这说明用边际思考对于理解消费者和生产者的决策也是非常有用的。消费者是会多买一些苹果还是少买一些呢?油井是应该多生产几桶还是少生产几桶石油呢?

边际的最关键点实际上就是对抉择重要性的一种重新表述。如果你想要理解人类的行为,就看看人们所面临的选择吧!这种选择通常都包含有再多一点还是再少一点的权衡。

直到 1871 年以前,用边际思考这一重要的思想在经济学中都不常见。也就是在这一年,斯坦利·杰文斯、卡尔·门格尔和里昂·瓦尔拉斯这三位经济学家同时发现了用边际思考这一思想。经济学家把经济学思想的这一转变称为“边际革命”。

五、贸易的力量

当 Alex 和 Shu 两人进行交易的时候,他们俩都从中受益。这一原理简单但很重要,因为交易使得 Aex 和 Shu 都受益,无论他们俩是住在具有同一语言和宗教信仰的同一个国家,还是分别居住在不同地域和文化背景下的世界两地。贸易的真正威力还在于它具有通过专业化生产来提高产出的能力。

如果我们都必须自己生产我们所使用的食物、衣服和住所(更不用说我们所使用的手机和喷气机了),那么我们当中很少有人能活下去。自给自足等于找死。我们都活下来而且活得很好,就是因为专业化提高了生产力。相对于每个人都修理自己的汽车和护理自己的心脏而言，专业化下的汽车修理师更熟悉汽车，而胸腔外科医生也更了解心脏。通过知识分工，知识总量大大增加，由此也极大地提高了生产力。

贸易也使得我们可以利用规模经济，在这种情况下大批量生产能够降低成本。如果农民都只为自家种植小麦，那么没有一家能使用得起联合收割机。但是，当农场主为成千上万家庭种植小麦时，联合收割机会为所有人降低面包的成本。

贸易最令人惊叹的特征就是，每个人都可以从中受益，即使是那些没有什么特殊生产能力的人。这其中的缘由在于，那些拥有特殊生产能力的人不可能所有的事情都自己做。玛莎·斯图尔特也许是这个世界上衣服熨得最好的人。但是，她仍然雇用其他人来帮她熨衣服，因为对她来说，熨一小时衣服的价格就是她经营一小时生意的价格。在面临着是用一小时来熨衣服还是来经商的选择时，玛莎·斯图尔特选择经营生意肯定会更好。换句话说，玛莎·斯图尔特熨衣服的机会成本太高。

比较优势理论是说，当个人或者国家都专业化生产那些它具有更低机会成本的产品时，他们之间的贸易能使得双方都受益。因此，玛莎·斯图尔特即使是雇用那些熨衣技术不如她的人来帮她熨衣服她也能从中受益。请注意，只要玛莎·斯图尔特管理商业的水平越好，她自己熨衣服的成本就越高。因此，玛莎·斯图尔特的生产能力越高，她对交易的需求也越大。同样，美国的企业在生产飞机或者设计高科技设备方面的生产能力越高，他们对纺织品或钢铁类产品的贸易需求也会越大。

六、财富和经济增长的重要性

每年都有上亿人感染上疟疾。疟疾轻则导致发烧、怕冷和恶心，重则造成肾衰竭、昏迷、脑损伤，甚至每年都会有大约 100 万人——大部分是儿童——死于疟疾。今天，我们认为疟疾是一种热带疾病，但在美国，疟疾也曾经很普遍。乔治·华盛顿感染过疟疾，其他感染过的人还有詹姆斯·门罗、安德鲁·杰克逊、亚伯拉罕·林肯、尤利塞斯·S. 格兰特和詹姆斯·A. 加菲尔德。一直到 20 世纪 40 年代后期，疟疾还曾在美国出现过。从那以后，通过改善排水系统、铲除蚊子繁殖场所和喷洒杀虫剂，直到最后，疟疾病终于在美国被消灭。这其中的经验是什么呢？财富——预防疟疾所需的支付能力——结束了美国的疟疾。财富来自于经济增长。因此，疟疾的出现不仅仅是地理学问题——它也是个经济学问题。

财富和经济增长能解决的问题不仅仅只有疟疾。在美国，这个全世界最富裕的国家之一，每 1 000 个儿童中有 993 个能够活到 5 岁以上。在利比亚——世界上最穷的国家之一 1 000个儿童中大约只有 765 个能活到 5 岁(也就是说，1 000 个儿童当中，在过他的第 5 个生日之前，有 235 个就已经死去)。总的来说，最富裕的国家也具有最高的婴儿成活率。

实际上，绝大多数人想要的东西，都是在最富裕的地方最容易得到。财富给我们带来了抽水马桶、抗生素、高等教育、选择我们理想职业的能力、开心的假期，当然，还有保护我们家人免受灾难的能力。财富也带来了妇女的权利和政治自由，至少在大部分国家如此(少数除外)，越富裕的经济会产生越富裕和越具有人情味的生活。简而言之，财富很重要，理解经济增长是经济学最重要的任务之一。

七、制度很重要

既然财富如此重要，那么，如何才能够促使一个国家变得更富裕呢？最直接的原因在于，富裕的国家有很多物资资本和人力资本，而且它们能够以最新的技术知识和最有效率的方式进行生产。但是，为什么一些国家能拥有更多的物质资本和人力资本？为什么它们能够很好地把最新的技术知识组织起来用于生产呢？简单地说，这又是激励问题。当然，这又回到了第一个理念。

企业、投资人和储蓄者，他们都需要激励来促使他们进行储蓄，并在物资资本、人力资本、创新和有效组织等方面进行投资。提高良性激励的最强有力的制度包括：产权、政局稳定、诚信的政府、独立的司法体系，以及竞争而开放的市场。

宏观经济学家对能够产生新思想的激励特别感兴趣。如果这个世界没有任何新的思想，那么，生活水平将会停滞不前。但是，企业创造出了iPhone、化学肥料、普瑞斯混合动力车，以及其他很多新的发明。你日常生活中所用的大量器械和设施，也都是多种思想和创新的复合产物，这就是经济增长的血液。当然，创造新的思想需要有激励，这就意味着要有一个积极活动的科学团体，以及能够把新思想转换为应用的自由和激励。思想有它的独特性质。一个苹果只能一个人吃，但是，一种思想可以被全世界的人同时享用。换句话说，思想，只要它被使用，它是不会被用完的。对贸易利得、未来的经济增长，以及其他很多主题的理解，都能体现对这一理念的精彩运用。

最重要的理念：经济学很有趣。一旦把以上所有的理念和其他的思想融合到一起，你将会看到，经济学既令人兴奋，又非常重要。经济学教会我们如何促使这个世界变得更加美好。经济学关心富裕和贫困之间的差距、工作和失业之间的差异，以及幸福和贫穷之间的差别。经济学将增进你对过去、现在及未来的理解。

你将会看到，经济学的基本原理在任何地方都适用，无论是在越南的稻田间，还是在巴西圣保罗的股票市场中。无论是什么主题，经济学原理在所有的国家都适用，而不仅仅是对你自己。此外，在今天全球化的世界，中国和印度的事件会影响到美国的经济，反之亦然。

同时，经济学也同每个人的生活息息相关。经济学能够帮助人们思考如何找工作，如何管理自己的个人理财，以及如何处理国债，应对通货膨胀、经济衰退，或者飙升的股票市场泡沫等问题。一句话，经济学致力于理解你身边的世界。

【学练合一】

一、单选题

1. 经济学与（　　）有关。

A. 货币　　B. 公司盈利或亏损的决定

C. 稀缺资源的配置　　D. 会计账户的平衡

2. “一方是无限的需求，一方是有限的商品”，这句话想说明（　　）。

A. 人类的本性是自私的，不愿与他人分享

B. 政府应当对产出进行再分配

C. 当前的生产方式是无效率的

D. 不存在简单的方法以解决稀缺性和人类需求的无限性之间的矛盾

3. 亚当·斯密的代表作是（　　）。

A.《经济学原理》　　B.《就业、利息与货币通论》

C.《国富论》　　D. 以上都不正确

4. “看不见的手”指的是（　　）。

A. 政府在市场中的职能

B. 实现财富再分配的税收机制

C. 经济个体在市场经济中追求个人利益的同时为整个社会提供了最佳的产品

D. 一种生产制度，每个人在其中所从事的职业都是最适合其自身的

5. 以下属于经济学最重要的七大理念的是(　　)。
A. 机会成本　　B. 激励的重要性
C. 边际思维　　D. 制度的重要性

6. 经济物品可以概括为(　　)。
A. 有用的物品　　B. 稀缺的物品
C. 要用钱购买的物品　　D. 有用且稀缺的物品

7. 以下属于自由物品的是(　　)。
A. 阳光　　B. 电视机　　C. 汽车　　D. 自来水

8. 稀缺性是指(　　)。
A. 生产家具的木材太少
B. 生产粮食的土地太少
C. 可用的经济资源与人类的欲望相比总是不足
D. 生产力不发达造成了物品的供给不足

9. 经济学可以定义为(　　)。
A. 研究政府如何对市场机制进行干预的科学
B. 消费者如何获取收入并进行消费的学说
C. 研究如何最合理地配置和利用稀缺资源的学科
D. 研究企业如何取得利润的理论

10. 皮特是某大学的学生,他可以花 5 元购买学校的球票。一场球赛 2 小时,他买票要花 1 小时排队。而他还可以去从事一份 10 元/小时的兼职。由于校外人士购买球票要花 30 元,所以有人愿意给皮特 20 元买他的票。皮特去看比赛的机会成本是(　　)元。
A. 30　　B. 35　　C. 40　　D. 45

二、多选题

1. 经济组织的三个基本问题是(　　)。
A. 生产什么　　B. 如何生产
C. 为谁生产　　D. 土地、劳动和资本

2. 宏观经济学的研究内容包括(　　)。
A. 国民收入　　B. 通货膨胀与失业
C. 经济增长与经济周期　　D. 开放经济与宏观经济政策

3. 经济学的两个分支是(　　)。
A. 宏观经济学　　B. 古典经济学
C. 微观经济学　　D. 现代经济学

4. 关于凯恩斯的表述,正确的是(　　)。
A. 他提出了“看不见的手”的观点
B. 他是现代宏观经济学的代表人物
C. 他是英国经济学家
D. 他的代表作是《就业、利息与货币通论》

5. 以下属于十大基本经济学原理的是(　　)。
A. 机会成本　　B. 过多的货币发行导致物价上升
C. 市场是有效地组织经济活动的方法　　D. 通货膨胀和失业存在短期权衡取舍

三、分析题

根据以下资料，分析微观经济学和宏观经济学有何联系和区别。

微观经济学与宏观经济学

在传统上经济学领域被分为两个领域，即微观经济学和宏观经济学。微观经济学研究家庭和企业如何做出决策，以及它们在某个市场上的相互交易。宏观经济学研究整体经济现象。一个微观经济学家可以研究租金控制对住房的影响，外国竞争对本国汽车行业的影响，或者接受义务教育对工人收入的影响。一个宏观经济学家可以研究政府借债的影响，经济中失业率随时间推移的变动，对提高生活水平增长的不同政策。

微观经济学和宏观经济学是密切相关的。生活中有很多事例在微观的角度看是正确的，但从整体角度看就是不合理的。比如在看足球赛时，一个球迷站起来看能够看得更清楚一些，但每个人都这样的话，结果是每个人都看不清楚。由于整体经济的变动产生于千百万个人的决策，所以，不考虑相关的微观经济决策而要去理解宏观经济的发展是不可能的。例如，宏观经济学家可以从个人所得税减少对整个物品与劳务生产的影响进行分析。为了分析这个问题，他必须考虑所得税减少如何影响家庭把多少钱用于物品与劳务的决策。又如，失业现象严重时，作为个人，除了一些佼佼者能谋到职业外，总有人没有就业岗位，作为厂商也不能无效率地吸收工人，所以失业问题是宏观问题，解决就业是政府的责任。

尽管微观经济学与宏观经济学之间存在固有的关系，但这两个领域仍然是不同的。在经济学中，也和在生物学中一样，从最小的单位开始并向上发展看来是自然而然的。但这样做既无必要，也并不总是最好的方法。从某种意义上说，进化生物学建立在分子生物学之上，因为物种是由分子构成的。但进化生物学和分子生物学是不同的领域，各有自己的问题和方法。同样，由于微观经济学和宏观经济学探讨不同的问题，所以，它们有时采用相当不同的方法，并通常分设微观经济学和宏观经济学两门课程。

【应用与实训】

实训目的

运用项目一中七个最重要的经济学理念的第三个理念“利弊权衡无处不在：机会成本”，对你的某一个选择的机会成本进行描述和分析。

实训项目

选择自己亲身经历的事件。

实训内容

思考上大学或者自己某一选择的机会成本。

运用机会成本的知识，写一篇“如何面对人生选择”的短文，字数不超过300。

实训说明

本实训为课后进行实训，最后在教室内进行发言。每个学生都要提交短文，然后教师选出几份短文在班上与学生分享，并根据情况给出相应的意见和建议，做出总结。

项目二　需求与供给分析

【学习目标】

1. 了解需求和供给的含义及影响因素。
2. 掌握需求与供给的表示方法。
3. 理解需求和需求量的区别。
4. 理解供给和供给量的区别。

【导引案例】

让鹦鹉成为经济学家

19 世纪英国著名的历史学家卡莱尔说过："只要你教鹦鹉学会说需求和供给，就能把它培养成经济学家。"由此可以看出供求在经济学中的重要性。与天气一样，市场也是变化莫测的。像天气是可以预测的一样，人们也可以通过市场的研究来揭示隐藏在看似随机变化的市场背后的力量。要预测市场的价格和数量，必须掌握供给与需求的分析方法。

从图 2-1 中可以发现，国际油价呈现出上涨幅度大、下降幅度小，上涨时间短、回落后油价仍比上涨前高并维持相当长时间的阶梯状上涨趋势。从 1948～1973 年的原油价格 2～3 美元/桶，到 1973～1985 年国际油价震荡上涨至 28 美元/桶，再到 1986 年底欧佩克和西方达成18 美元/桶的国际目标油价，并将此石油均价维持至 1999 年。最近一次国际油价调整是 2000 年 3 月欧佩克制定了 22～28 美元/桶的"价格带"，维持了大约 3 年时间。

2003 年以来，伊拉克战争对石油市场的冲击引发了国际石油价格的新一轮调整。与上次海湾战争后国际油价的持续回落不同，此次伊拉克战争之后，国际油价在两年时间内不断大幅攀升，虽然 2005 年 10 月以后有所回落，但从中长期看，油价仍将呈现阶段性上涨，在高位价格带中徘徊的趋势。

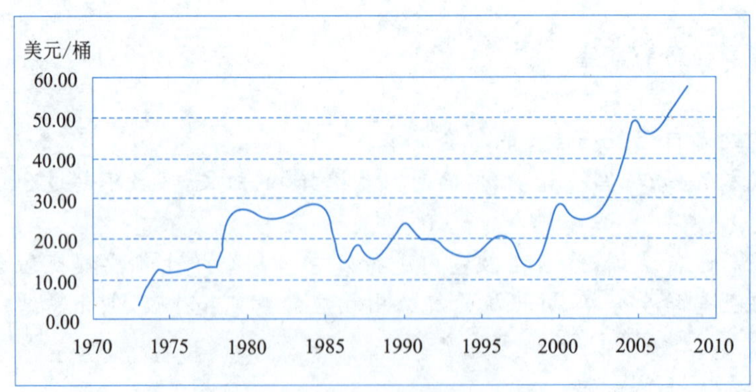

图 2-1　国际原油价格的波动

国际原油价格急剧变化的原因是什么？经济学家有强有力的工具来解释此类现象。我们称为"供给和需求理论"。该理论说明消费者的偏好如何决定商品的消费需求，同时企业成本又如何成为商品供给的基础。原油价格的上涨是因为原油需求的增加或者是原油供给的减少,在每一个市场中都是如此:供给和需求的改变导致产出和价格的改变。明白了供给和需求的原理,我们才可以理解市场经济。

【驱动任务】

洛阳纸贵

晋代文学家左思,小时候是个非常顽皮、不爱读书的孩子。父亲经常为这事发脾气,可是小左思仍然淘气得很,不肯好好学习。有一天,左思的父亲左雍与朋友们聊天,朋友们羡慕他有个聪明可爱的儿子。左思的父亲叹口气说:"快别提他了,小儿左思的学习,还不如我小时候,看来没有多大的出息了。"说着,脸上流露出失望的神色。这一切都被小左思看到听到了,他非常难过,觉得自己不好好念书确实很没出息。于是,暗暗下定决心,一定要刻苦学习。日复一日,年复一年,左思渐渐长大了,由于他坚持不懈地发奋读书,终于成为一位学识渊博的人,文章也写得非常好。他用一年的时间写成了《齐都赋》,显示出他在文学方面的才华,为他成为杰出的文学家奠定了基础。这以后他又计划以三国时魏、蜀、吴都城的风土、人情、物产为内容,撰写《三都赋》。为了在内容、结构、语言诸方面都达到一定水平,他潜心研究,精心撰写,废寝忘食,用了整整十年,文学巨著《三都赋》终于写成了。《三都赋》受到广泛好评,人们把它和汉代文学杰作《两都赋》相比。由于当时还没有发明印刷术,喜爱《三都赋》的人只能争相抄阅,因为抄写的人太多,京城洛阳的纸张供不应求,一时间全城纸价大幅度上升。

思考:分析"洛阳纸贵"出现的原因是什么?

单元一　需求分析

一、需求与需求表

(一)需求的定义

所谓需求(demand),是指消费者在一定时期内,在各种可能的价格水平下愿意并且能够购买的某种商品的数量。根据定义,需求是购买意愿和购买能力的统一,缺一不可。例如,富人对劣质的商品有购买的能力,但没有购买的意愿,因此够不成需求。而穷人对奢侈品有购买的欲望,但没有能力购买,也不构成需求。

需求可以分为个人需求和市场需求。个人需求是指单个消费者或者家庭对某种商品的需求,市场需求则是某种商品所有个人需求的加总。

(二)需求表

需求表(demand schedule)是用来描述某种商品的价格和需求量之间相互关系的表格。表 2-1 是需求表的一个例子。

表 2-1　某种商品的需求表

价格/元	数量/个	价格/元	数量/个
1	12	4	6
2	10	5	4
3	8	6	2

从表 2-1 可以看出商品价格和需求量之间的关系。当商品价格为 1 元时,商品的需求量

为 12 个；当价格上升到 2 元时，需求量下降为 10 个，依此类推。

二、需求曲线(demand curve)

表 2-1 的需求表用图形表示出来，就成了图 2-2 所示的需求曲线。在图 2-2 中，横轴表示商品的数量，纵轴表示商品的价格。显而易见，数量和价格是反向关系，即当价格增加，数量减少。需求曲线是向右下方倾斜的。这个重要的特征就是需求法则，即当一种商品的价格上升时(同时保持其他条件不变)，购买者便会趋向于购买更少的数量。同理，当价格下降而其他条件不变时，数量会增加。

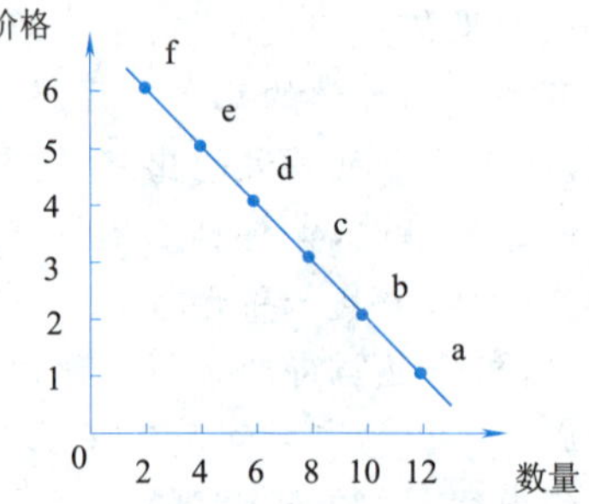

图 2-2　某商品的需求曲线

(一)需求曲线背后的因素

什么决定了商品的市场需求曲线?

(1)消费者的平均收入，这是需求的关键决定因素。当个人的收入增加时，个人会倾向于购买更多的商品。例如在美国，如果人们的收入增加，人们就会购买更大的汽车，而更大的汽车则会增加对石油的需求。

如果收入增加，对某种商品的需求也增加，称这种商品为正常品(normal good)。大部分的商品都属于正常品，例如，手机、化妆品和外出旅游。相反，有没有随着收入增加需求反而减少的商品呢？想一下当你还是个学生的时候，是不是经常为了省钱而吃方便面，但当你工作后有了收入，你对方便面的需求就会减少。像这样的商品，随着收入的增加需求反而减少，称为劣等品(inferior good)。

(2)人口，会影响到市场需求曲线。市场规模的大小一般以人口来衡量，人口越多，需求越大。比如中国是全球人口最多的国家，根据国家统计局的统计，截至 2019 年底，中国总人口为 14 亿，位居全球第一，当然中国也是巨大的商品消费市场。

(3)相关商品的价格。一般说来，某种商品的价格下降会减少其替代品(substitute)的需求。例如，百事可乐价格的下降会减少对可口可乐的需求，鸡肉价格的下降会减少对鸭肉的需求。同理，某种商品价格的上升会增加其替代品的需求。

除了替代品，互补品(complements)的价格也会影响商品的需求。互补品是指那些需要配合起来才能使用的商品。例如，牙膏和牙刷，汽车和汽油。碎牛肉和牛肉夹馍是互补品，如果牛肉的价格下降了，对牛肉夹馍的需求会有什么影响呢？如果牛肉的价格下降了，人们会购买更多的牛肉，从而他们也会增加对牛肉夹馍的需求。某种商品的价格下降会增加其互补品的需求，而某种商品的价格上升会降低其互补品的需求。

(4)个人偏好，是一种主观因素，反映的是心理或生理上的需要，或者是人为造成的需要，或者是很大一部分传统或宗教的因素(例如，美国人喜欢牛肉，但食用牛肉在印度是犯禁忌的行为；海蜇在日本是美味，但在美国却令人作呕)。

(5)某些特别的因素也会影响到需求，如气候、交通(见表 2-2)、预期等因素。

表 2-2　需求的影响因素

影响需求曲线的因素	以汽车为例
平均收入水平	收入增加会增加汽车的购买
人口	人口增加会增加汽车购买

续表

影响需求曲线的因素	以汽车为例
相关商品的价格	低油价会增加汽车的需求
偏好	拥有一部新车成为地位的象征
特别因素	交通方式、汽车安全、对未来价格增长的预期等

(二)需求和需求量的变动

1. 需求的变动

为什么需求曲线会移动呢？这是由除了价格改变之外的其他因素造成的。例如，个人平均收入，中国家庭平均收入从2002年的987美元上升到2018年的9 630美元，收入的增加对于我国居民消费水平的增加是显而易见的。当商品价格之外的因素变化引起购买数量发生变化时，称这种变化为需求变动。当所购买的数量在每一价格水平增加或者减少时，我们说需求增加或者需求减少。

从图2-3可以看到，需求曲线D往右移动到D_1，我们称为需求的增加，比如随着人们收入的增加，使得对轿车的需求增加，那么轿车的需求曲线向右移动。此外，从图2-3还可以看到，价格水平并没有发生改变，但是与此价格水平相对应的分别是Q和Q_1，很明显，需求量增加了。

2. 需求量的变动

沿着需求曲线移动表现为需求量的变动，是由于价格的变动引起的同一条需求曲线上一点到另一点的移动。而需求曲线的移动表现为需求的变动，是由于非价格因素引起的。以家用轿车为例，尽管当收入并没有发生改变的时候，但是由于技术的进步，成本下降，从而家用轿车的价格下降，消费者倾向于买更多的家用轿车。

与需求曲线的移动不同，沿着需求曲线移动是假设其他条件不变的情况下，价格的变动引起数量的变动。从图2-4可以看出，当价格从P增加到P_1时，对应的数量从Q减少到Q_1，而需求曲线上则从点a移动到点b。

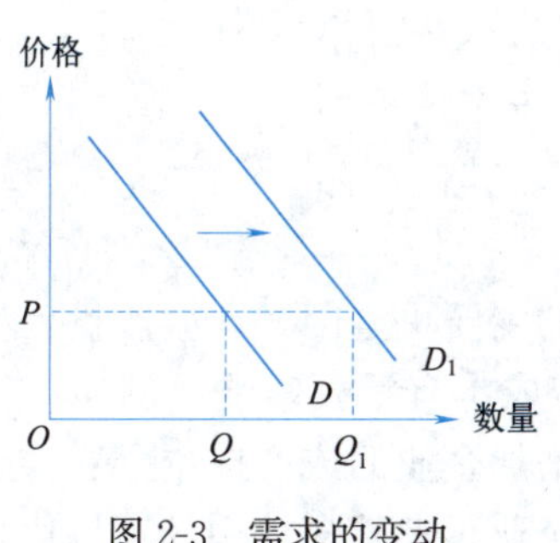

图2-3 需求的变动

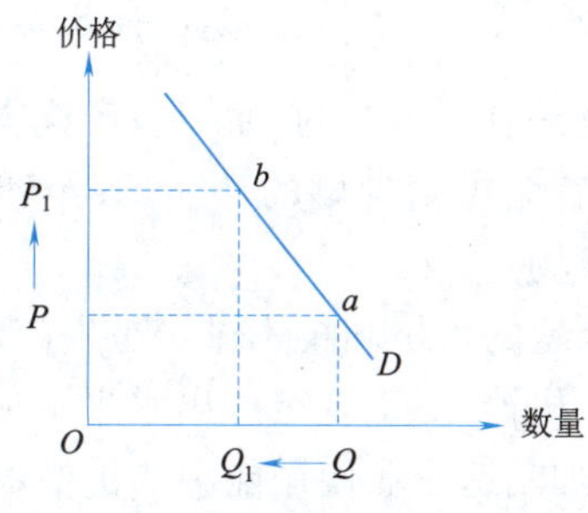

图2-4 数量的变动

单元二 供给分析

一、供给与供给表

(一)供给的定义

供给(supply)是指生产者在某一特定时期内在各种可能的价格下，愿意并能够提供的某种商品的数量。与需求相似,供给是生产者愿意供给并且有能力供给才能构成供给。

(二)供给表

供给表(supply schedule)指的是在其他条件不变的情况下,该商品的市场价格与生产者愿意生产和销售的数量之间的关系。

从表 2-3 可以看出商品价格和供给量之间的关系。当商品价格为 2 元时,商品的供给量为 0 个;当价格上升到 3 元时,供给量上升为 2 个,依此类推。

表 2-3　某种商品的供给表

价格/元	数量/个
2	0
3	2
4	4
5	6
6	8

二、供给曲线(supply curve)

表 2-3 的供给表用图形表示出来,就成了图 2-5 所示的供给曲线。在图 2-5 中,横轴表示商品的数量,纵轴表示商品的价格。显而易见,供给量和价格是正向关系,即当价格增加,数量增加。供给曲线是向右上方倾斜的,这个重要的特征就是供给法则,即当一种商品的价格上升时(同时保持其他条件不变),生产者便会趋向于生产更多数量的商品。同理,当价格下降而其他条件不变时,数量会减少。

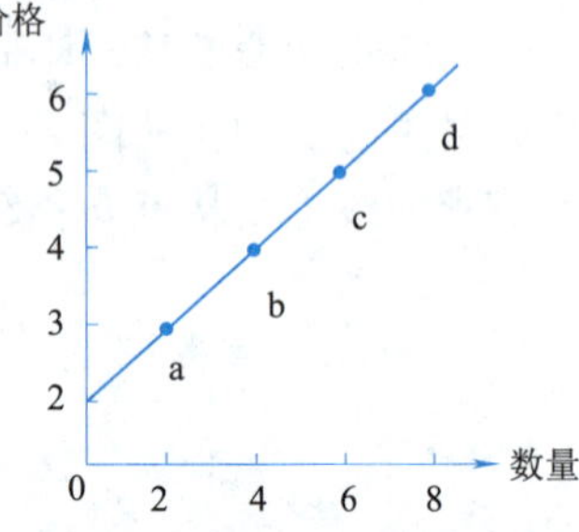

图 2-5　某商品的供给曲线

(一)供给曲线背后的因素

在学习这个问题之前,需要明白的一个知识点是企业供给商品是为了利润而不是慈善。与供给曲线相关的一个关键点是生产成本。当生产成本相对于市场价格低的时候,生产者供给更多的商品就是有利可图的,而当生产成本相对于市场价格高的时候,生产者会供给少量的产品,甚至转向生产其他产品或者可能退出市场。

生产投入要素的价格和技术进步是生产成本的主要决定因素。生产投入要素的价格,比如劳动力、能源、机器,对于既定产出水平下的生产成本有重要影响。例如,当石油价格上升的时候,这会增加制造企业使用能源的价格,从而增加企业的成产成本,最终导致企业减少供给。相反,最近几十年来,计算机价格的下跌使得企业越来越多地用计算机代替人工,这导致了计算机的供给增加。另外一个重要的决定因素是技术进步,技术进步使得在生产投入要素相同的情况下产出水平更高。技术进步表现为科学的突破或者现有技术的更好应用或者仅仅是投入要素的重新组合,例如,制造业比过去变得更加有效率,如今生产一辆汽车比过去所需要的劳动时间更少,这使得汽车制造企业在相同的成本下能生产更多的汽车。再如,电子商务使得采购商可以容易地比较投入要素的价格,从而降低了生产的采购成本。

除了生产成本和技术进步,相关商品的价格也会影响供给,如果一种生产的替代品的价格上涨,另一种替代品的供应将减少。例如,汽车制造企业通常会有几种不同的汽车型号,如果其中一种型号的需求上升，价格上涨，厂商会转向这种型号的生产线，生产更多这种型号的汽车，最终会使得其他型号的汽车供给减少。比如卡车的需求和价格都上升了，那么轿车的供给会减少。

政府政策也是影响供给曲线的重要因素。比如出于对环保和健康的考虑将决定使用什么样的技术；税收和最低工资标准会影响生产投入要素的价格；政府对电力行业的管制会影响到竞争企业的数量和电费的价格；政府的贸易政策也对供给有影响，比如中国和东盟自贸区的建立，使得东盟热带水果在中国市场的供给增加。

最后，一些特别的因素也会影响到供给曲线。例如，气候对农业和冰雪行业有重要的影响，计算机工业对产品创新至关重要，市场结构影响供给和对将来价格的预期也可以影响供给决策。

以汽车为例，影响供给曲线的因素如表 2-4 所示。

表 2-4　供给的影响因素

影响供给曲线的因素	以汽车为例
技术	自动化生产降低生产成本和增加供给
投入要素价格	劳动力工资水平的增加使生产成本上升和减少供给
相关商品价格	卡车价格下降，轿车供给增加
政府政策	对于进口汽车的配额和关税减少使得总的汽车供给增加
特别因素	电子商务的发展使得消费者更容易比较不同厂商的价格，使得成本高的供应商退出市场

（二）供给和供给量的变动

1. 供给的变动

当商品价格之外的其他因素发生变动从而引起供给数量发生变动时，把这种变动称为供给的变动，如图 2-6 所示，在同一价格水平下，由于其他原因造成了供给的增加，供给曲线向右移动，相对的供给量也增加了。

当汽车的价格改变的时候，企业改变了自己的生产和供给量，但供给曲线并没有发生移动。相对地，当其他因素供给变动的时候，供给曲线将发生移动。

可以用图形来演示汽车市场供给曲线的移动。如果引进了节约成本的计算机化的设计和生产工艺，则会降低生产汽车的劳动需求量；如果削减汽车工人工资，如果日本汽车制造商的生产成本降低，或者如果政府放松了对汽车行业的某些管制，那么汽车的供给就会增加。

2. 供给量的变动

供给量的变动是指其他条件不变的情况下，由商品本身价格的变动所引起的供给量的变动，表现为供给曲线上点的移动。如图 2-7 所示，价格从 P 增加到 P_1，与此相对应的数量从 Q 增加到 Q_1。

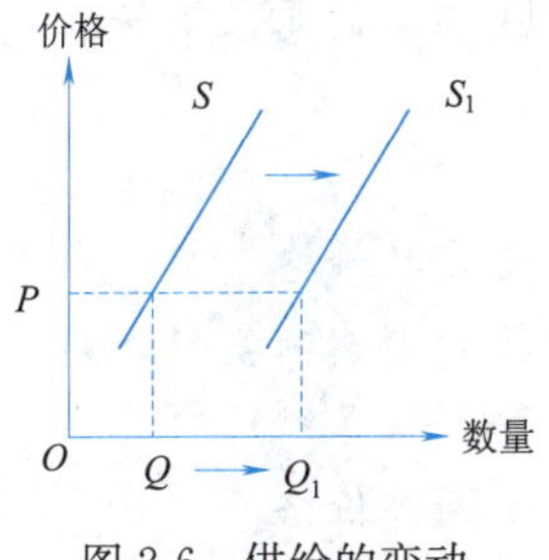

图 2-6　供给的变动

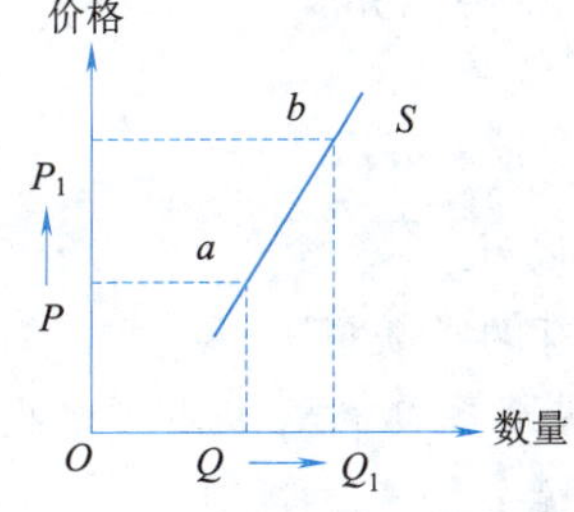

图 2-7　供给量的变动

【学练合一】

一、单选题

1. 导致某种商品供给曲线发生位移的因素是(　　)。
   A. 该商品的成本　　B. 该商品的价格
   C. 该商品的税率　　D. 消费者偏好
2. 某个时期内猪肉的需求曲线向左平移的原因可能是(　　)。
   A. 猪肉的价格上升　　B. 消费者预期猪肉的价格下降
   C. 消费者的收入提高　　D. 鸡肉的价格上升
3. 当汽车的价格下降时,汽油的需求量将(　　)。
   A. 减少　　B. 不变　　C. 增加　　D. 无法确定
4. 在其他条件不变的情况下,某种商品的需求量(　　)。
   A. 随着替代商品价格的提高而减少　　B. 随着替代商品价格的提高而增加
   C. 随着偏好的改变而减少　　D. 随着互补品价格下降而减少
5. 对于小麦需求的变化,可能是由于(　　)。
   A. 消费者认为小麦价格过高　　B. 小麦丰收
   C. 市场预期小麦价格下跌　　D. 小麦的种植技术得到改进
6. 某种商品沿着供给曲线运动是由于(　　)。
   A. 该商品价格的变化　　B. 生产技术改进
   C. 生产成本变化　　D. 产量变化
7. 保持所有其他因素不变,某种商品的价格下降,将导致(　　)。
   A. 需求增加　　B. 需求减少
   C. 需求量增加　　D. 需求量减少
8. 市场预期商品房价格未来要下降,则商品房当前的供给会(　　)。
   A. 增加　　B. 减少
   C. 不变　　D. 无法确定
9. 建筑工人工资提高将使(　　)。
   A. 新房子供给曲线左移并使房价上升　　B. 新房子供给曲线右移并使房价下降
   C. 新房子需求曲线左移并使房价下降　　D. 新房子需求曲线右移并使房价上升
10. 玉米大丰收,但玉米的价格却下降了,这是因为(　　)。
    A. 玉米的需求量减少　　B. 玉米的需求量增加
    C. 玉米的供给上升　　D. 玉米的需求下降

二、多选题

1. 需求的构成要素有(　　)。
   A. 消费者偏好　　B. 商品价格
   C. 消费者有购买欲望　　D. 消费者有支付能力
2. 能够导致某种商品的需求曲线发生位移的因素包括(　　)。
   A. 消费者偏好　　B. 商品价格
   C. 消费者收入　　D. 价格弹性

3. 下列因素中,可以影响到供给变动的是(　　)。

A. 生产者预期　　B. 生产技术

C. 产品价格　　D. 生产成本

4. 下列事件中,会使我国大豆供给曲线左移的有(　　)。

A. 大豆种植技术有重大改进　　B. 大豆种植成本增加

C. 农民预期大豆价格会下降　　D. 东北地区发生干旱

5. 下列事件中,能使商品的供给增加的有(　　)。

A. 科技进步使得生产技术提高　　B. 工人工资和原材料价格下降了

C. 市场预期价格会上升　　D. 行业竞争激烈,很多企业破产

三、分析题

2014 年以来生猪收购价暴跌 养殖户苦不堪言

2013 年 11 月以来,生猪收购价持续走低,至 2014 年 4 月暴跌至 10 元/kg,养殖户苦不堪言。

当前行业面临的困境,已经超出了以往猪周期中的市场低谷,猪价严重背离它的价值,低于它的养殖成本。当前这种状况可能还会持续一段时间。最根本的原因就是产大于销,供过于求。到 2020 年,全国出栏生猪的数量要达到 7 亿头以上。而当前已经提前 6 年达到了这个生猪的出栏数量。

产能过剩主要由四种因素造成:一是多种资金进入,养殖规模急剧扩张;二是养殖水平提高,生猪的成活率及单体体重增加;三是国家进口猪肉急剧增加;四是去年以来,消费市场对猪肉的需求减少。

前几年政府对养猪业的产业扶持政策,不可避免地助推了产能的无序扩张,当需求没有增加,供给却飞速上涨时,猪价暴跌难以避免。事实上,猪肉的价格过高或过低都会严重伤害这个产业,最终伤害到所有的消费者。与大蒜、生姜产业不同,养猪产业投入更大,生产周期更长,涉及面更广,所以这个产业容不得极端波动,因为代价太大。政府的政策扶持依然有必要,但要找准方向,还要有准确的预警机制,及时甚至超前的信息服务。要避免头痛医头脚痛医脚,再次陷入猪周期这样的恶性循环。

根据以上材料回答以下问题:

1. 影响我国猪肉价格供求的因素主要有哪些?

2. 假设你是一生猪养殖户,你如何用经济学的需求和供给理论来指导自己的生猪养殖?

【应用与实训】

实训目的

运用项目二中所学的需求理论、供给理论以及影响供给和需求的因素(包括价格因素和非价格因素)等内容,对某产品或市场的行情变化进行描述和分析。

实训项目

选择学生熟悉的猪肉、手机、服装、计算机、方便面等商品中的一种。

实训内容

选择一个熟悉的产品或行业,描述该产品或行业当前的经济现状。

分析对需求产生影响的因素及结果。

分析对供给产生影响的因素及结果。

形成一个简单的调查报告，字数不少于300。

实训说明

本实训为课后进行实训，最后在教室内进行总结。学生分组收集相关数据，撰写调查报告，然后每组选出一人在课堂上做报告。教师根据情况给出相应的意见和建议，做出总结。

项目三　均衡价格分析及其运用

【学习目标】

1. 了解均衡价格的形成和变动。
2. 能够运用均衡价格理论对经济现象进行分析。

【导引案例】

内地首现五星级酒店破产

2014 年，宁波雷迪森广场酒店破产重组、老板失联的消息传出。其母公司慈溪市金色港湾旅业有限公司 2014 年 11 月发布的投资人招募公告显示，目前正委托会计师事务所执行破产管理，法院正在对酒店进行评估，之后将进行网络拍卖。由此，雷迪森广场酒店成为中国内地第一家破产的五星级酒店。

据悉，雷迪森广场酒店当初的规划是三星级酒店，后来改按五星级酒店标准建设，建三星级酒店只要 6 000 万元，而改建五星级酒店的成本为 3.6 亿元，以至于经营 4 年后，造成了很沉重的财务负担，仅借贷产生的利息就超过了 1 亿元。

分析:供需失衡是根源

华美酒店顾问有限公司首席知识官赵焕焱先生认为，酒店业“寒冬”的根源在供需失衡。

过去由于盲目扩张，各地兴起星级酒店建设热潮，不少项目是地方某些领导“推波助澜”、开发商“头脑发热”的产物。1990 年，全国首批五星级饭店有 6 家，而到了 2014 年，中国五星级酒店的数量已突破 800 家。

“央广夜新闻”观察员钱彤认为，过去商界、官界为摆排场造成高星级酒店与市场需求脱离，“反四风”与“八项规定”挤破了酒店业虚假繁荣泡沫，“我们从一线城市到二、三线城市，需不需要这么多高星级的酒店?”

现状:寒冬中新酒店仍在涌入

虽然近年来五星级酒店艰难度日的消息层出不穷，但新一批五星级酒店仍在涌入。即便频频传出酒店遭出售的宁波，五星级酒店数量仍在疯狂增长。截至 2014 年，宁波有 22 家五星级酒店，加上在建、待建的，宁波不久将拥有 70 多家五星级酒店。

据不完全统计，2014 年，中国内地开业的五星级酒店数量为 153 家，而广东就有 12 家，且多为国际酒店集团旗下酒店。

“寒冬”中，为何五星级酒店增速不减? 华住酒店集团 CEO 季琦表示，高档酒店投资周期一般与房地产发展曲线相同且有一个相位差，一般会迟缓 1～2 年。但随着房地产增速放缓，高档酒店投资也将减速。至于此次行业寒冬何时能结束，赵焕焱认为，这取决于各地供求关系的动态变化。总体而言，全国酒店业仍在探底中，部分城市已经触底反弹。

本地声音:倒闭只是个别现象

河南商报记者就此事采访了河南省酒店业商会会长钱波。钱波认为,除了反腐等大的影响,经营不善是酒店破产主要原因,“倒闭只是个别现象,不是所有的五星级酒店都经营不下去了。”

钱波表示,五星级酒店倒闭也是一个正常现象,各行各业都有做得好的,也有做得不好的,没有五星级酒店不能倒闭的说法。

但钱波同时表示,大环境对酒店业的影响的确“相当严重”,省内高端酒店也受到一定程度冲击,他说,现在酒店业的损失主要来自三个方面:一是会议的损失;二是价格的损失;三是餐饮的损失。“但只要重新找准定位,没有做不好的。”

“也许还会有五星级酒店陆续倒闭,但这都很正常,重新整合就行了。”钱波说。

郑州一家五星级酒店的总经理也表示,当前反腐、“反四风”以及经济运行的整体大环境,对高级酒店的确产生了一定的影响,但这只是一个诱因。宁波这家酒店破产的更关键原因是当地酒店业市场投资过剩以及资金结构失衡。

如何转型?重新确定市场定位

河南餐饮协会常务副秘书长林则认为,这并不能证明高端餐饮的下滑,“五星级酒店倒闭是再正常不过的事,整体上高端酒店业供大于求。”

五星级酒店该如何转型和经营?“谈不上转型,它们重新进行市场定位即可,放下自己的身段。”钱波说,“五星级酒店在硬件和服务上具有更多优势,它应对市场的灵活性更强。”

财政部出台的最新的关于差旅会议的相关文件对于正常的差旅会议,国家只报销标准而并没有星级。高端餐饮在当前形势下只有调整经营方向,一是走平民化经营道路,二是走细分市场进行差异化经营道路,三是走特色化经营道路,避免产品同质化。

(资料来源:编者根据相关网络资料改编)

【驱动任务】

倒奶杀牛

2013 年底,一路上涨的鲜奶价格让奶农们看到其中商机,奶牛也水涨船高成了“香饽饽”。奶农们本指望花了大价钱买的奶牛能带来一番好收益,然而仅仅过了半年,“奶荒”就变成了“奶剩”,鲜奶收购价格开始走“下坡路”,但饲料、人工费用等养殖成本却不降反升。

数据显示,自 2014 年 2 月开始,生鲜乳价格连续 10 个月下跌,同比下降 6.1%。据农业部对 482 个生奶固定观测点 1 至 9 月份的价格调查,奶价已从 4.26 元/kg 降至 3.84 元/kg。2014 年最后三个月的奶价一直呈下跌趋势。2014 年中国山东、河北、内蒙古等地出现奶农大面积“倒奶杀牛”事件。每天把没有销售渠道的鲜奶贱价卖给养猪户,倒入农田,已经成为不少中小奶农的日常工作,更有甚者,选择杀牛来“断臂保身”。

其实,从 2009 年起,奶农“倒奶杀牛”的现象就一直没有停止,每年退出、弃养的奶农均超 10 万户。国内大型乳制品企业为了控制奶制品质量,自建养殖农场,切断了很大一部分奶农的销路。公开数据显示,截至 2013 年底,蒙牛集团已开始建设 8 座自建牧场。

此外,国际奶价持续下跌,不少奶企为了降低成本选择低价的进口奶粉,拒收鲜奶的现象不断发生。河北省奶业协会秘书长袁运生表示,国外进口奶源主要是大包装奶粉,价格非常低,对国内奶牛养殖业造成很大冲击,“用进口奶源生产乳制品可以大大降低成本。奶企减少国内生鲜乳的收购量，生鲜乳价格一路下滑。”

内忧外患之下，中小型奶牛企业和散户的生存空间被挤压，加之养殖成本居高不下，导致奶农被迫“倒奶杀牛”。“少抢多拒”成为行业内多年存在的问题。

在前端零售市场上，大量的洋牛奶、洋奶粉涌入中国市场，与国产奶展开竞争，直接威胁我国奶牛养殖业和奶农利益。

思考：为什么会出现倒奶杀牛的现象？

单元一　均衡价格的形成

项目二中学习了需求和供给，根据需求和供给理论，消费者在一定的价格水平下购买不同数量的商品，而生产者也在一定的价格水平下生产不同数量的产品，那么如何将需求和供给联系在一起呢？

一、均衡价格的含义

均衡价格(equilibrium price)是指商品的需求量和供给量相等时的价格，与均衡价格相对应的供求数量为均衡数量。均衡价格的出现，意味着需求和供给的力量达到平衡，只要其他条件保持不变，价格就没有理由继续波动了，而会处于一种相对静止的状态。

二、均衡价格的形成

(一)供给和需求的均衡

下面以表 3-1 为例来说明均衡价格是如何形成的。假设价格是 5 时，生产商此时愿意提供 18 的供给量；但消费者的需求量只有 9。很明显，在价格是 5 时供给量超过了需求量，生产企业的麦片库存增加。因为只有为数不多的消费者购买过多的麦片，在没有任何干预的情况下，市场价格会有向下的压力，价格将会下跌。

再看一下价格是 2 时会出现什么样情况？此时生产企业愿意提供的数量是 7，但消费者愿意购买的需求量高达 15，那么将会出现消费者在超市抢购麦片的情况。

通过比较其他价格，发现只有当价格是 3 时，消费者愿意购买的需求量和生产者愿意生产的供给量才相等，此时市场处于均衡状态，价格达到平衡，需求者和供给者都得到了满足。换句话说，当需求量和供给量相等时，均衡价格是 3，均衡数量是 12。

表 3-1　麦片的需求量等于供给量时的均衡价格

价格/(元/盒)	需求量/(百万盒/年)	供给量/(百万盒/年)	市场状态	价格压力
5	9	18	过剩	下行压力
4	10	16	过剩	下行压力
3	12	12	均衡	平衡
2	15	7	短缺	上行压力
1	20	0	短缺	上行压力

(二)供给曲线和需求曲线的均衡

也可以通过供给—需求曲线来说明市场均衡的问题。如图 3-1 所示，当价格是 5 时，供给者愿意提供更多的麦片，其结果就是出现了过剩，即供给量超过了需求量，如图中标有“过剩”的线段所示。沿着两条曲线向下的箭头表示当市场存在着过剩时价格的运动方向。

当价格处于低位的2时，需求量超过了供给量，市场出现短期现象。如图中标有“短期”的线段所示，此时由于消费者追逐少量的麦片，导致麦片的价格上升，沿着两条曲线向上的箭头表示当前市场存在短缺时价格的运动方向。

只有当需求曲线和供给曲线相交时，市场处于均衡状态相交点 E 称为均衡点，只有在均衡点 E，需求量等于供给量，此时数量为12，价格为3。在均衡点，市场中不存在过剩或者短缺，价格也没有向下或者向上的压力。

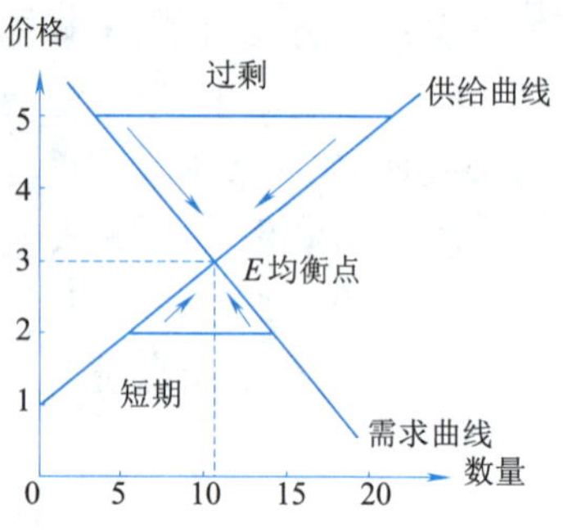

图 3-1　需求曲线和供给曲线相交时达到市场均衡

单元二　供求移动分析

均衡状态只是在一定条件下才存在，是一种相对静止的状态。当条件发生变化时，无论是需求或者供给或者两方面都发生变化，都会引起均衡的变动。需求和供给同时变动引起的均衡价格的变动比较复杂，在此省略，不做论述。

一、供给不变，需求变动对均衡价格的影响

在供给不变的情况下，需求增加会使需求曲线向右平移，从而使均衡价格提高，均衡数量增加；需求减少会使需求曲线向左平移，从而使得均衡价格下降，均衡数量减少，具体如图 3-2 所示。

在图 3-2 中，需求曲线 D 和 S 相交于点 E，均衡价格和均衡数量分别是 P^* 和 Q^*。假设需求增加，需求曲线向右平移到 D_1，D_1 与 S 相交于 E_1，在新的均衡点 E_1，对应的均衡价格和均衡数量分别是 P_1 和 Q_1。比如市场预期房价未来将上升，人们对房子的需求增加，需求曲线向右平移，短期内在房子供给不变的情况下，将会导致房子均衡价格和均衡数量上升。

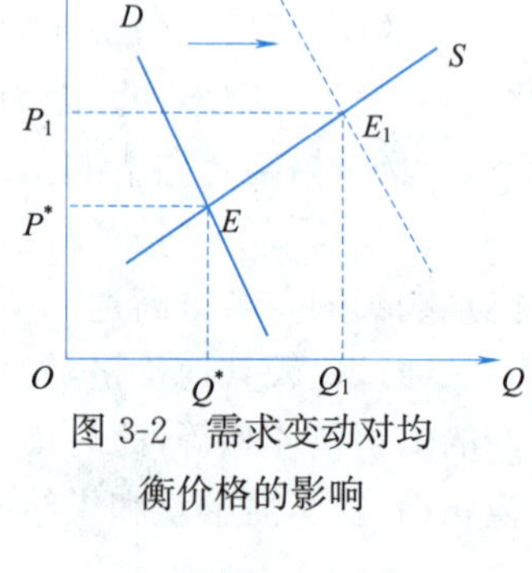

图 3-2　需求变动对均衡价格的影响

二、需求不变，供给变动对均衡价格的影响

在需求不变的情况下，供给增加会使供给曲线向右平移，从而使均衡价格下降，均衡数量增加；供给减少会使供给曲线向左平移，从而使得均衡价格上升，均衡数量减少，具体如图 3-3 所示。

在图 3-3 中，需求曲线 D 和供给曲线 S 相交于点 E，均衡点 E 所对应的均衡价格和均衡数量分别是 P^* 和 Q^*。假设供给增加，供给曲线向右平移至 S_1，D 和 S_1 相交于 E_1，在新的均衡点 E_1，对应的均衡价格和均衡数量分别是 P_1 和 Q_1。比如，由于风

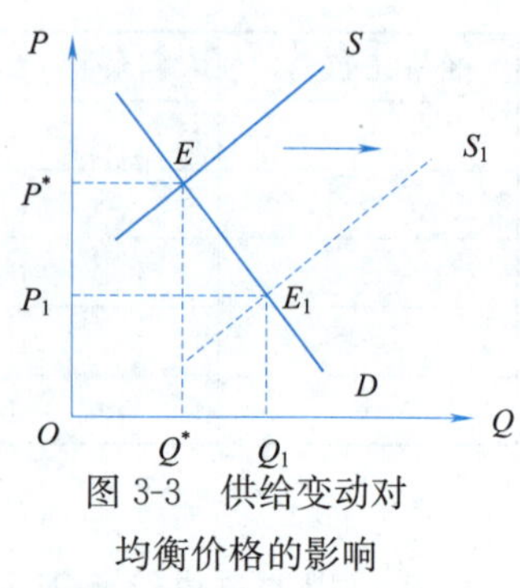

图 3-3　供给变动对均衡价格的影响

调雨顺，水果丰收，导致水果的供给增加，供给曲线向右平移。在需求没有改变的情况下，水果数量的增加将使得价格下跌。需求和供给移动对价格及数量的影响如表 3-2 所示。

表 3-2　需求和供给移动对价格及数量的影响

需求与供给	需求和供给移动	对价格和数量的影响
如果需求增加	需求曲线往右移动，供给曲线不变	价格增加，数量增加
如果需求减少	需求曲线往左移动，供给曲线不变	价格减少，数量减少
如果供给增加	供给曲线往右移动，需求曲线不变	价格减少，数量增加
如果供给减少	供给曲线往左移动，需求曲线不变	价格增加，数量减少

单元三　均衡价格分析的运用

微观经济学的核心是要论证通过价格机制能够对社会经济自发地做出合理的调节，价格机制就像一只“看不见的手”，指挥着人们的经济活动。事实上价格机制的调节作用并不像理论上所讲的那样完善，比如某些生活必需品严重短缺时，价格会大幅度提高，在此价格水平上，收入水平低的家庭便难以维持最低水平的生活，从而不利于社会稳定。因而政府有必要通过制定价格政策来克服这些副作用。政府常用的价格政策主要有限制价格和支持价格政策。

一、支持价格

支持价格(floor price)又称最低限价，是政府为了扶植某一行业的发展而规定的该行业产品的最低价格，支持价格高于市场均衡价格。如图 3-4 所示，该行业某商品由供求关系所决定的均衡价格为 P_0，均衡数量为 Q_0，政府为了扶植该行业的发展而制定的支持价格为 P_1，$P_1>P_0$，此时供给量为 Q_S，需求量为 Q_D，供给量大于需求量，产品出现过剩。为了防止价格下跌，政府就要收购剩余产品，因而支持价格政策的实施增加了政府财政支出。

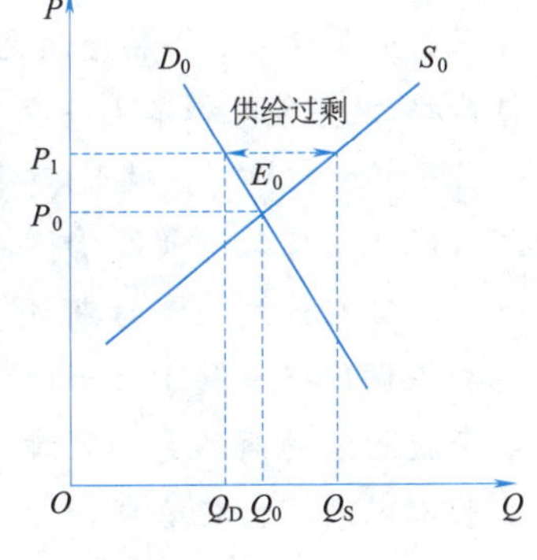

图 3-4　支持价格及结

支持价格的作用可以用农产品支持价格为例来说明：许多经济和自然条件较好的国家，由于农产品过剩，为了克服农业危机，往往采取农产品支持价格政策，以调动农民生产积极性，稳定农业生产。农产品支持价格一般采取两种形式：一种是缓冲库存法，即政府或其代理人按照某种平价收购全部农产品，在供大于求时增加库存或出口，在供小于求时减少库存，以平价进行买卖，从而使农产品价格由于政府的支持而稳定在某一水平上。另一种是稳定基金法，即政府按某种平价收购农产品，在供大于求时维持一定的价格水平，供小于求时使价格不至于过高。但不建立库存，不进行存货调节，在这种情况下，收购农产品的价格是稳定的，同样可以起到支持农业生产的作用。

二、限制价格

限制价格(ceiling price)是指政府为了限制某些生活必需品的物价上涨而规定的这些商

品的最高价格，限制价格低于市场均衡价格。如图 3-5 所示，某商品由供求关系所决定的均衡价格为 P_0，均衡数量为 Q_0，但在这一价格水平时，部分生活贫困的人将买不起，因而政府对这一部分商品实行限制价格政策，限制价格为 P_1，$P_1 < P_0$，此时商品实际供给量为 Q_S，需求量为 Q_D，供给量小于需求量，产品供不应求。因而为了维持限制价格，政府就要实行配给制。

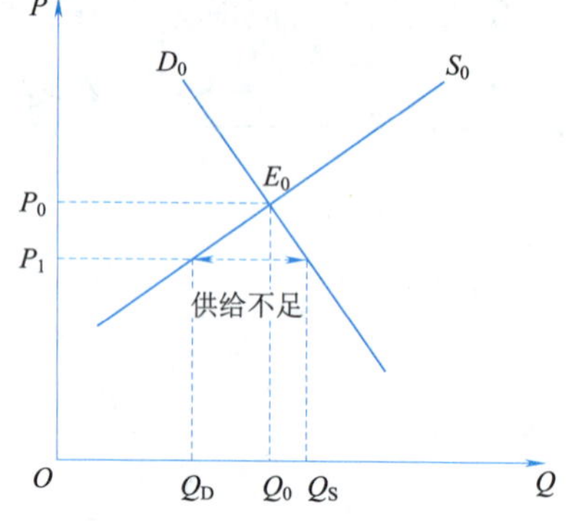

图 3-5　限制价格及结果

限制价格有利于社会平等的实现，有利于社会的安定。但这种政策长期实行会引起严重的不利后果。第一，价格水平低不利于刺激生产，从而会使产品长期存在短缺现象；第二，价格水平低不利于抑制需求，从而会在资源短缺的同时又造成严重的浪费；第三，限制价格之下所实行的配给，会引起社会风尚败坏，产生黑市和寻租活动。正因为以上原因，一般经济学家都反对长期采用限制价格政策，一般只在战争或自然灾害等特殊时期使用。

【相关资料】

价格政策的利与弊

支持价格又称最低价格，是指政府对某些商品规定的价格下限，防止价格过低，以示对该商品生产的支持。长期以来发达国家对农产品实行这种价格，使他们的农业非常发达，以美国为例。2002 年 5 月 13 日上午，布什总统在白宫正式批准了当月上旬美国国会参众两院的新的农业政策。根据新法案，美国政府将在今后 6 年内为农业和畜牧业提供 517 亿美元的补贴，每年的补贴幅度为 64 亿美元。我国现在对农业实行的“保护价敞开收购”实际也是一种支持价格。

支持价格的作用，以农业为例，从长期看支持了农业的发展，调动了农民种田的积极性，使农产品的供给大于需求，对过剩的农产品政府只有大量收购，使政府背上了沉重的债务负担。靠保护成长起来的事物是缺乏生命力的，加入 WTO 后我们还有几年的减缓期，如果仍用这种支持价格，就不能从根本上改变我国农业的落后状况。另外，政府解决收购过剩的农产品方法之一就是扩大出口。这就引起国家与国家之间为争夺世界农产品市场而进行贸易战。

限制价格又称最高价格，是指政府对某些商品规定最高上限，防止价格过高，控制通货膨胀。我国在计划经济时期，很多生活必需品都实现限制价格，小到柴米油盐大到住房都有补贴。限制价格有利于社会平等，但从长期看，价格低不利于抑制需求，也不利于刺激供给，使本来就短缺的商品更加短缺。为了弥补供给不足部分，政府往往会采取配给制。例如我国住房长期以来实行配给制和低房租，这种政策固然使低收入者可以有房住，但确使房屋更加短缺，几十年住房问题解决不了，改革开放以来，随着我们逐步放开公产房的房租和住房分配政策的不断改变，商品房的价格由市场调节，调动了开发商建房的积极性，解决了多少年来住房需求的短缺局面。

限制价格是一项不符合经济规律的失败的制度安排，经济学家不主张限制价格，因此，最终要被设计者放弃也就是必不可免的。事实证明，改革开放以来，我国取消大量的限制价格政策，无论是商品市场还是要素市场，由过去的卖方市场到今天的买方市场。

【学练合一】

一、单选题

1. 需求不变时，供给的变动引起(　　)。
   A. 均衡价格和均衡数量同方向变动
   B. 均衡价格反方向变动，均衡数量同方向变动
   C. 均衡价格和均衡数量反方向变动
   D. 均衡价格有可能保持不变
2. 下面(　　)会导致粮食制品的均衡价格上升。
   A. 居民收入的下降　　B. 替代品牛奶价格的下降
   C. 良好的气候条件　　D. 替代品鸡肉价格的上升
3. 政府为了扶持农业，对农产品规定了高于其均衡价格的支持价格，政府为了维持支持价格，应该采取的相应措施是(　　)。
   A. 减少对农产品的税收　　B. 实行农产品配给制
   C. 收购过剩的农产品　　D. 对农民进行补贴
4. 政府把价格限制在均衡水平以下可能导致(　　)。
   A. 供给短缺
   B. 大量积压
   C. 买者按低价买到了希望购买的商品数量
   D. 无法确定
5. 政府为了扶持农业，对农产品采取了支持价格，下列说话正确的是(　　)。
   A. 农产品支持价格高于均衡价格　　B. 农产品支持价格低于均衡价格
   C. 农产品支持价格等于均衡价格　　D. 以上都不对
6. 均衡价格随着(　　)。
   A. 需求和供给的增加而上升　　B. 需求和供给的减少而上升
   C. 需求的减少和供给的增加而上升　　D. 需求的增加和供给的减少而上升
7. 已知某种商品的均衡价格是10元时，均衡交易量为1 000个单位，现假设供给增加，那么买者的购买量最可能是(　　)。
   A. 1 000单位　　B. 多于1 000单位
   C. 少于1 000单位　　D. 以上均不对
8. 下面(　　)项会导致石油均衡价格上升。
   A. 太阳能、风能等新能源生产成本大幅下降　B. 石油主产区爆发战争
   C. 在非洲发现了特大储量的油田　　D. 以上都不对
9. 供给不变时需求的变动引起(　　)。
   A. 均衡价格和均衡数量同方向变动
   B. 均衡价格反方向变动，均衡价格同方向变动
   C. 均衡价格同方向变动，均衡数量反方向变动
   D. 均衡价格有可能保持不变

10. 如果一种商品的价格高于均衡价格，下列说法正确的有（　　）。

A. 存在过剩，价格将上升　　B. 存在过剩，价格将下降

C. 存在短缺，价格将上升　　D. 存在短缺，价格将下降

二、多选题

1. 政府把价格限制在均衡水平以下可能导致（　　）。

A. 大量积压

B. 商品短缺

C. 买者按低价能够买到希望购买的商品

D. 黑市交易

2. 政府限价，则（　　）。

A. 政府把价格限制在均衡价格水平以下可能导致商品短缺，供不应求

B. 政府把价格限制在均衡价格水平以上可能导致商品过剩，供大于求

C. 政府把价格限制在均衡价格水平以上可能导致商品短缺，供不应求

D. 政府把价格限制在均衡价格水平以下可能导致商品过剩，供大于求

3. 在需求和供给同时减少的情况下（　　）。

A. 均衡价格的变化无法确定

B. 均衡价格将下降，均衡数量的变化无法确定

C. 均衡价格将上升，均衡数量将下降

D. 均衡数量将减少

4. 下列说法中正确的有（　　）。

A. 供给不变，需求的变动引起均衡价格同方向变动

B. 供给不变，需求的变动引起均衡数量同方向变动

C. 需求不变，供给的变动引起均衡价格反方向变动

D. 需求不变，供给的变动引起均衡数量同方向变动

5. 关于支持价格的说法正确的有（　　）。

A. 稳定生产，减缓经济危机的冲击

B. 调节产业结构，适应市场变化

C. 扩大农业投资，促进农业劳动生产率的提高

D. 降低政府对宏观经济的调节作用

三、分析题

情人节的玫瑰花

“20 多元一扎的玫瑰不算贵了，等情人节再来买，肯定要涨了。”做了 10 年鲜花生意的韩女士告诉记者，由于情人节临近，大部分鲜花的价格出现了不同程度上涨。以销量最好的玫瑰花为例，与几天前相比，每扎 20 枝的玫瑰售价从 15 元涨到 18 至 20 元，每扎 20 枝的康乃馨零售价从 12 元涨到 15 元，百合花的价格基本不变。韩女士告诉记者，受全国雪灾的影响，大量的鲜花出现了运输上的困难，因此今年花价较往年便宜了一半。去年情人节前两天，一束玫瑰花的价格往往在三四十元左右，而今年只有往年的一半。业内人士分析，2 月 13 日、14 日这两天，玫瑰花价格上涨还将继续。

回答：案例中玫瑰花等价格出现波动的原因是什么？请用均衡价格理论进行说明。

【应用与实训】

实训目的

运用项目三中所学的均衡价格理论对商品的价格变动进行描述和分析。

实训项目

选择经济生活中价格出现波动的商品。

实训内容

选择一个商品或行业，描述该产品或行业当前及过往的价格水平。

用均衡价格理论分析价格出现波动的原因。

形成一个简单的调查报告，字数 500～800。

实训说明

本实训为课后进行实训，最后在教室内进行总结。学生分组收集相关数据，撰写调查报告，然后每组选出一人在课堂上做报告。教师根据情况给出相应的意见和建议，做出总结。

项目四　弹性分析及其运用

【学习目标】

1. 理解需求价格弹性和供给价格弹性的含义。
2. 掌握价格弹性的计算方法。
3. 运用弹性理论分析需求和供给。

【导引案例】

旧帽换新帽一律八折

在市场上各商家之间“挥泪大甩卖”“赔本跳楼价”的价格大战从未仔细考虑过究竟是为什么，只是觉得很开心，因为可以节省大量金钱。前几天路经一家安全帽专卖店，看到它打出这样的广告——“旧帽换新帽一律八折”。店家的意思是，如果你买安全帽时交一顶旧安全帽的话，当场退二成的价格；如果直接买新帽，只能按原定价购买。这一种促销方式让人觉得好奇，是不是店家加入了什么基金会或是店家和供帽厂家有什么协定，回收旧安全帽可以让店家回收一些成本，因此拿旧帽来才有二折的优惠呢？如果大家是这么想，那可就猜错了，大凡这种以旧换新的促销活动主要是针对不同消费者的需求弹性而采取的区别定价方法，即：给定一定的价格变动比例，购买者需求数量变动较大称为需求弹性较大，变动较小称为弹性较小。对需求弹性较小的购买者制定较高价格，对需求弹性较大的顾客收取较低价格。而这家安全帽专卖店的促销作法正是这个理论的实际应用，实际上，店家拿到你那顶脏脏旧旧的安全帽，并没有什么好处，常常是在你走后往垃圾筒一丢了事。既然没好处，店家为何还要多此一举呢？答案是——店家以顾客是否拿旧安全帽，来区别顾客的需求弹性。简单地说，没拿旧安全帽来的顾客说明他没有安全帽，由于法令规定：驾驶摩托车必须要戴安全帽，故而无论价格高低，购买摩托车的人一定要买顶安全帽，因此这种顾客的需求曲线较陡，弹性较小。相对地，拿旧安全帽来抵二折价款的顾客表明他本来就有一顶安全帽，如果安全帽的价格便宜他有以旧换新的需求，而如果价格太贵他也可以以后再买，因为已有了一顶安全帽，对该商品的需求没有迫切性。因此，这类顾客需求曲线较平坦，弹性较大。

综上所述不难看出，该安全帽专卖店采用这种“旧帽换新帽八折”的促销活动，针对不同消费者的需求定价的方法，不仅不会使其减少营业收入，反而会吸引那些本不想购买新帽的消费者前来购买，增加了收益。

【驱动任务】

丰 收 悖 论

寒冬瑞雪冻死了大部分害虫，春季温暖宜人适合早耕，播种的谷物都是改良过的杂交品种。夏天的阳光都很充沛，秋天很干燥，丰收进展得很顺利，大部分农作物的产量和质量都有很大提升，农民琼斯一家喜上眉梢，期待着所有农产品能卖个好价钱。但到了年底他们计算一年的收入时，发现大丰收的好年成反而降低了他们的收入。后来他们发现，几乎所有农民的收入也都比歉收时低。

这怎么可能呢？农作物越增产，农民收入越降低——这就是经济学上著名的丰收悖论。

思考：农业丰收了为什么反而使得农民的收入减少，这种违背常理的现象的原因是什么？

单元一　弹性分析

需求和供给理论可以帮助我们回答很多问题。当中东地区爆发革命或者战争的时候，原油价格会上升，而原油价格上升会有多少传递给汽油的价格呢？一家财务状况不善的航空公司降低了票价，这是否会增加机票的销量和公司的收入？要回答这些问题，需要知道多少需求和供给会对价格的变化做出反应。一些消费者，比如要跟旅游团出游的人，会对团费的价格变动比较敏感。而另外一些如食品和电力，对消费者来说是生活必需品，则消费者对价格的变动就不太敏感。价格和购买量之间的定量关系可以运用弹性这一重要概念进行分析。

弹性(elasticity)是西方经济学中一个十分重要的概念。当经济变量之间存在函数关系时，弹性可以帮助人们了解自变量对因变量的影响程度，或者说因变量对自变量的反应程度，使人们对相关变量之间的相关程度有更准确的认识。

我们可以将弹性划分为需求弹性和供给弹性，又根据具体的影响因素，可以将需求弹性进一步划分为需求的价格弹性、需求的收入弹性和需求的交叉弹性。供给弹性也可以进一步划分为供给的价格弹性、供给的交叉弹性等不同类型。下面主要介绍需求和供给的价格弹性。

一、需求价格弹性

需求价格弹性又称价格弹性，指的是当一种商品的价格发生变动时，该商品需求量相应变动的大小，即需求量变动的百分比除以价格变动的百分比。

商品的价格弹性或对价格变化的敏感性差异很大。当商品的价格弹性很高时，商品的需求是有弹性的，这意味着商品的需求量对于价格变动的反应程度会很大。而当商品的价格弹性很低时，商品的需求是没有弹性的，这意味着商品的需求量对于价格变动的反应程度会很小。

对于生活必需品来说，需求是缺乏弹性的，比如食品、药品等。生活必需品是生活必需的，当它们的价格上升的时候，人们也很难放弃需求。而一些奢侈品的价格上升的时候，人们很容易找到它们的替代品。有替代品的商品通常会比那些没有替代品的商品有更多的弹性需求，如果食盐的价格明天就上涨20%，人们几乎不可能因此就不吃盐或者少吃盐，所以盐的需求是缺乏价格弹性的。另一方面，如果禽流感爆发，人们会从消费鸡肉转向消费其他肉类，比如鱼肉、猪肉等，所以鸡肉的需求有较高的价格弹性。

人们对价格变动反应的时间长度也是一个重要因素。比如汽油，当你正在自驾旅行的时候，汽油价格突然上升，你是不太可能放弃自驾旅行的。所以在短期内，汽油的需求是相当缺乏价格弹性的。而长期来看，高油价会使你调整消费行为，比如购买排量更小的汽车、新能源汽车，或者使用公共交通工具，等等。消费模式调整的余地较大，通常意味着商品的长期需求的价格弹性要大于短期需求的价格弹性。

经济因素决定了商品价格弹性的大小：奢侈品、有替代品的商品及消费者有较长时间调整其消费行为的商品的需求价格弹性会比较大。

(一)需求价格弹性的计算

用 E_d 表示需求的价格弹性,那么需求价格弹性的计算公式如下:

$$需求价格弹性=\frac{需求量变动百分比}{价格变动百分比}$$

首先看下面一个弹性计算的简单例子。如图 4-1 所示,开始的时候,价格是 90,需求量是 240,价格增加到 110 后,消费者减少了购买量至 160,当价格上升后,图中点 A 沿着需求曲线移动到点 B。价格增加了 20%,导致需求量减少 40%,需求的价格弹性 $E_d=40\%/20\%=2$,价格弹性大于 1,表明从 A 到 B 是富有价格弹性的。

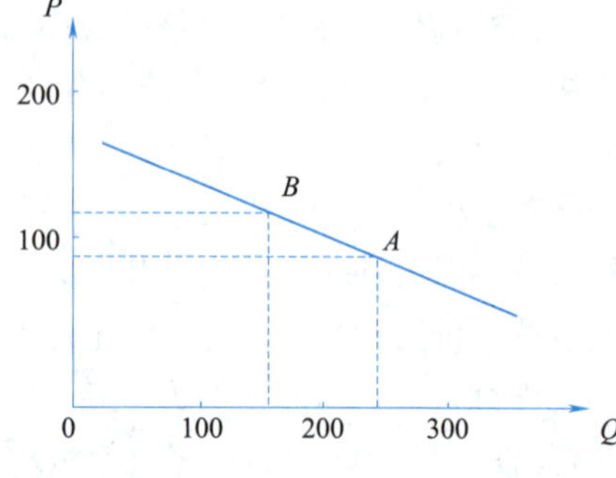

图 4-1 需求的价格弹性

计算需求的价格弹性时有三个地方需特别注意:

(1)百分比的变动是正数,所以弹性为正数,尽管百分比变动和价格变动的方向是相反的。

(2)价格弹性是需求量和价格变动的百分比的比值表示,而不是用两者变化的绝对值相比,这也就意味着衡量单位的变化不会影响弹性的大小。

(3)计算价格和需求量变动的百分比时应选择平均值计算。价格变动的百分比用公式 $\Delta P/P$ 表示,$\Delta P=110-90=20$,但分母 P 用哪个价格来表示呢? 是用 90 还是 110,或者是其他值? 对于相差较小的变动,比如 100 到 99,使用那个数值来表示分母都无关紧要。但如果数值相差较大,则计算结果差距较大。为了避免混淆,一般用平均值来表示。在本例中,$\Delta P/P$ 中的分母 $P=(90+110)/2=100$。同理,$\Delta Q/Q$ 中的分母 $Q=(160+240)/2=200$。关于需求价格弹性的公式最终如下表示:

$$E_d=\frac{\Delta Q/[(Q_1+Q_2)/2]}{\Delta P/[(P_1+P_2)/2]}$$

公式中的 P_1 和 Q_1 表示最初的价格和数量,P_2 和 Q_2 表示新的价格和数量。

(二)需求价格弹性的类型

图 4-2 所示分别用五个图表示五种不同的需求价格弹性。

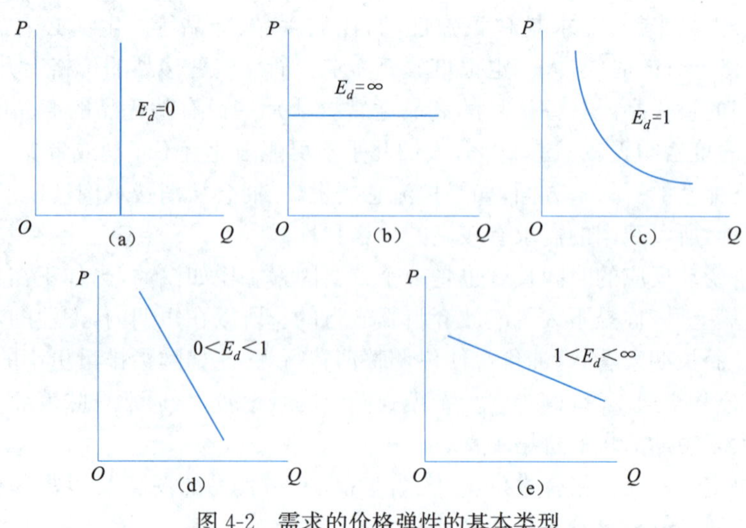

图 4-2 需求的价格弹性的基本类型

(1)完全无弹性,如图 4-2(a)所示。此时,意味着 $\Delta Q=0$。在这种情况下,需求状况具有如下特点:需求量不随价格的变动而变动。在直角坐标系上,需求曲线是一条垂直于横坐标的直线。这表示不管价格如何变动,需求量总是固定不变。即不管 ΔP 的数值如何,ΔQ 之值总是为零。这种情况是罕见的。例如,一些特殊的药品像胰岛素,对于一些糖尿病人至关重要,无论价格如何上升或下降,他们都不会改变购买量。

(2)完全弹性,如图 4-2(b)所示。此时,$\Delta P\to 0$。在这种情况下,需求状况具有如下特点:在既定价格之下,需求量可以任意变动。需求曲线将是一条与横坐标平行的直线,这种情况也是罕见的。在现实生活中,某些同质的产品,由于竞争的结果,都按同一价格出售,基本属于这类需求曲线的例子。例如,两台相邻饮料机中的同种同质软饮料,在价格相同的情况下,都会拥有一批消费者,而当一台机器中的软饮料价格上涨时,即使量很小,人们也不会购买,而是购买另一台机器中的饮料。

(3)单位弹性,如图 4-2(c)所示。此时,$E_d=1$,意味着需求量变动的百分比和价格变动的百分比相等,这是一种特殊的需求价格弹性。这个时候价格上升 1%导致需求量下降 1%,那么,当价格变动时,消费者对这种商品的消费支出保持不变。

(4)缺乏弹性,如图 4-2(d)所示。此时,$0<E_d<1$,意味着需求量变动幅度小于价格变动幅度($\Delta P/P>\Delta Q/Q$)。即价格每变动 1%,需求量变动的百分率将小于 1%。需求曲线的特点较陡(斜率较大)。

(5)需求富有弹性,如图 4-2(e)所示。此时,$1<E_d<\infty$,意味着需求量变动幅度大于价格变动幅度,$\Delta P/P<\Delta Q/Q$。即价格每变动 1%,需求量变动大于 1%。需求曲线的特点是比较平坦(斜率较小)。

(三)弹性和收益

很多企业都想知道提高价格是否会提高收益或者减少收益?这个问题对很多企业来说都是至关重要的。要回答这个问题,先来考查一下价格弹性和总收益之间是什么关系?

总收益可以用价格乘以数量($P\times Q$)来表示。如果知道了需求的价格弹性,就可以知道当价格变动时总收益是如何变动的。当需求缺乏弹性时,降低价格会减少总收益。如图 4-3(b)所示,当在 A 点时,价格和数量分别是 4 和 60,此时销售收入是 240(4×60),当在 B 点时,价格和数量分别是 2 和 80,此时销售收入是 160(2×80),价格从 4 降到 2,收入也减少了。

当需求富有弹性时,降低价格会增加总收益。如图 4-3(a)所示,当在 A 点时,价格和数量分别是 4 和 20,此时的销售收入为 80(4×20),当在 B 点时,价格和数量分别是 2 和 80,此时的销售收入是 160(2×80),价格从 4 降到 2,但收入却增加了。

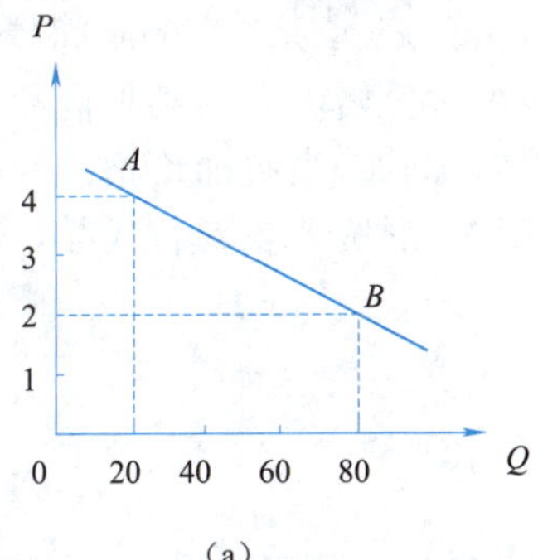

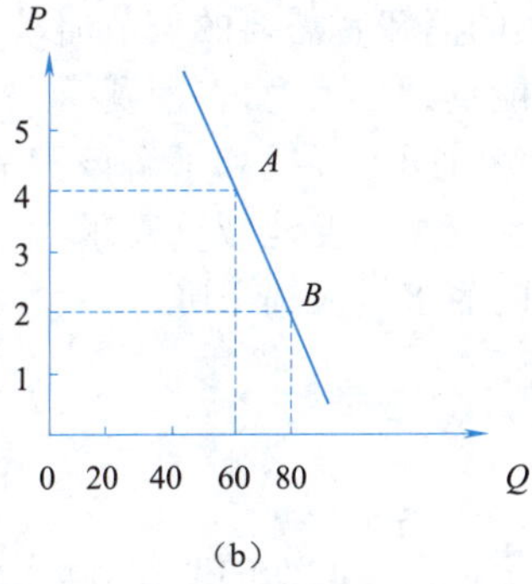

图 4-3　弹性与收益

当需求具有单位弹性时，价格下跌不会引起总收益的任何变动，如表 4-1 所示。

表 4-1　弹性和收益

弹性的绝对值	名称	价格变化时收益的变化
$\lvert E_d \rvert < 1$	缺乏弹性	价格和收益同方向变动
$\lvert E_d \rvert > 1$	富有弹性	价格和收益反方向变动
$\lvert E_d \rvert = 1$	单位弹性	价格变化时收益保持不变

在实际经济生活中，弹性的概念已经得到广泛的应用，依据不同的弹性对消费者进行分组管理的尝试就是其中的一个例子，这种方法已经被航空公司广泛应用。

【相关资料】

廉价航空公司的定价策略

1971 年，美国西南航空公司最早创建了“廉价航空公司”的经营模式。春秋航空和吉祥航空是我国最早涉足低成本航空市场的航空公司。春秋航空自 2005 年飞出第一班航班开始，常年推出 99 系列等特价机票，让很多普通老百姓第一次坐上了飞机，而且其在开航后的首个年度就实现了盈利。2007 年经营业绩大幅上涨，实现盈利 7 000 多万元，在 2011 年实现 5 亿元的盈利。持续的盈利使得春秋航空被资本市场看好，2015 年 1 月 21 日，春秋航空在上海证券交易所挂牌上市。

不同的消费群体有着不同的需求价格弹性系数。廉价航空正是基于此，将目标客户进行细分，得出商务旅行者由于公务出差，公司报销差旅费、出行时间不确定等因素，他们对价格缺乏弹性。但偶然坐飞机的乘客和家庭旅游者对机票价格更加敏感，需求价格弹性系数较大。因此春秋航空将目标客户定位于对舒适性要求不高，对低票价有特别青睐的消费者上面。在降低成本上面，采取相应的“两高”和“两低”策略。

（资料来源：编者根据网络资料改写）

（四）影响需求价格弹性的因素

（1）商品对消费者生活的重要程度。一般来说，生活必需品的需求价格弹性较小，非必需品的需求价格弹性较大。例如，馒头的需求价格弹性是较小的，电影票的需求价格弹性是较大的。

（2）可替代的物品越多，性质越接近，弹性越大，反之则越小。如毛织品可被棉织品、丝织品、化纤品等替代。

（3）购买商品的支出在人们收入中所占的比重大，弹性就大；比重小，弹性就小。

（4）商品用途的广泛性。一种商品的用途越广泛，它的需求弹性越大，反之越小。

（5）所考察的消费者需要的调节需求量的时间。一般来说，所考察的时间越长，则需求的价格弹性就可能越大。因为，在消费者决定减少或停止对价格上升的某种商品的购买之前，他一般需要花费时间去寻找和了解该商品的可替代品。例如，当石油价格上涨的时候，消费者在短期内不会较大幅度地减少需求量。如果在长期内，消费者找到替代品，石油的价格上升会导致石油的需求量大幅下降。

二、供给的价格弹性

（一）供给价格弹性的定义

当商品的价格发生改变的时候，除了消费者会对此做出反应，生产者也一样会作出反应，即：他们要生产多少商品，也就是说，一种商品的供给量会对市场价格的变动做出反应，我们用供给的价格弹性来描述这种反应程度。供给的价格弹性是供给量变动的百分比除以价格变动的百分比，用 E_S 表示供给的价格弹性，其公式如下：

$$供给价格弹性=\frac{供给量变动百分比}{价格变动百分比}$$

(二)供给价格弹性的类型

同需求价格弹性一样，供给弹性也可以分为五种类型：

(1)供给没有弹性，即 $E_S=0$，如图 4-4(a)所示，其供给曲线垂直于横轴，意味着无论价格怎么发生变化，供给量的变动为零。这种情况是比较少见的，一些不可再生的资源，如土地，以及那些无法复制的古董的供给弹性等于零。

(2)供给弹性无穷大，即 $E_S=\infty$，其供给曲线是平行于横轴，意味着对微小的价格变动，供给量做出了无限大的反应，这种情况也是比较少见的。通常认为在劳动力严重过剩地区的劳动力供给曲线具有无穷大的供给弹性。在这些地区，一旦把劳动力的价格确定在某一水平，就会得到源源不断的劳动力的供给。

(3)供给单位弹性，即 $E_S=1$，意味着供给量变化的百分比等于价格的变化百分比，此时，供给曲线是 45°线。这种情况是非常罕见的，几乎没有一种商品能满足这种条件。

(4)供给缺乏弹性，即 $E_S<1$，意味着供给量变化的百分比小于价格变化的百分比，此时，供给弹性的斜率较大。

(5)供给富有弹性，即 $E_S>1$，意味着供给量变化的百分比大于价格变化的百分比，此时，供给弹性的斜率较小。

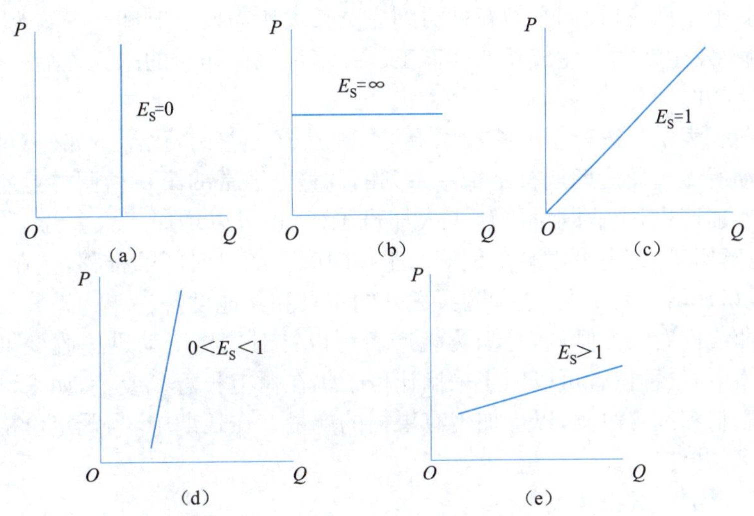

图 4-4 供给价格弹性的类型

前三种情况都是供给价格弹性的特例，在现实生活中并不常见，人们日常所接触的商品大多属于后两种情况，要么缺乏弹性，要么富有弹性。

(三)供给弹性的影响因素

1. 资源替代的可能性

一些产品和服务只能用独特的或稀少的生产资源来生产，则这些产品的供给弹性很低，甚至为零。而另一些产品与服务可以用普遍能得到的资源生产，这些资源可广泛地用于各种用途，则这种产品的供给弹性较高。

梵高的油画是一个垂直供给曲线(完全缺乏供给弹性),供给弹性系数为零。在另一个极端,小麦可以在种植玉米的土地上种植,因此,种植小麦和种植玉米同样容易,而且,用放弃的玉米表示的小麦的机会成本几乎是不变的。结果,小麦的供给曲线几乎是水平,而且其供给弹性非常大。同样,当一种产品在许多不同国家生产时(如糖和牛肉),该产品是非常富有供给弹性的。

大多数产品与服务的供给在这两个极端之间。产量可以增加,但只有引起更高的成本才能增加产量。如果提供的价格更高,供给量就增加的话,则这些产品与服务的供给弹性在零与无穷大之间。

2. 供给决策的时间

为了研究价格变动以来的时间对供给的影响,我们区分了供给的三种时间长度:即时供给、长期供给和短期供给。

当一种产品的价格上升或下降时,即时供给曲线表示在价格变动后,供给量立即做出的反应。

一些产品,例如,水果和蔬菜,是完全无弹性的即时供给——一条垂直的供给曲线。供给量取决于以前做出的种植决策。例如,就橙子的情况而言,必须在收获之前的许多年做出种植决策。即时供给曲线垂直是因为在某一天,无论橙子的价格是多少,生产者都不能改变产出。他们已经挑选、包装,并把自己的产品运到了市场上,而且,在那一天所提供的数量是固定的。

相反,一些产品是完全有弹性的即时供给,长途电话就是一个例子。当许多人同时打电话时,对电话线、计算机接线和卫星时间的需求大大增加,而且购买量增加,但是价格仍然保持不变。长途电话局监视需求的波动并改变线路,以确保在价格不变时供给量等于需求量。

长期供给曲线表示在所有技术上可能的调整供给的方法都得到利用以后,供给量对价格变动的反应。就橙子而言,长期是指新种树到完全长大所需要的时间——约为5年。在一些情况下,长期调整发生在完全建成新的生产工厂并培训完操作它的工人之后——一般来说这个过程需要几年的时间。

短期供给曲线表示只进行了一些技术上可能的生产调整时,供给量如何对价格变动做出反应。价格变动所做出的短期调整是指一系列的调整。通常的第一种调整是雇佣的劳动量。为了在短期内增加产出,企业既可以让工人加班工作,也可以增雇工人。为了在短期内减少产出,企业可以解雇工人,也可以减少他们的工作时间。随着时间的推移,企业可以进行更多的调整,也可以培训增加的工人,或者购买额外的工具和其他设备。

短期供给曲线向右上方倾斜,是因为生产者可以针对价格变动迅速改变供给量。例如,如果橙子的价格下降,种植者可以停止采摘让橙子仍在树上长着。或者,如果价格上升,他们可以使用更多肥料和改善灌溉,以增加现有果树的产量。在长期中,当既定价格上升时,他们可以采取种更多的树来增加供给量。

3. 工业生产增加的容易程度

如果所有的生产投入要素都能很容易地以现行市场价格找到,那么产出水平就可以巨大地增长而只是伴随较小的价格增长,这也意味着供给的价格弹性是比较大的。另一方面,如果生产能力严重受限制,比如金矿开采,尽管黄金价格急剧增加,但黄金的生产对此的反应很小,这就是缺乏供给弹性的例子。

【相关资料】

供给弹性——企业决策的另一重要依据

既然有需求弹性就同样有供给弹性,最典型的是供给的价格弹性,即价格变动的比率引起供给量变动的比率。用公式表示：$E_S=\dfrac{\Delta Q/Q}{\Delta P/P}$。在供求规律中我们讲到，由于家电市场长期供小于求，厂商的利润可观，因此有越来越多的厂家投身于家电产品的生产，供求平衡随之改变，由原来的供小于求，逐步转变为供大于求。在这个过程中，说明需求增加、价格上升后，供给的变动是与时间长短相关的。例如，某商品价格上升10%，供给量增加20%，则供给弹性为2。如果无论价格如何，供给量都不变，则供给弹性为0，即供给无弹性。如某些已故画家的作品就是这样。如果价格既定，供给无限，则供给弹性为无限大，即供给有无限弹性。如用自然山间清泉作矿泉水就是这样。正常情况下，价格变动百分比大于供给量变动的百分比为供给缺乏弹性，价格变动百分比小于供给量变动的百分比为供给富有弹性。

我们分析家电的生产情况，20世纪80年代需求增加时，价格很高，生产厂家利润丰厚，但家电厂受生产规模的限制，难以很快增加。正因为如此很多企业纷纷生产家电。所以出现了20世纪90年代后家电市场的供大于求的局面，但已形成一定规模的家电生产也难以大幅度减少。所以像家电、汽车等行业要确定一个适度的规模，规模小会失去赚钱的机会，规模大又会形成过剩的生产能力。这是由于这些生产缺乏供给弹性，有的专家提醒汽车业不要重蹈家电业的覆辙。

一般来说，生产周期短、劳动密集型、技术简单、不容易保管的商品供给弹性较大，相反，供给弹性较小。

单元二　弹性分析运用

弹性是经济学中得到广泛应用的一个重要概念，它在预测市场结果、分析市场受到干预时所发生的变化等方面起着重要作用，是企业管理者进行科学决策的一个有利的经济分析工具。

一、农业与经济学

（一）农产品价格的长期下降趋势

1900年，来自世界银行的数据，农产品价格指数为164.73，2000年低点仅为37.73，降低61.5%。2000年后虽略有回升，也仅在2008年到达62.63。农产品的真实价格在过去的一百年间都明显下降，如图4-5所示。

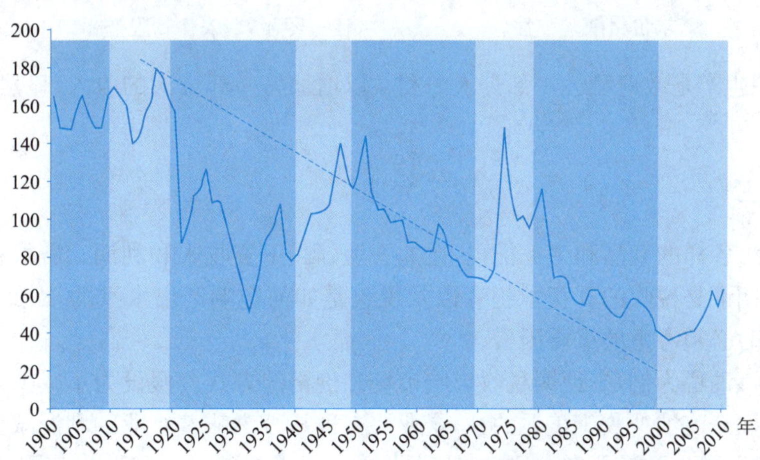

图4-5　过去100年农产品价格指数

是什么原因造成了过去一个世纪农产品价格的长期下行趋势呢？下面进行简单分析。由于大多数食品是必需品，人们对于食品的需求增加缓慢，与平均收入的增加相比，需求曲线的移动是很有限的。

现在让我们再看一下供给。虽然很多人认为农业是一个落后的产业，但实际上农业的生产率比大多数产业增加的都要快。重大的技术进步包括：通过使用拖拉机、联合收割机和摘棉机等实现了农业机械化，施肥、灌溉、培育良种和转基因作物的研究，所有这些创新都极大地提高了农业投入的生产率。生产率的快速提升也使得供给大幅增长，从图 4-6 可以看出，供给增加的幅度大于需求增加的幅度，总的来说，全球的农产品产量扩张速度快于需求的提升速度，加上需求缺乏弹性，从而推动真实价格下行。

(二)限制产量政策

长期以来，各国政府采取了多种措施来提高农民的收入，比如通过价格支持提高农产品的价格，通过关税和配额限制进口或者对进行休耕的农民进行补贴等。

丰收悖论告诉我们，因为农产品缺乏弹性，丰收使得农产品供给增加，价格下跌，最终使得农民收入减少。那政府可以通过减少产量来帮助农民吗？用图 4-7 进行解释，可以看出，如果政府限制生产，结果是供给曲线向左移动，因为农产品的需求是缺乏弹性的，因此限制产量不仅可以提高谷物的价格，还可以提高农民的总体收入。就像丰收悖论会伤害到农民一样，限制生产会伤害到消费者，消费者要面对更高的农产品价格。

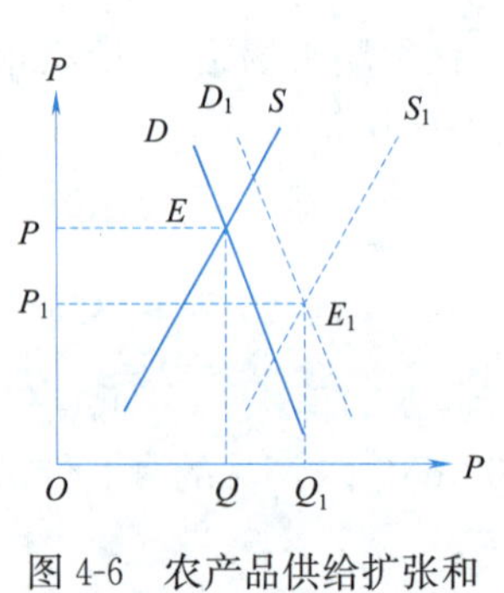

图 4-6 农产品供给扩张和需求价格缺乏弹性

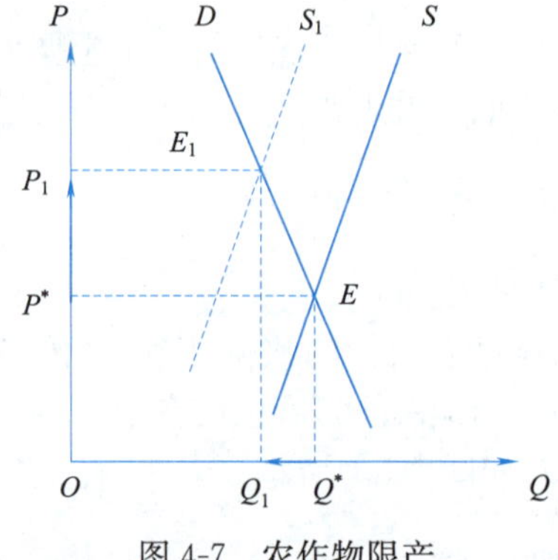

图 4-7 农作物限产

总之，限制生产是政府牺牲一部分人的利益以增加另一部分人的收入，显然，这种政策是行不通的。

二、税收归宿——是谁真正承担了税收

政府对各种各样的商品和劳务征税，比如香烟、酒、工资收入和利润。需求和供给分析可以帮助我们预期谁是税收的真正承担者以及税收是如何影响产出水平的，因此，税收归宿是税收政策制定时必须考虑的重要因素。

以美国的汽油税为例，来说明税收影响市场和价格的方式。假设为了减少人们对于汽油的消费而对每加仑汽油征收 1 美元的税，企业要交税是否意味着企业的利润减少？通过运用需求和供给理论，可以让我们知道谁才是税收的真正承担者或者税收归宿是谁。在分析之前，首先引入“归宿”这个概念，所谓“归宿”指的是对生产者或消费者的真实收入征税的最终

经济影响。

回到汽油税的例子上，如果政府对每加仑汽油征收1美元的税，结果可能是税负转移到了消费者身上。从图4-8可以看出，最初的均衡数量和价格分别是100和1，税收使供给曲线向上移动，形成新的均衡数量和价格。在所增加的这1美元的税收中，消费者承担了0.9美元，而生产者承担了很小的一部分，只有0.1美元。在此案例中之所以消费者承担了大部分税收根本原因是因为需求相对于供给缺乏弹性。相反，如果供给相对于需求缺乏弹性，比如土地，那么大部分的税会转移到供给者。

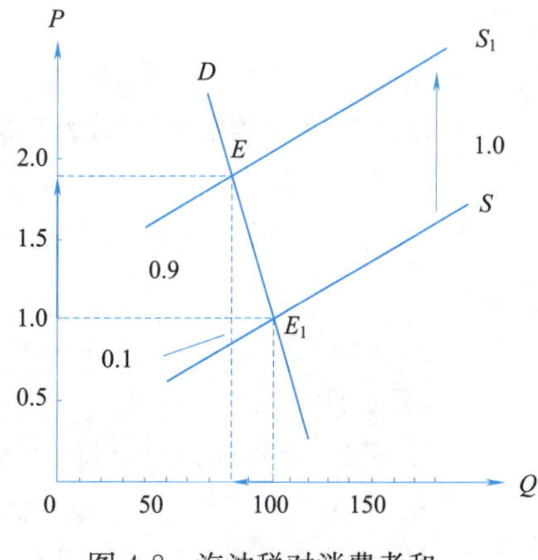

图4-8 汽油税对消费者和生产商的影响

税收归宿的一般原则是：税收负担最终由谁承担取决于供给和需求的相对弹性。如果需求相对于供给缺乏弹性，则税收主要是转嫁给消费者，而如果供给相对于需求缺乏弹性，则税收主要转嫁给生产者。

【学练合一】

一、单选题

1. 已知某种商品的需求是富有弹性的，在其他条件不变的情况下，生产者要想获得更多的收益，应该(　　)。

A. 适当降低价格　　B. 适当提高价格

C. 保持价格不变　　D. 不断地降低价格

2. 需求完全无弹性可以用(　　)。

A. 一条与横轴平行的线表示　　B. 一条与纵轴平行的线表示

C. 一条向右下方倾斜的线表示　　D. 一条向右上方倾斜的线表示

3. 某商品的供给弹性无穷大，当该产品的需求增加时，则(　　)。

A. 均衡价格和均衡产量同时增加　　B. 均衡价格和均衡产量同时减少

C. 均衡产量增加但价格不变　　D. 均衡价格增加但产量不变

4. 下列四种商品中，需求的价格弹性最小的是(　　)。

A. 食盐　　B. 衣服　　C. 化妆品　　D. 项链

5. 以下(　　)可能使消费需求富有弹性。

A. 商品的用途狭窄　　B. 商品对消费者十分重要

C. 商品支出占总支出的比重小　　D. 消费者调节消费量的时间短

6. 民航机票经常打折促销，这说明飞机旅行需求(　　)。

A. 富有价格弹性　　B. 单位弹性

C. 缺乏价格弹性　　D. 无法确定

7. 已知某种商品的需求价格弹性系数为0.5，当价格为每台32元时，其销售量为1 000台。如果这种商品价格下降10%，在其他因素不变的条件下，其销售量是(　　)台。

A. 950　　B. 1 050　　C. 1 000　　D. 1 100

8. 如果冰激凌的价格从2元上升到2.2元，你的购买量从10个下降到8个，你的需求价格弹性为（　　）。

A. 1.53　　B. 2.32　　C. 2.5　　D. 1.84

9. 需求弹性为单位弹性时，商品价格上涨将引起消费者的消费支出（　　）。

A. 增加　　B. 不变　　C. 减少　　D. 无法确定

10. 假设某商品的价格从3元降到2元，需求量从9个增加到11个，则该商品销售的收益将（　　）。

A. 保持不变　　B. 增加　　C. 减少　　D. 无法确定

二、多选题

1. 适用于“薄利多销”或“降价促销”定价策略的商品有（　　）。

A. 酱油　　B. 手机　　C. 轿车　　D. 胰岛素

2. 影响某商品供给价格弹性的因素有（　　）。

A. 生产能力的大小　　B. 时间的长短

C. 资源的可替代程度　　D. 商品对生产者的重要程度

3. 农产品价格长期趋势下降的原因有（　　）。

A. 农产品价格缺乏弹性　　B. 科技进步使得农产品供给增加

C. 农产品的需求增加小于供给增加　　D. 农产品的需求增加大于供给增加

4. 关于税负归宿的说法正确的是（　　）。

A. 当供给无弹性时，供应者承担全部税收

B. 当供给完全弹性时，消费者承担全部税收

C. 供给弹性越大，消费者承担的越多

D. 供给弹性越小，供应者承担的越多

5. 以下（　　）商品的供给弹性会比较大。

A. 面包　　B. 精密机床　　C. 衣服　　D. 计算机CPU

三、分析题

巴西的气候和纽约咖啡的价格

干旱或零摄氏度以下的气候不时地毁坏或伤害巴西的咖啡树，由于世界上大部分咖啡产自巴西，随之而来的结果必然是咖啡供应的减少或价格的大幅上升。

一个著名的例子发生在1975年的7月，当时一场霜冻毁掉了巴西1976—1977年的绝大部分咖啡收成（当时巴西是冬天，北半球却是夏天）。在纽约，一磅咖啡的价格从1975年的68美分涨到1976年的1.23美元，又涨到1977年的2.70美元。随后价格下跌，在1985年，一场7个月长的干旱毁掉了巴西大部分的咖啡收成，1986年价格又飞涨。最近一次是从1994年6月开始，干旱后的冻害毁掉了巴西1995—1996年的近一半的咖啡收成，结果，1994—1995年的咖啡价格大约是1993年价格的两倍。

然而冻害之后的价格暴涨往往时间很短，一年后，价格开始下跌，三四年后，又回到冻害前的水平。例如，在纽约，1978年的咖啡价格下跌至每磅1.48美元，而到1983年，其实际（扣除了通货膨胀因素）价格与1975年冻害前的价格相差无几。同样，1987年的咖啡价格跌至1984年干旱以前价格水平之下，随后几年继续下跌，直至1994年的冻害才止跌。

回答：请用需求和供给弹性理论解释咖啡价格波动的原因。

【应用与实训】

实训目的

运用项目四中所学的弹性理论对不同弹性的商品建议相应的营销策略。

实训项目

商品的需求价格弹性和收益。

实训内容

1. 根据以下资料提供的商品的需求价格弹性系数，选择2～3种商品，分别计算该商品的价格下降10%，上升10%的销售收益的变化情况。
2. 根据销售收益的变化情况判断该种商品适合何种营销策略。
3. 形成一个简单的分析报告。

实训说明

本实训为课后进行实训，最后在课堂上进行总结。学生以4～6人为一组，提交分析报告。教师根据情况给出相应的意见和建议，做出总结。

需求价格弹性的经验数据如表4-2所示。

表4-2　需求价格弹性的经验数据

商品名称	弹性系数
黄油	0.24
鸡肉	0.30
猪肉	0.77
蛋	0.26
牛肉	1.01
牛排	1.15
水果	3.02
啤酒	0.20
葡萄酒	0.67
香烟	0.51
衣服	0.62
DRAM芯片	0
光纤宽带	2.0
电力(短期)	0.28
电力(长期)	0.90
汽油(短期)	0.43
汽油(长期)	1.50

项目五　消费者选择理论

【学习目标】

1. 理解消费者选择理论。
2. 掌握效用、总效用和边际效用。
3. 掌握边际效用递减规律，会运用边际效用递减规律解释现实经济问题。
4. 理解基数效用和序数效用的异同点。
5. 掌握无差异曲线、边际替代率及递减规律和消费预算线。

【导引案例】

连吃三个面包的感觉

美国总统罗斯福连任三届后，曾有记者问他有何感想，总统一言不发，只是拿出一块三明治面包让记者吃，这位记者不明白总统的用意，又不便问，只好吃了。接着总统拿出第二块，记者还是勉强吃了。紧接着总统拿出第三块，记者为了不撑破肚皮，赶紧婉言谢绝。这时罗斯福总统微微一笑："现在你知道我连任三届总统的滋味了吧。"这个故事揭示了经济学中的一个重要的原理：边际效用递减规律。

总效用是消费一定量某物品与劳务所带来的满足程度。边际效用是某种物品的消费量增加一单位所增加的满足程度。我们就从罗斯福总统让记者吃面包说起。假定，记者消费一个面包的总效用是 10 效用单位，2 个面包是总效用为 18 个效用单位，如果记者再吃 3 个面包总效用还为 18 个效用单位。记者消费一个面包的边际效用是 10 效用单位，2 个面包的边际效用是8 个效用单位，记者消费第 3 个面包的边际用为 0 个效用单位。这几个数字说明记者随着消费面包数量的增加，边际效用是递减的。为什么记者不再吃第三个面包是因为再吃不会增加效用。还比如，水是非常宝贵的，没有水，人就会死亡，但是你连续喝，超过了你能饮用的数量时，那么多余的水就没有什么用途了，再喝边际价值几乎为零，或是在零以下。现在我们的生活富裕了，我们都有体验"天天吃着山珍海味也吃不出当年饺子的香味"。这就是边际效用递减规律。设想如果不是递减而是递增会是什么结果，吃一万个面包也不饱。吸毒就接近效用递增，毒品吸得越多越上瘾。吸毒的人觉得吸毒与其他消费相比认为毒品给他的享受超过了其他的各种享受。所以吸毒的人会卖掉家产，抛妻弃子，宁可食不充饥，衣不遮体，毒品却不可不吸。所以说，幸亏我们生活在效用递减的世界里，在购买消费达到一定数量后因效用递减就会停止下来。

【驱动任务】

价 值 悖 论

两个多世纪之前，一个价值悖论让亚当·斯密感到困惑，他在《国富论》中提到："没有什么能比水更有用，然而水很少能交换到任何东西。相反，钻石几乎没有任何使用价值，但却经常可以交换到大量的其他物品。”

换句话说，水是生命之源，但价值却很小。而钻石通常是炫耀性的消费，价格是不是被高估了？

思考：如何用经济学的效用理论解释“水和钻石”的价值悖论？

单元一　总效用与边际效用

一、效用的概念

在解释消费者的行为时，经济学家提出一个基本的假设：人们总是选择那些对他们来说价值最高的商品和服务。为了解释人们的消费行为，英国哲学家边沁把效用(utility)概念引入了经济学中。之后的经济学家一直采用效用这一概念。

那么什么是“效用”？简单地说，效用就是衡量消费者从物品和服务的消费中获得的幸福感或者满足感。效用指的是消费者如何在不同的商品或者服务进行排序并选择。比如对于某消费者而言，商品 A 的效用高于商品 B 的效用，这意味着消费者选择 A 不会是 B，一般来说，效用被认为是消费者消费商品或者服务时的主观感受，因此效用会因人、因时、因地而异。比如，辣椒对于喜欢吃辣的人来说效用很大，但对于不喜欢吃辣的人效用却很小，甚至会产生负效用。再比如，一个人饥饿的时候，一个面包对他来说效用很大，但当他吃得很饱的时候，同样的一个面包可能就不会有任何效用了。

但是我们不能简单地认为效用仅仅是可以观察或者测量的心理感受，相反，效用是一种科学的理论构建，经济学家用它来解释理性的消费者如何将其有限的资源分配在能给他们带来最大满足的各种商品上。

【相关资料】

效用理论的历史

效用理论源自功利主义(utilitarianism)，功利主义是过去 320 年以来西方主要的两个思想之一。作为数学概率的基本概念，效用的概念在 1700 年后得到发展。瑞士数学家丹尼尔·伯努利(Daniel Bernoull)在 1738 年观察到，在一场公平的赌博中，人们往往会认为所赢得的 1 块钱的价值要小于所输掉的 1 块钱的价值。这意味着人们更不喜欢冒险，持续的新财富给人们真正效用的增加量是越来越小的。

英国哲学家杰里米·边沁(Jeremy Bentham)把效用的概念引入了社会科学领域。在研究了法律理论以及受到亚当·斯密(Adam Smith)的影响下，他转向研究制定社会立法所必需的原则。他认为，社会应该按“效用原则”组织起来，而所谓的“效用原则”是“任何事物所具有的可以产生满足、好处或幸福，或者可以防止痛苦、邪恶或不幸的性质”。根据边沁的思想，所有的立法都应该以功利主义原则制定，并能促进“最大多数人的最大幸福”。边沁的其他关于法律的思想也是非常现代的，比如关于犯罪和惩罚的问题，他认为应当通过酷刑增加罪犯的“痛苦”，这样可以威慑犯罪。

边沁关于效用的观点今天看起来似乎很平常，但在 200 多年前是具有革命性的，因为他强调社会和经济政策的制定应该以实现某种实际结果为基础，但在那个年代，社会和经济政策制定通常以传统、国王或者宗教教义为基础。今天，很多政治家仍以功利主义的原则(为最大多数人的福利)来捍卫他们的立法主张。

效用理论的另一个发展阶段是在新古典经济学时期,比如威廉·斯坦利·杰文斯(William Stanley Jevons),他把边沁的效用概念用来解释消费者行为。他认为经济学理论是“快乐和痛苦的微积分”,理性的人的消费决定应该以每个商品额外的或者边际效用为基础。19世纪的很多功利主义学者都认同效用是一种心理现象,是像长度或温度一样可以测量的,边际效用递减规律也是存在的。

二、基数效用和序数效用

基数效用(cardinal utility)和序数效用(ordinal utility)是解释消费者行为的两种不同理论。西方经济学效用理论的思想渊源,也许可以追溯到以边沁和密尔为代表的英国功利主义哲学,但其直接奠基却是产生于19世纪50～70年代的“边际革命”。在此期间,德国的戈森、英国的杰文斯、奥地利的门格尔以及法国的瓦尔拉斯等人差不多同时,但又都各自独立地发现了“边际效用递减规律”。边际效用学说建立在效用可以直接计量的假设之上,因此又称“基数效用论”。

基数效用论是19世纪和20世纪初期西方经济学普遍使用的概念。其基本观点是:效用是可以计量并可以加总求和的。表示效用大小的计量单位称为效用单位(utility unit)。因此,效用的大小可以用基数(1,2,3…)来表示,正如长度单位可以用米来表示一样。基数效用论采用的是边际效用分析法。基数效用论认为效用大小是可以测量的,其计数单位就是效用单位。

基数效用论认为,商品的边际效用是递减的。而马歇尔指出,货币也必须服从边际效用递减规律。既然如此,由于富人持有的货币量大于穷人,所以前者的边际效用小于后者。如果把一元钱从富人那里转移到穷人那里,整个社会的效用就会增加。所以,边际效用递减规律可以成为收入平均化的理论依据。

今天的经济学家已经抛弃了基数效用的观点,即效用是可以测量的。相反,他们认为效用是一种个人的心理主观感受,是不可以测量的,而只能用序数去表示效用的大小,这就是序数效用的观点。序数效用是“基数效用”的对称。用序数词(第一,第二,第三……)来表示其相对水平高低的效用。以经济学家帕累托等人为代表的序数效用论者认为,效用是指个人的偏好,无法用绝对数值计量,只能根据偏好程度排列为第一,第二,第三……的次序,来表示效用相对水平的高低。应用序数效用概念来分析问题时,无须计算商品的效用量,只需对不同商品的效用进行次序排列或分级即可。序数效用论者认为,这就可以克服必须对无法计算的效用进行计算的基数效用论的弊病。

除了假设条件不同,两者使用的分析工具也不同。基数效用论使用边际效用以及在预算约束下求效用值的最大化,而序数效用论则使用无差异曲线、边际替代率递减、预算约束线作为分析效用最大化的工具。

单元二　基数效用理论

一、总效用和边际效用

(一)总效用

总效用(total utility,TU)是指消费者从消费商品或者服务中所获得的总的满足感。总效用的大小取决于个人的消费水平，即消费的商品或者服务的数量越多，总效用就越大。

(二)边际效用

假设你在吃一个冰激凌，你将会从这一消费行为中得到一定程度的效用或者说满足感，接着你再吃一个冰激凌，你的总效用增加，为什么呢？因为第二个冰激凌也会给你带来额外的效用或者满足感。接着吃第三个和第四个冰激凌会怎么样呢？最后，当你吃了足够多的冰激凌后，你将得不到更多的效用或者满足感，因为，吃太多的冰激凌会使你不舒服甚至作呕。

这就涉及了一个基本的经济学概念：边际效用(marginal utility，MU)。当你消费一个额外的冰激凌，你将获得一些额外的效用或者满足感，效用的这一增加量就是边际效用。

边际(marginal)是经济学的关键术语，指的是“新增”或者“额外”的意思。边际效用是指消费者每增加消费一个单位的商品或者服务所得到新增加的满足感，也就是消费最后一个单位的商品或者服务所提供的效用。

二、总效用和边际效用的关系

总效用和边际效用的关系可以用图表来说明。假设消费者消费冰激凌，他所吃的冰激凌的数量与其产生的总效用和边际效用如表 5-1 所示。

表 5-1　消费冰激凌产生的总效用和边际效用

冰激凌的数量/个	总效用	边际效用
1	10	10
2	18	8
3	24	6
4	28	4
5	30	2
6	30	0
7	28	−2

从表 5-1 中可以看出，消费第一个冰激凌的效用是 10，消费第二个冰激凌的总效用是 18，边际效用是 8(18−10=8)。随着消费冰激凌数量的增加，总效用水平越来越大，但增加的幅度越来越小，因为边际效用越来越小。当消费到第 6 个冰激凌时，总效用达到最大，此时边际效用为 0，再继续消费，总效用开始减少，且边际效用为负。

从图 5-1 可以看出，总效用曲线的变动规律是先增加后递减，边际效用曲线的变动规律是一开始就递减。两者的关系总结如下：当 MU 为正时，TU 呈上升趋势；当 MU 为 0 时，TU 达到最高点；当 MU 为负值时，TU 呈下降趋势。

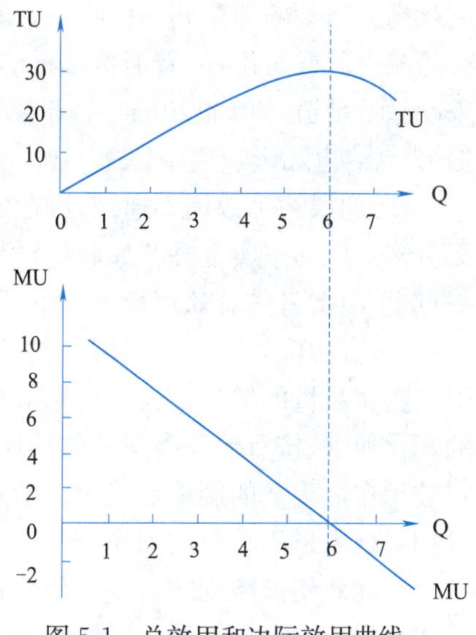

图 5-1　总效用和边际效用曲线

三、边际效用的特点

(1)边际效用的大小与欲望的强弱成正相关。

(2)边际效用的大小与消费数量的多少反向变动。由于欲望强度有限,并随满足的增加而递减,因此,消费数量越多,边际效用越小。

(3)边际效用是特定时间内的效用。由于欲望具有再生性、反复性,边际效用也具有时间性。

(4)边际效用实际上永远是正值。虽在理论上有负效用,但实际上,当一种产品的边际效用趋于零时,具有理性的消费者必然会变更其消费方式,去满足其他欲望,以提高效用。

(5)边际效用是决定产品价值的主观标准。边际效用价值认为,产品的需求价格,不取决于总效用,而取决于边际效用。消费数量少,边际效用高,需求价格也高;消费数量多,边际效用低,需求价格也低。

四、边际效用递减规律

经济学家们在分析效用时,提出了边际效用递减规律(law of diminishing marginal utility),这个规律意味着当消费者消费越来越多的商品或服务时,消费者从该商品或服务连续增加的每一单位中所得到的效用增加量(即边际效用)是递减的。

为什么边际效用是递减的?当消费者消费更多商品时,效用趋向于增加,但是,根据边际效用递减规律,随着消费量的逐渐增加,总效用的增加逐渐减少。总效用的逐渐减少是由于边际效用随着消费量的逐渐增加而逐渐减少的结果,边际效用的递减是因为随着消费量的增加,消费者得到的满足感降低。

(一)边际效用递减规律产生的原因

对边际效用递减规律产生的原因一般有以下三种解释:

(1)效用是消费者的心理或生理感受,消费某种物品实际上就是提供一种刺激,使人有一种满足的感受,或心理上有某种反应。消费某种物品时,开始的刺激一定大,从而人的满足程度就高。但不断消费同一种物品,即同一种刺激不断反复时,人在心理上的兴奋程度或满足必然减少。或者说,随着消费数量的增加,效用不断累积,新增加的消费所带来的效用增加越来越微不足道。19 世纪的心理学家韦伯和费克纳通过心理实验验证了这一现象,并命名为韦伯-费克纳边际影响递减规律。这一规律也可以用来解释边际效用递减规律。

(2)如果边际效用不递减,则假定消费者可免费取用某种物品时,消费者对其需要量都将无穷多。然而事实上并非如此。消费者对任何一件物品的需要都会在某一点上停止。在这一点上,消费者的总效用最大,而边际效用为零。

(3)资源配置说。设想每种物品都有几种用途,且可按重要性分成等级。消费者随着获得该物品数量的增加,会将其逐次用到不重要的用途上去。这本身就说明边际效用是递减的。比如水,按重要程度递减的顺序,分别有饮用、洗浴、洗衣、浇花等多种用途。水很少时,它被用作最重要的用途如饮用。随着得到的水的量的增加,它会被逐次用到洗浴、洗衣、浇花等相对越来越不重要的用途上。这说明水的边际效用是递减的。

边际效用递减规律是一个优化资源配置的规律,小到日常生活,大到资源利用,无不受这一规律的影响。

(二)需求与边际效用递减规律

商品的需求量与商品自身价格反方向变动。即价格上升,需求量减少;价格下降,需求量增加。需求曲线从左上方向右下方倾斜。但并没有说明为什么需求量与价格成反方向变化,即没有说明需求规律存在的原因,关于这个问题,西方经济学家用边际效用递减规律来解释。

任何购买行为都是一种交换行为,消费者以货币交换所需求的商品。交换过程中,消费者支出的货币有一定的边际效用,所购买的商品也有一定的边际效用,消费者通常用货币的边际效用来计量物品的效用。由于单位货币的边际效用是递减的,因此,消费者愿意付出的货币量就表示买进商品的效用量,而消费者对两种商品所愿付出的价格的比率,是由这两种商品的边际效用所决定的,边际效用越大,愿支付的价格(需求价格)越高;反之,边际效用越小,需求价格就越低。根据边际效用递减规律,既然边际效用越来越小,那么,消费者对商品购买越多,所愿支付的价格就会越少。这样,消费者买进和消费的某种商品越多,他愿支付的价格即需求价格就越低,反过来说,价格越低,需求量越大。可见,一个消费者的实际需求价格反映了该商品的边际效用,而边际效用是随购买数量的增加而减少的,于是价格也就随着数量的增加而降低,或者需求量随价格的降低而增加。因此,需求曲线也就是边际效用曲线,它是从左上方向右下方倾斜的。

【相关资料】

边际效用递减规律给经营者的启示

消费者购买物品是为了效用最大化,而且,物品的效用越大,消费者愿意支付的价格越高。根据效用理论,企业在决定生产什么时首先要考虑商品能给消费者带来多大效用。

企业要使自己生产出的产品能卖出去,而且能卖高价,就要分析消费者的心理,能满足消费者的偏好。一个企业要成功,不仅要了解当前的消费时尚,还要善于发现未来的消费时尚。这样才能从消费时尚中了解到消费者的偏好及变动,并及时开发出能满足这种偏好的产品。同时,消费时尚也受广告的影响。一种成功的广告会引导着一种新的消费时尚,左右消费者的偏好。所以说,企业行为从广告开始。

消费者连续消费一种产品的边际效用是递减的。如果企业连续只生产一种产品,它带给消费者的边际效用就在递减,消费者愿意支付的价格就低了。因此,企业的产品要不断创造出多样化的产品,即使是同类产品,只要不相同,就不会引起边际效用递减。例如,同类服装做成不同式样,就成为不同产品,就不会引起边际效用递减。如果是完全相同,则会引起边际效用递减,消费者不会多购买。

边际效用递减原理告诉我们,企业要进行创新,生产不同的产品满足消费者需求,减少和阻碍边际效用递减。

单元三 序数效用论

一、无差异曲线

无差异曲线(indifference curve)是经济学中的一个概念,它是指这样一条曲线,在它上面的每一点，商品的组合是不同的，但是，它表示人们从中得到的效用程度却是相同的。假定有衣服和食物两种商品，它们有三种组合方式，这三种组合方式给消费者带来的效用相同，如表 5-2所示。

表 5-2 衣服和食物的消费组合

组合方式	衣服	食物
A	50	10
B	30	20
C	20	40

根据表 5-2 可以绘制图 5-2，图中横轴表示食物的消费量，纵轴表示衣服的消费量，I 为无差异曲线，在无差异曲线的任一点，衣服和食物的数量组合给消费者带来的效用都是一样的。

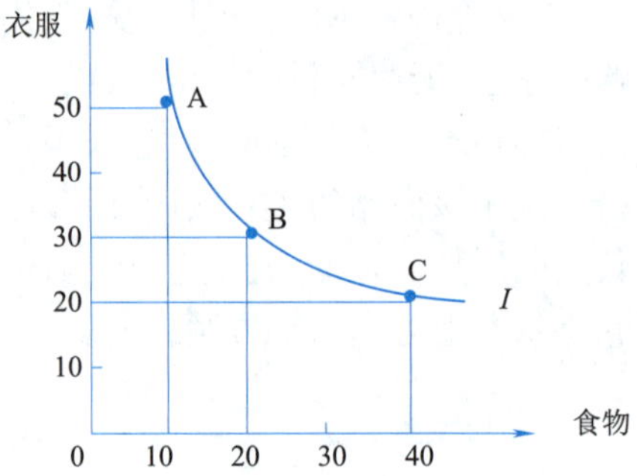

无差异曲线有如下特征：

(1)无差异曲线是向右下方倾斜的。在图 5-2 中，沿着无差异曲线，当食物的数量增加时，衣服的数量便会减少。意味着在收入和价格既定的情况下，消费者为了得到相同的总效用，增加食物的消费，必然要减少衣服的消费，两种商品不能同时增加或减少。

图 5-2 无差异曲线

(2)不同的无差异曲线表示不同的效用。在图 5-3 中显示了三条无差异曲线(整个图中包含了无数条无差异曲线)。无差异曲线 I_3 代表的效用程度最高，接下来是 I_2 和 I_1，也就是说 A 点的效用水平高于 B 点的效用水平，B 点的效用水平又高于 D 点的效用水平。

(3)无差异曲线不可能相交。可以用反证法证明，如图 5-4 所示，无差异曲线 I_1 和 I_2 相交于 A 点，既然 A 和 B 都在无差异曲线 I_1 上，那么 A 和 B 的效用水平是一样的。同理，无差异曲线 I_2 上的 A 和 D 的效用水平也一样，据此可以推断出 B 和 D 的效用水平也一样，但这是不可能的，因为 B 点的效用水平要高于 D 点的效用水平，因此两条无差异曲线相交的假设是不成立的。

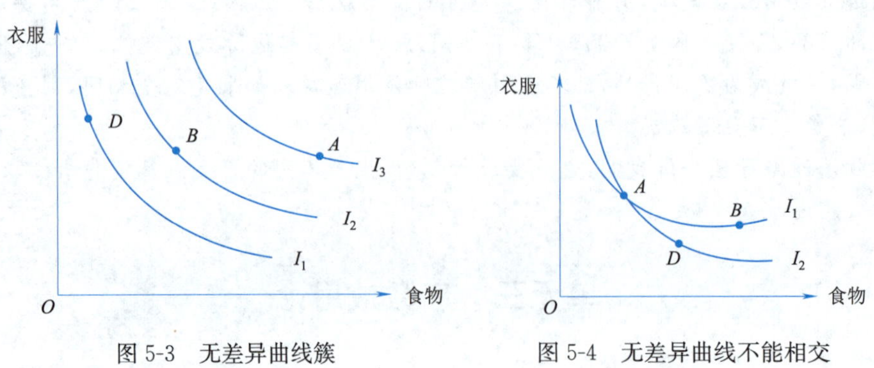

图 5-3 无差异曲线簇　　图 5-4 无差异曲线不能相交

(4)无差异曲线通常是凸的，即向内弯曲。“凸的”一词指的是，当沿着曲线往下时，无差异曲线的斜率增加(即负值越来越小)。

二、边际替代率及其递减规律

(一)边际替代率

为了量化消费者为得到更多一种商品而愿意放弃另一种商品的数量，一般采用边际替代率(marginal rate of substitution，MRS)的度量方法。比如，食物对衣服的边际替代率是一个人为了获得额外一个单位的食物而愿意放弃的衣服的最大数量，如果 MRS 是 3，那么消费者就愿意放弃 3 个单位的衣服来得到额外 1 个单位的食物，如果 MRS 是 1/2，那么消费者只愿意放弃 1/2 单位的衣服来得到额外 1 个单位的食物。边际替代率的定义是：消费者为了得到额外 1 个单位的某种商品而愿意放弃的另一种商品的最大数量。

如图 5-5 所示，横轴表示食物，纵轴表示衣服。当在描述 MRS 时，必须明确是要放弃哪种商品去得到哪种商品。在此，此处以消费者为了获得横轴上额外 1 个单位的商品而愿意放弃的纵轴上商品的数量的形式来定义 MRS。所以，在图 5-5 中，MRS 指的是消费者为了得到额外一个单位的食物而愿意放弃的衣服的数量。如果用 ΔC 表示衣服的变化量，ΔF 表示衣服的变化量，那么 MRS 就可以写成 $-\Delta C/\Delta F$，加一个负号是为了使得边际替代率为正数(食物和衣服的变动量是相反的，$\Delta C/\Delta F$ 总为负数)。

(二)边际替代率递减规律

由于无差异曲线的斜率度量了两种商品对消费者的边际替代率，图 5-5 中，衣服和食物之间的边际替代率，从 6(A 到 B)降到 4(B 到 C)，再降到 2(C 到 D)，再降到 1(D 到 E)，当边际替代率沿着无差异曲线递减时，无差异曲线的斜率增加(即负值越来越小)该曲线是凸的，即向内弯曲的。回忆无差异曲线的特征，无差异曲线之所以是“凸的”，原因就是边际替代率是递减的。

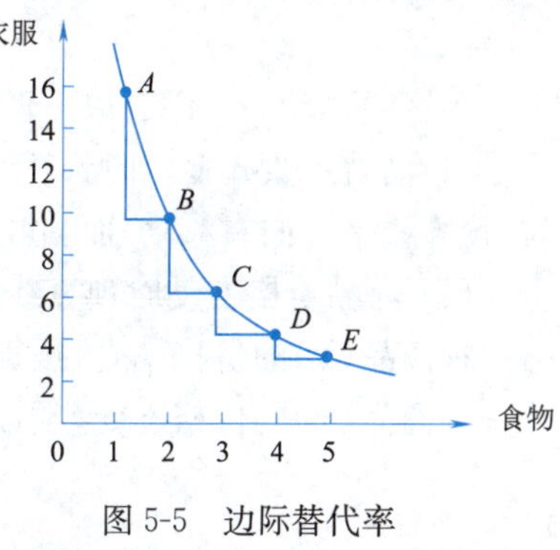

图 5-5　边际替代率

边际替代率递减的定义是：当一种商品消费量增加时，消费者为了得到额外 1 个单位那种商品而愿意放弃另一种商品的数量会越来越少。图 5-5 中，当食物的消费量增加时，消费者从增加的食物中得到的边际效用会下降，于是，消费者为了得到额外的食物而愿意放弃的衣服的数量就会越来越少。

三、预算线

(一)预算线的定义

消费预算线是一条表明在消费者收入与商品价格既定的条件下，消费者所能购买到的两种商品数量最大组合的曲线。如果消费者的收入预算是 I，分别消费 x 和 y 两种商品，数量和价格分别是 Q_x，Q_y 和 P_x，P_y，那么预算线方程可以表示为：

$$Q_x P_x + Q_y P_y = I$$

假定某消费者有一笔 480 元的收入，打算用来购买衣服和食物，分别用 C 和 F 表示数量，P_C 和 P_F 分别表示价格，食物的价格是每单位 6 元，衣服的价格是每单位 12 元，表 5-3 列出了这位消费者每周用 480 元所能购买到的衣服和食物的数量组合。如果将所有的收入购买衣服，最多可以买到 40 个单位；如果将所有的收入购买食物，可以最多买到 80 个单位。其余的为用 480 元购买到的衣服和食物的三种组合方式。

表 5-3　五种商品的购买组合方式

组合方式	食物(F)	衣服(C)	总支出
A	0	40	480
B	20	30	480
C	40	20	480
D	60	10	480
E	80	0	480

根据表 5-3，可以得到图 5-6 所示的一条预算线，预算线表现为一条直线，而预算线方程为 $6Q_F+12Q_C=480$。

预算线是一条向下倾斜的直线，坐标平面被预算线分割成三部分，如图 5-6 所示，预算线右边部分的任何一个点（如 *B* 点）都是消费者利用全部收入都不可能实现的商品数量购买组合；而预算线左边部分的任何一个点（如 *C* 点）表示消费者用全部收入购买该点所表示的商品数量组合后还有剩余；只有预算线上的任何一个点（如 *A* 点）才表示消费者的全部收入所能购买到的商品数量最大组合点。

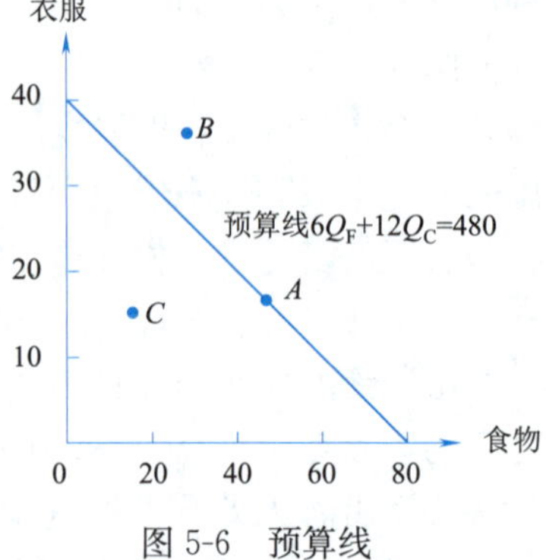

图 5-6　预算线

（二）预算线的移动

预算线移动的原因有以下两种情况：

(1)消费者收入变动时预算线的移动。如果两种商品的价格不变，当消费者的收入增加时，预算线平行向右移动，而当收入减少时，预算线平行向左移动，如图 5-7(a)所示。

(2) 商品价格变动时预算线的移动。如果消费者的收入不变，一种商品(*X*)的价格增加，另一种商品(*Y*)的价格不变，预算线以一点为轴心向左摆动；如果一种商品(*X*)的价格减少，另一种商品(*Y*)的价格不变，预算线以一点为轴心向右摆动，如图 5-7(b)所示。

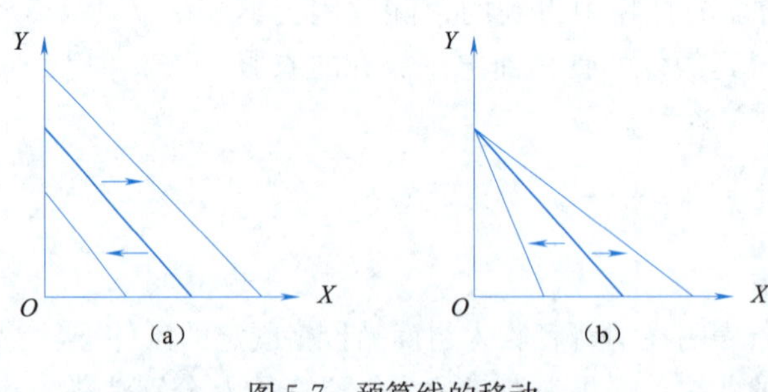

图 5-7　预算线的移动

【学练合一】

一、单选题

1. 边际效用随消费量的增加而(　　)。

A. 递减　　B. 递增　　C. 保持不变　　D. 按相同方向变动

2. 总效用达到最大时(　　)。

A. 边际效用最大　　B. 边际效用为零

C. 边际效用为正　　D. 边际效用为负

3. 在同一条无差异曲线上,若增加 1 个单位 X 商品的购买,需要减少 2 个单位 Y 商品的购买,则有(　　)。

A. $MRS_{xy}=2$　　B. $MRS_{xy}=0.5$

C. $MU_x/MU_y=2$　　D. $MU_x/MU_y=0.5$

4. 以下说明了边际效用的情况是(　　)。

A. 张某吃了第二个面包,满足程度从 10 个效用单位增加到了 15 个效用单位,增加了 5 个效用单位

B. 张某吃了两个面包,共获得 15 个效用单位的满足

C. 张某吃了两个面包,平均每个面包带给张某的满足程度为 7.5 个效用单位

D. 以上都不对

5. 某消费者张某只准备买两种商品 X 和 Y,X 的价格为 10,Y 的价格为 2。若张某买了 7 个单位的 X 和 3 个单位的 Y,所获得的边际效用分别是 30 和 20 个单位,则(　　)。

A. 张某获得了最大效用

B. 张某应该增加 X 的购买,减少 Y 的购买

C. 张某应该增加 Y 的购买,减少 X 的购买

D. 张某的预算无法使他获得最大效用

6. 关于无差异曲线的说法,错误的是(　　)。

A. 消费者对于同一无差异曲线上各个点的偏好程度是无差异的

B. 任意两条无差异曲线都可以相交

C. 离圆点越远的无差异曲线消费者的偏好程度越高

D. 无差异曲线从左向右下方倾斜,凸向原点

7. 在消费者均衡点上的无差异曲线的斜率(　　)。

A. 大于预算线的斜率　　B. 小于预算线的斜率

C. 等于预算线的斜率　　D. 以上都有可能

8. 需求曲线所说明的需求与商品价格反向运动的关系是由边际效用递减规律决定的,以下正确的是(　　)。

A. 正确　　B. 错误　　C. 没有关系　　D. 无法确定

9. 边际效用递减规律是指(　　)。

A. 当消费者从所消费的每种商品的每一单位中所获得的效用相等时总效用最大

B. 随消费者对某种商品消费的增加,消费者从该商品连续增加的每一消费单位中所获得的满足程度是递减的

C. 为了使厂商销售更多的商品必须降低价格

D. 在连续生产某种商品超过一定数量时,每生产一单位该商品所耗费的资源越来越多

10. 序数效用与基数效用的根本区别在于(　　)。

A. 消费者的偏好是不同的　　B. 是否认为是主观的心理感受

C. 是否可以计量　　D. 产生的历史背景不同

二、多选题

1. 关于边际效用和总效用的说法正确的有(　　)。
   A. 边际效用不可能为负值
   B. 边际效用和总效用同方向变动
   C. 一般来说,消费者消费商品服从边际效用递减规律
   D. 在边际效用递减且大于或等于零的时候,边际效用和总效用反方向变动
2. 边际效用递减规律给企业经营者的启示有(　　)。
   A. 产品差异化,满足不同的需求　　B. 产品要不断创新
   C. 分析消费者的消费偏好　　D. 尽量给消费者带来效用最大
3. 下列关于预算线的表述正确的是(　　)。
   A. 预算线的位置取决于消费者的收入和商品的价格
   B. 两种商品的价格以及收入都相同,比例同方向变化,预算线不动
   C. 两种商品的价格相同比例上升会导致预算线左移
   D. 其他情况不变,当某种商品的价格下降,预算线向外旋转
4. 关于总效用的说法正确的有(　　)。
   A. 总效用水平是递减的　　B. 总效用的大小和消费量有关系
   C. 总效用水平线递增后递减　　D. 总效用水平是递增的
5. 以下关于效用的说法,正确的有(　　)。
   A. 效用是人的满足程度
   B. 效用是人的主观感受
   C. 效用可分为基数效用和序数效用
   D. 最早把效用概念引入社会科学领域的是英国经济学家亚当·斯密

三、分析题

春晚危机

大约从20世纪80年代初期开始,我国老百姓在过春节的年夜饭中增添了一套诱人的内容,那就是春节联欢晚会。记得1983年第1届春节联欢晚会的出台,在当时娱乐事业尚不发达的我国引起了极大的轰动。晚会的节目成为全国老百姓在街头巷尾和茶余饭后津津乐道的题材。

晚会年复一年地办下来了,投入的人力物力越来越大,技术效果越来越先进,场面设计越来越宏大,节目种类也越来越丰富。但不知从哪一年起,人们对春节联欢晚会的评价却越来越差了,原先在街头巷尾和茶余饭后的赞美之词变成了一片骂声,春节联欢晚会成了一道众口难调的大菜。

问题:请用本项目所学理论知识解释和分析春晚危机的原因?

【应用与实训】

实训目的

运用项目五中所学的边际效用递减规律对自己的某一消费行为或者生活中发生的某件事情进行解释和分析。

实训项目

边际效用递减规律的运用。

实训内容

1. 描述自己的某一次消费行为或者生活中发生的某件事情。

2. 运用边际效用递减规律进行解释和分析。

3. 形成一个简单的分析报告。

实训说明

本实训为课后进行实训，最后在课堂上进行总结。学生以 4～6 人为一组，提交分析报告。教师根据情况给出相应的意见和建议，做出总结。

项目六　消费者如何决策

【学习目标】

1. 理解消费者剩余的含义。
2. 理解消费者效用最大化的原则。
3. 掌握如何运用消费者剩余和效用最大化解释现实经济问题。

【导引案例】

人生离不开选择

人生离不开选择，我们除了对商品的选择外，还有对收入和闲暇的选择，对消费和储蓄的选择以及对投资等多方面的选择。这些决策也与消费决策一样影响幸福与效用。

对收入和闲暇的选择。我们所拥有的时间是有限的。每个人一天只有24小时。增加收入是以增加工作，牺牲休息和闲暇为代价的，那么我们应该怎样安排工作和休息，这就需要有一个度，要视自己的能力而定，如果为了增加收入不顾休息而使体力过分透支，用牺牲健康增加收入，而再用金钱购买健康是不值的，健康比金钱更宝贵；当然如果你过分的闲暇甚至是懒惰，你也会失去工作的快乐，因为工作不仅给你增加收入而且还会带来快乐，我们常常看到有人下岗后的苦闷主要是失去工作。我们应当善待自己，因为生命是可贵的，工作是快乐的，生活是幸福的，世界是美好的。

对消费和储蓄的选择。可以用我们前边学过的边际效用递减规律加以说明。如果在你收入一定的情况下购物消费多给你带来的边际效用是递减的，此时货币的边际效用大于你消费的边际效用，明智的消费者应该减少购物而增加储蓄；相反如果你储蓄多消费少，货币的边际效用小于消费的边际效用，明智的消费者应放弃一部分储蓄而增加消费。至于消费和储蓄的比例依消费者主观感觉和利息率而定。

家庭在获得收入之后，要把收入分为消费和储蓄两部分。把多少收入用于消费，多少用于储蓄，取决于效用最大化的目标。如果家庭把收入用于现在购买物品以获得效用，则是现期消费。如果家庭把收入用于储蓄，以便将来再消费，这就是未来消费，这种未来的消费就是储蓄。未来消费是为了将来获得效用。所以，消费与储蓄决策取决于消费者一生的效用最大化。由于未来有不确定性，所以，消费者认为同样一元消费，现在消费所带来的效用大于未来消费所带来的效用。这正是俗话所说的要及时行乐。为了使消费者愿意放弃现期消费而进行储蓄，就是使现在的一元大于未来的一元。这样，现在的一元在未来也才能带来与现在相同的效用。这就是为消费者的储蓄支付利息。当利息高到一定程度，消费者认为现在储蓄一元加上利息在未来所带来的效用至少等于现在消费一元带来的效用时，就会放弃现期消费来换取未来消费，即进行储蓄。因此，决定消费者储蓄决策的是利率。

【驱动任务】

最佳购买量的决定

假如你带 1 000 元去逛商场，准备购买一件上衣和一条裤子，你看上了一套名牌服装，这件服装虽然你很喜欢但价格超出了 1 000 元，也就是说给你带来效用虽然大，但超出了你的支付能力，买不起；你说你就带了 1 000 元，卖服装的售货员又给你推荐了另外一套价格为 1 000 元的服装，但你觉得不值，经过货比三家，在充分选择的基础上你终于选到了喜欢的服装，也恰好是 1 000 元。女性爱逛商场，无非就是要挑选自己最满意的服装，在对一种商品要决策“买不买”时，会把效用与价格进行比较。当你对自己购买的服装最满意的时候，也就是花钱最少，得到的效用最大。当然“萝卜青菜，各有所爱”效用的大小完全是主观的感觉。

思考：消费者的在消费支出一定的情况下，要购买多少商品，才可以实现效用最大？

单元一　消费者剩余原则

一、消费者剩余的定义

消费者剩余(consumer surplus)是指消费者购买某种商品时，所愿支付的价格与实际支付的价格之间的差额。在西方经济学中，这一概念是马歇尔提出来的，他在《经济学原理》中为消费者剩余下了这样的定义：“一个人对一物所付的价格，绝不会超过，而且也很少达到他宁愿支付而不愿得不到此物的价格；因此，他从购买此物所得的满足，通常超过他因付出此物的代价而放弃的满足；这样，他就从这种购买中得到一种满足的剩余。他宁愿付出而不愿得不到此物的价格，超过他实际付出的价格的部分，是这种剩余满足的经济衡量。这个部分可以称为消费者剩余。”

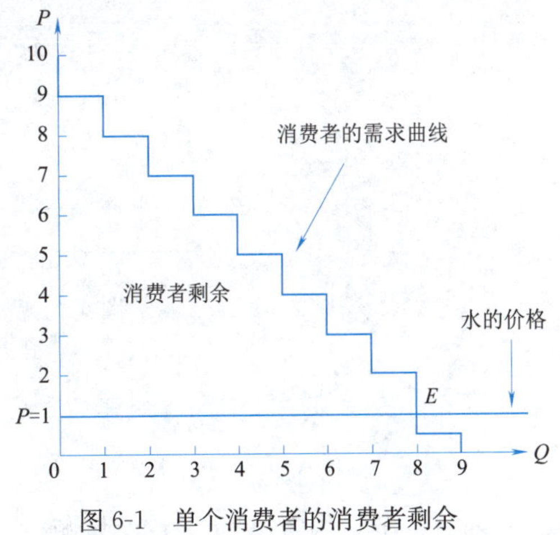

图 6-1　单个消费者的消费者剩余

消费者剩余之所以存在是因为消费者为他所购买的每个商品(从第一个到最后一个)支付了相同的价钱，但根据边际效用递减规律，先购买的商品比后购买的商品更值钱。因此，对于那些先购买的商品，消费者就享受到了剩余的效用。下面，以瓶装水的需求为例，来说明消费者剩余。假设一瓶水的市场价格是 1 元，在图 6-1 中用加粗的水平线表示。在这一价格水平上，消费者考虑购买多少瓶水呢？显而易见，第一瓶水因为能及时缓解消费者的口渴，所以具有相当高的价值，因此，消费者愿意为这瓶水支付 9 元的价格，但是这一瓶水的市场价格只有 1 元，那么消费者就获得了 8 元的剩余。

再来看第 2 瓶水，第 2 瓶水对消费者来说值 8 元，但市场价只有 1 元，那么这时消费者获得的剩余是 7 元。依此类推，到第 9 瓶水的时候，对于消费者来说它只值 0.5 元，这时消费者不会再购买，最终消费者均衡出现在点 E，意味着消费者所购买的 8 瓶水的价格是每瓶 1 元。

以上分析我们得到了一个重要的发现，尽管消费者只支付了 8 元，但是水的总价值是 44

元,可以通过加总每瓶水的边际效用获得(9+8+7+…+2=44),所以最终消费者获得的剩余是 36 元,如表 6-1 所示。

表 6-1　消费者消费瓶装水的消费者剩余

瓶装水的消费量/瓶		消费者愿意支付的价格/元	消费者剩余
第 1 瓶		9	8
第 2 瓶		8	7
第 3 瓶		7	6
第 4 瓶		6	5
第 5 瓶		5	4
第 6 瓶		4	3
第 7 瓶		3	2
第 8 瓶		2	1
总计	8 瓶	44	36

图 6-1 是单个消费者购买瓶装水的消费者剩余的例子,下面来看整个市场消费者均衡的情况。图 6-2 中的市场需求曲线是单个消费者需求曲线的水平加总,整个市场的消费者剩余是 *NRE* 三角形的面积。

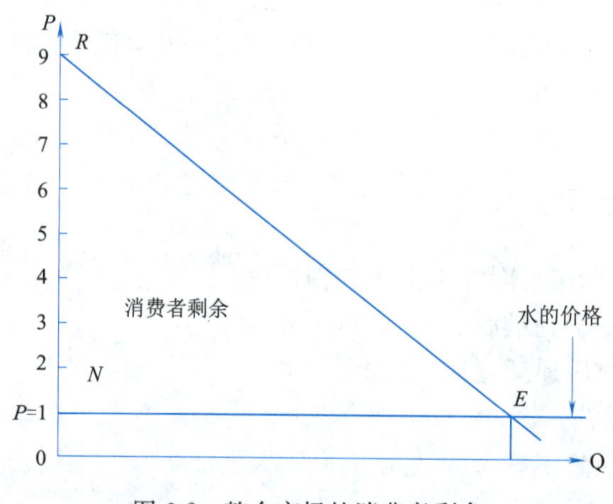

图 6-2　整个市场的消费者剩余

二、消费者剩余的影响因素

(一)垄断的影响

西方经济学认为,垄断导致产量减少、资源浪费和技术上的低效率。垄断不仅使消费者剩余向生产者剩余转移,而且还涉及制造和竭力防止这类转移的成本。处于垄断地位的企业作为谋求垄断利润的组织,必然造成较低产量和较高价格,使消费者剩余减少,并造成社会性损失。这种福利损失又称无谓损失,是指实际收入的损失,或由于垄断、关税、配额或其他破坏所引起的消费者剩余和生产者剩余的损失。产业组织理论给出了垄断定价导致社会福利净损失的证明。

(二)政府规制的影响

政府规制(又称政府管制)一般都有维护公共利益的目标,但在实际过程中却往往偏离这一目标。这主要是因为每一项规制措施出台的背后都是多种力量博弈的结果。奥尔森(Olson)提出了著名的“集团规模”理论。他认为,政府对某个产业的监管从设计到实施都首先从被监管对象的利益出发,并非从全民或公共利益出发。依据集体行动的逻辑理论,规制政策以牺牲大集团的利益为代价而保护小集团的利益。斯蒂格勒(Stigler)提出“监管市场”理论,认为所有的监管安排同样由需求和供给决定。政府对产业的监管调控进程往往为少数存在利益相关性的企业所左右。他认为,经济管制主要不是政府对公共需要的有效和仁慈的反应,而是行业中的一部分厂商利用政府权力为自己谋取利益的一种努力。佩尔兹曼(Peltzman)认为,产业部门比消费者更有积极性去影响政府决策。私人利益理论认为监管的存在是为了私人团体的利益,监管者本身也是自利的,他们在监管活动中会不断追求政治支持的最大化。规制俘虏理论认为,监管常常遭到被监管者的“捕获”,意即监管常常为被监管者的利益服务。佩尔兹曼认为,小的利益集团比大集团更容易组织,它们能比大集团表现出就某项规制政策的更强烈的偏好。由此,规制将倾向于保护小的利益集团,而以牺牲更大团体的利益为代价。卡恩(kahn)以美国交通规制为例,论证了规制机构越多导致规制效率越低的问题。

(三)寻租的影响

寻租与消费者剩余之间有内在的联系。冯(Fung)分析了“对人为剩余的寻求”,这部分剩余包括两个部分,其一是消费者剩余,其二是生产者剩余。帕伦特(Parente)和普雷斯科特(Prescott)研究发现,如果要素提供者合作成为下游厂商的垄断供给者,使均衡产出是应用较差的技术以较低的效率实现,将使穷国相对更穷,而消除垄断权力会使相关行业的国内生产总值提高 2 倍以上。

(四)税收的影响

不合理的税制会导致消费者剩余的减少。超额负担问题是西方财政理论中最古老的问题之一,杜标特(J. Dupuit)在 1844 年的著作中已经进行了论述。到 20 世纪初,西方财税理论界开始用马歇尔(Marshall)的基数效用理论来分析超额负担问题,从而形成了所谓的马歇尔式超额负担理论。其核心是以消费者剩余理论为基础,说明课税扭曲了被课税商品与其他商品的消费选择,并由此造成超额负担。

(五)国际贸易和关税的影响

一个国家不一定能真正从贸易中受益。如果消费者从国外厂商所生产的产品中得到的利益大于国内生产者所遭受的损失,即国内消费者剩余的增加大于国内生产者剩余的减少,那么进行国际贸易就是有利的。进口税变化对消费者剩余、生产者剩余和社会福利的损益都有影响。

三、消费者剩余的应用

消费者剩余是一种心理上的满足,而不是消费者真的获得了一笔额外的财富剩余。在日常生活中,消费者剩余可以被广泛地作为一种分析工具来加以应用,是衡量消费者福利的重要指标。由于社会经济行为主体分为生产者和消费者两类,而消费者在社会经济生活中的地位是由现代社会分工体系引发并决定的,所以消费者权益是现代市场经济体制的内在要求和必然产物。

经济学家豪斯曼(Haussman)认为，社会利益主要由消费者利益决定。从经济学意义上来说，保护消费者权益就集中体现在增加消费者剩余方面。欧盟《罗马条约》中，假定消费者是条约所要实现的经济目标的最终受益者，说明市场经济的本质是消费者主权的经济。这是因为，市场经济是等价交换、平等竞争的经济；市场经济是消费需求导向型经济；市场经济是人们的物质文化需要不断得到满足的经济。

因此，在市场经济中，消费者是产品消费的主体，而厂商要想获得利润，就必须满足消费者的物质需求和价格需求，而消费者剩余是其中的关键因素之一。知道了这一点，很多商家自然会下一番功夫，让消费者剩余为正数，从而使自己获得更多的利润。

【相关案例】

你所购买的东西值不值

消费者剩余是指消费者从商品的消费中得到的满足程度超过他实际付出的价格部分。假设在拍卖会上，有一张崭新的猫王首张专辑进行拍卖，你和三个猫王迷(张三、李四、王五)出现在拍卖会上。你们每一个人都想拥有这张专辑，但每个人为此付出的价格都有限。你们四个人的支付意愿为：你愿意支付1 000元，张三愿意支付750元，李四愿意支付700元，王五愿意支付500元。

卖者为了卖出这张专辑，从100元开始叫价。由于你们四个买者愿意支付的价格要多得多，价格很快上升。当卖者报出800元时，你得到了这张专辑。要注意的是，这张专辑将归属对该专辑出价最高的买者。你用800元买到这张专辑，得到什么收益呢？你本来愿意为这张专辑出1 000元，但实际只付出800元。你得到了200元的消费者剩余。而其余三个人在参与拍卖中没有得到消费者剩余，因为他们没有得到专辑，也没有花一分钱。因此我们也可以简单地把消费者剩余定义为：我们每一个人都是消费者，在买东西时对所购买的物品有一种主观评价，由此我们可以得出：消费者剩余＝消费者愿意付出的价格－消费者实际付出的价格。

再如，你在商场里看中了一件上衣，100元的价格，你在购买时肯定要向卖衣服的人砍价，问80元卖不卖，卖衣服的理解消费者的这种心理，往往会同意让些利，促使消费者尽快决断，否则消费者就会去其他柜台挑选。讨价还价可能在90元成交。在这个过程中消费者追求的是效用最大化吗？显然不是，这实际是消费者对这件衣服的主观评价而已，就是为所购买的物品支付的最高价格。如果市场价格高于你愿意支付的价格，你就会放弃购买，觉得不值，这时你的消费者剩余是负数，你就不会购买了；相反如果市场价格低于你愿意支付的价格，你就会购买，觉得很值，这时就有了消费者剩余。消费者剩余是主观的，并不是消费者实际货币收入的增加，仅仅是一种心理上满足的感觉。买了消费者剩余为负的商品的感觉也不是金钱的实际损失，无非就是心理上挨宰的感觉而已。这就是我们对所购买的东西说值不值的含义。

然而，在现实生活中消费者并不总是能够得到消费者剩余的。在竞争不充分的情形下，厂商可以对某些消费者提价，使这种利益归厂商所有。更有甚者，有些商家所卖商品并不明码标价，消费者去购买商品时就漫天要价，然后再与消费者讨价还价。消费者要想在讨价还价中获得消费者剩余，在平时就必须观察各种商品的价格和供求情况，在购买重要商品时至少要货比三家并与其卖主讨价还价，最终恰到好处地拍板成交，获得消费者剩余。

单元二　效用最大化原则

一、什么是效用最大化

理性人假设又称经济人假设，或最大化原则，是西方经济学中最基本的前提假设。“理性人”假设是指作为经济决策的主体都是充满理智的，既不会感情用事，也不会盲从，而是精于判断和计算，其行为是理性的。在经济活动中，主体所追求的唯一目标是自身经济利益的最优化。如消费者追求的是效用或满足程度的最大化，生产者追求的是利润最大化。

效用最大化问题(功用最大化)，在经济学中是指消费者所面对的这样的问题，即“我应怎样花费我的钱以最大化我的效用?”在现代市场经济中，市场运作的主体是企业和个人，市场主体的经济行为都有自己的目标，企业追求的目标是利润最大化，而个人追求的目标就是效用最大化，即在个人可支配资源的约束条件下，使个人需要和愿望得到最大限度的满足。

二、效用最大化的假设

如何才能使得消费者的总效用达到最大呢？在分析这个问题之前，我们先提出以下三个基本假设：

(一)消费者的偏好既定

消费者偏好是反映消费者对不同产品和服务的喜好程度的个性化偏好，是影响市场需求的一个重要因素。主要由当时当地的社会环境、风俗习惯、时尚变化等对整个消费者群体或某个特定群体产生的影响所决定。由于效用的主观性，同一消费者对同一种商品组合的效用会因时间、地点或其他条件不同而发生改变。消费者的消费行为发生在一个既定的时间、地点和环境，即消费者的偏好既定的条件下才有意义，否则最优的消费决策(效用最大化)会随着消费者偏好的改变而改变。

(二)消费者的收入既定

由于收入的限制，需要用货币购买的物品很多，但不可能全部购买，只能购买对自己比较重要的商品。由于收入的限制，消费者在增加一种商品的消费时，就会减少对另外一种商品的消费。

(三)商品的价格既定

商品价格既定，消费者就要考虑如何把有限的收入分配到各种商品的购买中，以获取最大的效用。由于收入和商品价格既定，那么消费者所能够买到的商品所带来的最大效用也是可以计量的。因为效用可以比较，所以对于商品的不同购买组合所带来的总效用可以进行分析评价。

(四)边际效用均等原则

由于货币收入是有限的，货币可以购买一切物品，所以货币的边际效用不存在递减问题。因为收入有限，需要用货币购买的物品很多，但不可能全部都买，只能买自己认为最重要的几种。因为每一元货币的功能都是一样的，在购买各种商品时最后多花的每一元钱都应该为自己增加同样的满足程度，否则消费者就会放弃不符合这一条件的购买量组合，而选择自己认为更合适的购买量组合。

由于收入既定，消费者买进某种商品的数量越多相应地能够买进其他商品的数量就越少，而随着某种商品的消费量增加，该种商品的边际效用递减。与此同时，其他商品的数量减少而使其边际效用递增，为了使得消费者购买的各种商品效用之和，即总效用达到最大值，消费者将对其购买的商品数量进行调整，直到所购买的各种商品的边际效用之比等于价格之比，也就是说，消费者在每种商品上花费的最后一块钱所获得边际效用都相等。

以下用苹果和西红柿的例子来说明边际效用均等原则。假设消费者购买 10 kg 苹果，边际效用是 10，苹果的价格是 2 元/kg，那么每一元购买到的苹果的边际效用是 5。假设消费者再购买 14 kg 西红柿，西红柿的边际效用是 8，西红柿的价格是 1 元/kg，那么每一元购买西红柿时买到的边际效用为 8。这时消费者一定会感到与其买苹果还不如多买点西红柿，因为买苹果时每一元可买到的，边际效用只有 5，而西红柿的，边际效用为 8，即 $10/2<8/1$。于是消费者逐渐增加西红柿的购买量到 18 kg，此时西红柿的边际效用降为 6，同时逐渐减少苹果购买量到 8 kg，苹果的边际效用增加为 12，则这时消费者不用再对苹果和西红柿的购买数量进行调整，因为此时每一元无论是买苹果还是西红柿都会买到数量为 6 的边际效用，即$12/2=6/1$，消费者实现了总效用的最大化。如果消费者继续调整苹果和西红柿的购买量，都会使得每一元在苹果和西红柿所获得的边际效用不相等。

三、消费者效用最大化的均衡

（一）基数效用论下的消费者效用最大化的均衡条件

消费者效用最大化的均衡是指消费者花费既定的代价使自己得到的效用最大，或者消费者为了达到一定的效用而使自己的代价最小的状态。

根据上述效用最大化的假设，消费者效用最大化的均衡条件是：消费者用每一单位货币所购买的各种商品的边际效用都相等，即消费者所购买的各种商品的边际效用之比等于价格之比。假设消费者用一定的收入 I 购买 X 和 Y 两种商品，两种商品的价格分别是 P_X和 P_Y，购买量分别是 Q_X和 Q_Y，两种商品的边际效用是 MU_X和 MU_Y，那么消费者效用最大化的均衡条件如下表示：

$$I=P_XQ_X+P_YQ_Y$$

$$\frac{MU_X}{P_X}=\frac{MU_Y}{P_Y}$$

下面通过表 6-2 的例子来说明，消费者在消费支出一定的情况下，是如何实现消费均衡的。假设消费者的消费预算是 10 元，X 商品的价格 $P_X=2$ 元，Y 商品的价格 $P_Y=1$ 元。

表 6-2　某消费者的边际效用表

商品 X 和 Y 的数量	商品 X 的边际效用 MU_X	商品 Y 的边际效用 MU_Y
1	18	10
2	16	9
3	14	8
4	12	7
5	10	6
6	8	5
7	6	4
8	4	3

根据边际效用均等原则，满足 $MU_X/P_X = MU_Y/P_Y$ 的 X 和 Y 的数量组合有(1,2)，(2,3)，(3,4)，(4,5)，(5,6)，(6,7)和(7,8)共 7 种，通过带入消费预算条件中，只有组合(3,4)符合条件，即 $10=3\times2+4\times1$。因此，对于既定的消费预算 10 元及给定的商品价格，消费者在消费 3 个单位的 X 和 4 个单位的 Y 时，得到的效用最大，实现了消费者均衡。

【相关资料】

把每一分钱都用在刀刃上

消费者均衡就是消费者购买商品的边际效用与货币的边际效用相等。这就是说消费者的每一元钱的边际效用和用一元钱买到的商品边际效用相等。假定一元钱的边际效用是 5 个效用单位，一件上衣的边际效用是 50 个效用单位，消费者愿意用 10 元购买这件上衣，因为这时的一元钱的边际效用与用在一件上衣的一元钱边际效用相等。此时消费者实现了消费者均衡，也可以说实现了消费(满足)的最大化。低于或大于 10 元钱，都没有实现消费者均衡。可以简单地说，在你收入既定、商品价格既定的情况下，花钱最少得到的满足程度最大就实现了消费者均衡。

前边讲到商品的连续消费边际效用递减，其实货币的边际效用也是递减的。在收入既定的情况下，你存的钱越多，购买到的物品就越少，这时货币的边际效用下降，而物品的边际效用在增加，明智的消费者就应该把一部分货币用于购物，增加其总效用；反过来，消费者则卖出商品，增加货币的持有，也能提高其总效用。通俗地说，假定你有稳定的职业收入，你银行存款有 50 万，但你非常节俭，吃、穿、住都处于温饱水平。实际上这 50 万足以使你实现小康生活。要想实现消费者均衡，你应该用这 50 万的一部分去购房、用一部分去买一些档次高的服装，银行也要有一些积蓄；相反如果你没有积蓄，购物欲望非常强，见到新的服装款式，甚至借钱去买，买的服装很多，而效用降低，如遇到一些家庭风险，没有一点积蓄，使生活陷入困境。

经济学家的消费者均衡的理论看似难懂，其实一个理性的消费者，他的消费行为已经遵循了消费者均衡的理论。比如你在现有的收入和储蓄下是买房还是买车，你会作出合理的选择。你走进超市，见到琳琅满目的物品，你会选择你最需要的。你去买服装肯定不会买回你已有的服装。所以说经济学是选择的经济学，而选择就是在你资源(货币)有限的情况下，实现消费满足的最大化，使每一分钱都用在刀刃上，这样就实现了消费者均衡。

(二)序数效用论下的消费者效用最大化的均衡条件

无差异曲线和预算线相切，在这个切点上，实现了消费者均衡。如图 6-3 所示，分别有三条无差异曲线 I_1、I_2、I_3，预算线和 I_2 相切于 E 点，在这一点上消费者实现了消费者均衡。也就是说，在收入和价格既定的条件下，消费者购买 Q_X 和 Q_Y 的商品数量组合，就可以实现效用的最大化。

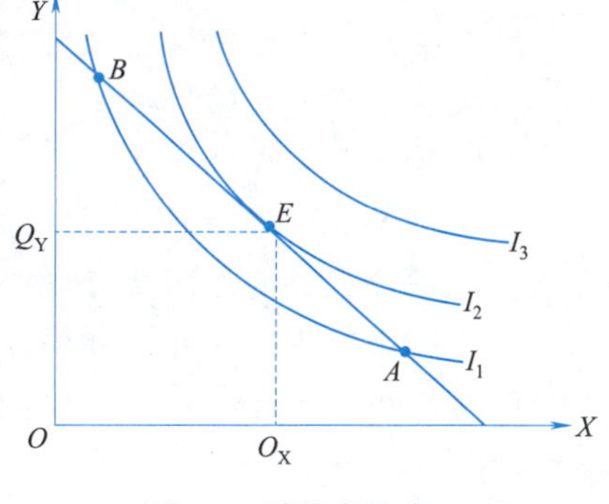

图 6-3　消费者均衡

为什么只有 E 点是效用最大化的均衡点呢？虽然无差异曲线 I_3 的效用是最大的，但与预算线既无交点也无切点，也就是说，在既定的收入水平下无法实现无差异曲线 I_3 上的任何一点的商品数量组合的购买。而无差异曲线 I_1 与预算线相交于 A 和 B 点，也就是说，消费者利用现有收入可以购买 A 和 B 点的商品数量组合，但是这两点的效用水平低于无差异曲线 I_2，因此，理性的消费者不会选择用全部收入去购买无差异曲线 I_1 上 A、B 两点的商品数量组合。

消费者均衡在预算线和无差异曲线的切点处实现，在该点，消费者的边际替代率正好等于预算线的斜率。可以得到这样一个结论：消费者均衡实现的条件是价格之比等于边际效用之比，在均衡点，消费者从花费在食物上的最后 1 元钱所得的边际效用与花费在衣服上的最后 1 元钱所得到的边际效用相等。公式为：$P_X/P_Y=MU_X/MU_Y$

【学练合一】

一、单选题

1. 消费者均衡的条件是（　　）。

A. $MU_X\backslash P_X<MU_Y\backslash P_Y$　　B. $MU_X\backslash P_X>MU_Y\backslash P_Y$

C. $MU_X\backslash P_X=MU_Y\backslash P_Y$　　D. 以上都不对

2. 消费者剩余是（　　）。

A. 消费者得到的总效用

B. 消费过剩的商品

C. 消费者买商品所得到的总效用减去支出的货币的效用的余额

D. 支出货币的总效用

3. 消费者剩余是消费者的（　　）。

A. 实际所得　　B. 主观感受

C. 没有购买的部分　　D. 消费剩余部分

4. 假如某消费者所消费的几种商品的价格都相同，为了使其在消费的过程中获得最大的满足，该消费者应该购买（　　）。

A. 相同数量的这几种商品　　B. 这几种商品并使其总效用相等

C. 这几种商品并使其边际效用相等　　D. 以上都不对

5. 消费者购买每一单位物品所支付的价格一定等于（　　）。

A. 消费者从消费第一单位的这种物品中获取的边际效用

B. 消费者从消费这种物品中获取的总效用

C. 消费者从平均每单位物品的消费中获取的效用

D. 消费者从消费最后一单位物品中获取的边际效用

6. 在消费者均衡点上，无差异曲线的斜率（　　）。

A. 大于预算线的斜率　　B. 小于预算线的斜率

C. 等于预算线的斜率　　D. 不确定

7. 等式 $MUx/Px=MU_Y/P_Y$ 意味着（　　）。

A. 每个商品的边际效用都相等　　B. 每一单位货币的边际效用相等

C. 每个商品的效用都相等　　D. 每一单位货币的效用相等

8. 消费者剩余的概念是（　　）提出的。

A. 亚当・斯密　　B. 李嘉图

C. 马歇尔　　D. 边沁

9. 消费者剩余产生的原因是(　　)。

A. 人的主观心理感受　　B. 边际效用递减规律

C. 市场供求　　D. 以上都不对

10. “把每一分钱都用在刀刃上”,这句话可以用(　　)解释。

A. 消费者剩余　　B. 消费者效用最大化

C. 边际效用递减规律　　D. 消费者均衡

二、多选题

1. 消费者达到均衡时(　　)。

A. 总效用最大

B. 每单位货币购买商品带来的边际效用相等

C. 边际效用等于零

D. 消费支出等于预算支出

2. 影响消费者剩余的因素有(　　)。

A. 垄断　　B. 寻租　　C. 关税　　D. 政府政策

3. 关于边际效用均等原则,正确的有(　　)。

A. 受一定的预算约束　　B. 满足 $MU_X/P_X=MU_Y/P_Y$

C. 每个商品的边际效用均相等　　D. 每单位货币的边际效用均相等

4. 消费者效用最大化的假设条件有(　　)。

A. 消费者的偏好既定　　B. 商品的价格既定

C. 消费者的预算既定　　D. 每一单位货币的边际效用相等

5. 关于消费者剩余的说法,正确的有(　　)。

A. 是消费者实际所得　　B. 是衡量消费者福利的重要指标

C. 并非消费者实际所得　　D. 是亚当·斯密最早提出的

三、分析题

生命中最美好的事都是免费的

《生命中最美好的事都是免费的》是2014年1月1日江苏文艺出版社出版的图书,作者是(加拿大)尼尔·帕斯理查。持续140周位居国际畅销书排行榜第1名,荣获《纽约时报》国际最高荣誉奖。

全新生活理念“生命中最美好的事都是免费的”。

一本受到全球20余家主流媒体争相推介的书。每一篇文章,都引发几十万人内心共鸣。

问题:请用经济学的效用理论来解释为什么说“生命中最美好的事都是免费的”。

【应用与实训】

实训目的

运用项目六中所学的消费者剩余或消费者均衡知识对某一消费行为或选择进行解释和分析。

实训项目

消费者剩余或消费者均衡的运用。

实训内容

1.描述某一次消费行为或者选择。

2.运用消费者剩余或消费者均衡进行解释和分析。

3.形成一个简单的分析报告。

实训说明

本实训为课后进行实训,最后在课堂上进行总结。学生以4～6人为一组,提交分析报告。教师根据情况给出相应的意见和建议,做出总结。

项目七　企业生产的组织

【学习目标】

1. 了解企业及生产要素。
2. 了解总产量、平均产量和边际产量以及它们之间的关系。
3. 掌握边际报酬递减规律。
4. 理解短期生产的三个阶段。
5. 掌握等产量线和等成本线的含义及特点。
6. 理解规模报酬的含义。
7. 掌握生产要素投入量的最优组合条件。

【导引案例】

引进自动分拣机是好事还是坏事

近年来,我国邮政行业为了实行信件分拣自动化,引进了自动分拣机代替工人分拣信件。从纯经济学的角度,即从技术效率和经济效率的同时实现来看,这是一件好事还是一件坏事呢?

假设某邮局引进一台自动分拣机,只需一人管理,每日可以处理 10 万封信件。如果采用人工分拣,处理 10 万封信件需要 50 个工人。在这两种情况下都实现了效率,但是否实现了经济效率还涉及价格问题。处理 10 万封信件,无论用什么方法,收益是相同的,但成本则取决于机器与人工的价格。假设一台分拣机的价格为 400 万元,使用寿命为 10 年,每年折旧为 40 万元;假设利率为每年 10%,每年利息为 40 万元;再加上分拣机每年维修费与人工费用为每年 5 万元,这样使用分拣机的成本每年为 85 万元。假设每个工人的工资每年为 1.4 万元,50 个工人每年共 70 万元,所以使用人工分拣每年成本为 70 万元。在这种情况下,使用自动分拣机实现了技术效率,但没有实现经济效率,而使用人工分拣既实现了技术效率,又实现了经济效率。

【驱动任务】

从上面的例子可以看出,在实现技术效率时,是否实现了经济效率取决于生产要素的价格。如果仅仅从企业利润最大化的角度看,可以只考虑技术效率和经济效率。这两种效率的同时实现也就是实现了资源配置效率。当然,如果从社会角度看问题,使用哪种方法还要考虑每种方法对技术进步或就业等问题的影响。

思考:企业应该如何进行生产决策和成本决策呢?

单元一　企业组织形式与生产要素

一、企业的组织形式

在西方经济学中，生产者亦称为企业或厂商，它指的是能够作出统一生产决策的单个经济单位。当前企业的组织形式主要有三种：个人企业、合伙制企业和公司制企业。

个人企业是指由单个人独资经营的厂商组织。这种企业在法律上称为自然人企业，是最早产生的也是最简单的企业形态。个人企业的组织形式决定其利润归个人所有，决策自由、灵活，易于管理；同时，个人企业往往资金有限，规模较小，限制生产的发展，也较易于破产。

合伙制企业是指由两人以上合资经营的企业组织。合伙企业的优势在于资金来源较广，规模较大，分工及专业化进一步加强，发展空间更大。但因合伙制企业为多人所有及管理，处理企业事务中容易产生分歧，且资金来源仍有限，不利于企业进一步发展。合伙企业的特点：(1)合伙企业法规定每个合伙人对企业债务须承担无限、连带责任(如果一个合伙人没有能力偿还其应分担的债务，其他合伙人须承担连带责任)；(2)法律还规定合伙人转让其所有权时需要取得其他合伙人的同意，有时甚至还需要修改合伙协议，因此其所有权的转让比较困难。

公司制企业是指按照法律规定建立和经营的具有法人资格的经济组织。公司制企业的所有权主体和经营权主体发生分离，是一种重要的现代企业组织形式。当前我国的公司制企业有两种形式：有限责任公司和股份有限公司。

有限责任公司指不通过发行股票，而由为数不多的股东集资组建的公司(一般由 2 人以上 50 人以下股东共同出资设立)，其资本无须划分为等额股份，股东在出让股权时受到一定的限制。在有限责任公司中，董事和高层经理人员往往具有股东身份，使所有权和管理权的分离程度不如股份有限公司那样高。有限责任公司的财务状况不必向社会披露，公司的设立和解散程序比较简单，管理机构也比较简单，比较适合中小型企业。

股份有限公司全部注册资本由等额股份构成并通过发行股票(或股权证)筹集资本，公司以其全部资产对公司债务承担有限责任的企业法人。(应当有 2 人以上 200 人以下为发起人，注册资本的最低限额为人民币 500 万元)其主要特征是：公司的资本总额平分为金额相等的股份；股东以其所认购股份对公司承担有限责任，公司以其全部资产对公司债务承担责任；每一股有一表决权，股东以其持有的股份，享受权利，承担义务。

公司制企业资金来源广，融资快，组织形式相对稳定，有利于进一步强化分工和专业化。但由于其规模庞大，往往在协调管理上带来一定困难，且经营者和所有者分开以后，经营者可能为了自身利益而伤害所有者利益。

二、企业的生产要素

(一)生产要素的含义

生产要素是经济学中的一个基本范畴，包括人的要素、物的要素及其结合因素。生产要素是指进行社会生产经营活动时所需要的各种社会资源，是维系经济运行及市场主体生产经营过程中所必须具备的基本因素。从企业的定义可以看出，企业具有生产的职能。企业进行生产的过程就是从投入生产要素到生产出产品的过程。例如，烘烤店投入工人劳动和烘烤器、搅拌器等机器设备将面粉和糖等原料生产出香甜可口的面包和蛋糕等。

(二)生产要素的类型

生产要素一般被划分为劳动、土地、资本和企业家才能这四种类型。但长期以来我们只强调劳动在价值创造和财富生产中的作用,而其他生产要素的作用及其对国民收入的分割则要么被忽视了,要么重视不够,因而一直只强调劳动参与收入分配的问题。而按生产要素分配,就是要在继续凸显劳动作用的同时,给资本、技术和管理等生产要素以足够的重视,使它们也合理合法地得到回报。这其中特别要强调两种要素的作用和回报:

一是人力资本。资本包括物质资本和人力资本两种形式。各国的经济发展实践表明,人力资本的作用越来越大,教育对于国民收入增长率的贡献正在大幅攀升,人的素质和知识、才能等对经济发展越来越具有决定性意义。因此,如何使人力资本得到足够的回报,对于经济的持续发展以及国民收入的分配变得非常重要。

二是土地以及资源性财产。它们对于财富生产的作用早已为人们所认识,但对于它们参与收入分配的必要性却一直存在模糊认识,这表现在我国的土地和自然资源在很多情况下是被免费或低价使用的。在我国,土地和自然资源属于国有或集体所有,它们的免费或低价使用,意味着它们的收益被少数人侵占了。这也是我国收入差距急剧扩大的一个重要原因。因此,土地和资源性要素如何参与分配,是在完善收入分配制度时应认真加以考虑的问题。

单元二　企业生产的投入产出关系

一、基本概念

现代经济中的生产活动是千差万别的。一个农场使用化肥、种子、土地和劳动力,就可以生产出粮食作物;一个工厂投入能源、原材料、厂房、机器设备及劳动力等,就能生产出社会所需的各种商品;一家航空公司使用飞机、燃料、劳动力及订票系统等就可以为人民提供航空飞行服务;一个会计事务所投入笔、纸张、计算机、办公场地及会计工作人员就可以为客户提供审计或退税服务。生产并不仅限于物质产品的生产,还包括金融、物流运输、服务等各类服务性活动。总而言之,任何创造价值的活动都是生产。

在经济学中,企业被假定为完全理性的“经济人”,企业生产产品或提供服务的目的是追求利润最大化。本书中的企业指的是如何使用一定的生产要素投入量生产出最大的产量,在成本既定时达到利润最大的企业。

(一)生产函数

农民投入种子、化肥、劳动可以生产出粮食,企业投入各种生产要素可以生产出商品,如果给定一个确定的投入量,那么产出水平是多少呢?投入和产出之间的关系称为生产函数(production function),指的是在既定的技术条件下,给定的投入能够得到的最大产出。

对于不同的商品或服务,有不同的生产函数。大多数生产函数并没有被记录下来,而仅仅是存在于人们的头脑中。在经济学领域,技术的变化日新月异,一种生产函数可能在使用后不久便被淘汰。某些生产函数只能被用于特定的目的和地点,换个地方后就毫无用处了。

(二)总产量、平均产量和边际产量(见表 7-1)

表 7-1 总产量、平均产量和边际产量变动规律

劳动投入量	总产量	平均产量	边际产量
0	0	0	—
1	8	8	8
2	20	10	12
3	36	12	16
4	48	12	12
5	55	11	7
6	60	10	5
7	60	8.6	0
8	56	7	−4

1. 总产量

总产量(total product,TP)指的是一定生产要素的投入所生产出来的全部产量。从表 7-1可以看出,总产量随劳动投入量的增加而增加,当达到最大值时,如果劳动投入量继续增加,那么总产量水平开始下降。

2. 边际产量

边际产量(marginal product,MR)在其他投入保持不变的情况下,由于新增一个单位的投入而多生产出来的产品或产出。从表 7-1 可以看出,边际产量开始随着投入的增加而增加,在达到最大值后下降,并在总产量最大的时候等于零。

3. 平均产量

平均产量(average product,AR)等于总产量除以总投入的单位数。显而易见,由于总产量水平先增加后减少的变动,平均产量的变动情况与总产量的变动一样。从表 7-1 和图 7-1 可以看出,当平均产量最大时,平均产量和边际产量相等。

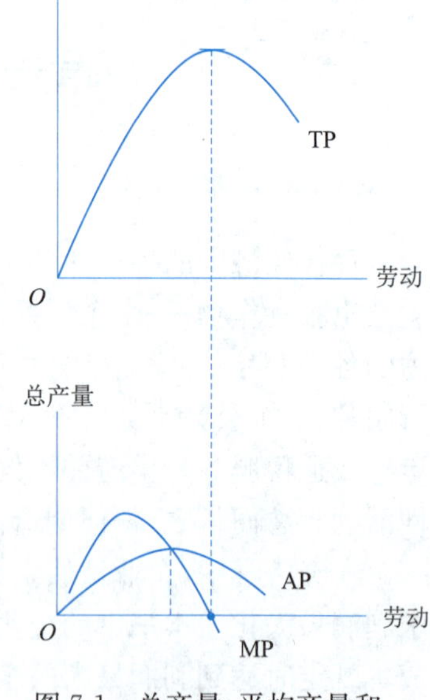

图 7-1 总产量、平均产量和边际产量曲线

(三)边际报酬递减规律

所谓边际报酬递减规律是指:如果其他投入不变,而某一投入不断增加,那么其边际产量最终会越来越小。这是因为各种投入要素之间有一定的互补性,尽管各投入要素之间也有一定的替代性,如精耕细作是以劳动力补土地之不足,广种薄收是以土地替代劳动力,但若投入比例严重失调,某些投入就会成为多余。在某些投入已经过剩的条件下继续增加这一投入,这些增加的投入对生产就不会有很大的贡献,甚至还能起反作用。

边际报酬递减规律的存在条件有:

(1)技术条件不变。如果技术条件发生变化,边际收益未必会下降。例如,在农业上引入高产良种或密植技术,则在固定面积的土地上增加化肥或劳动力的使用,边际产量还会递增。

(2)只有一种生产要素增加,其他生产要素不变。如果在农业生产中所有生产要素(如土地、化肥、种子、劳动力等)都按相同比例增加,边际收益则不一定递减。

(3)随着可变生产要素的增加,边际产量依次经历递增、递减甚至为负数的过程。边际产量递减不是一开始就发生的,而是在可变生产要素增加到一定程度之后才发生的。

边际报酬递减规律不是从物理或生物规律中得出的结论,而是从科学实验和生产实践中得出的。事实上,大多数生产都符合这个规律,尤其是在农业生产中。在农业生产中,当土地、人力、种子等生产要素都不发生变化的前提下,只增加化肥。把这块地划分成相同大小的若干块,每块土地用的肥料递增,所获得的产量一定是,随着肥料的增加,先是每块土地种植的收益增加(即边际产量递增),然后种植的收益减少(即边际产量递减),最后肥料过多,把庄稼烧死了,连种子都赔进去了,此时的边际产量为负。这个例子就是英国农业经济学家杨格(Arthur Young)为证明这个原理而作的"杨格堆肥实验"。

【相关资料】

马尔萨斯观察与边际收益递减规律

马尔萨斯极为关注农业边际收益递减规律的后果。根据他的分析,在土地供给数量和人口增加的条件下,每个额外生产者耕作的土地数量不断减少,他们所能提供的额外产出会下降;这样虽然食物总产出会不断增加,但是新增农民的边际产量会下降,因而社会范围内人均产量也会下降。在马尔萨斯看来,世界人口增加比例会大于食物供给增加比例。因此,除非能够说服人们少要孩子——马尔萨斯并不相信人口可以由此得到控制——否则饥荒将在所难免。

在马尔萨斯生活的时代,工业化进步尚未提供成熟的可以替代耕地的农业技术,能够大幅度提高单位耕地面积亩产,克服人多地少的经济内部农业和食物生产边际收益递减带来的困难。从实证分析角度看,马尔萨斯的理论建立在边际收益递减规律基础之上,对于观察工业化特定阶段的经济运行矛盾具有历史认识价值。换言之,如果没有现代替代耕地的农业技术出现和推广,如果没有外部输入食物或向外部输出人口的可能性,英国和欧洲一些国家工业化确实会面临马尔萨斯陷阱所描述的困难。马尔萨斯观察暗含了农业技术不变与人均占有耕地面积下降这两点假设条件。如果实际历史和社会经济状况满足或接近这两个条件,马尔萨斯陷阱作为一个条件预测(projection)是有效的。例如,这一点对于认识中国经济史上某些现象具有分析意义。在我国几千年传统农业历史时期,农业技术不断改进,但没有突破性进步;在没有战乱和大范围饥荒的正常时期,人口长期增长率远远高于耕地面积增加速度。由于越来越多人口不得不在越来越小的人均耕地面积上劳作,劳动生产率和人均粮食产量难免下降。这一基本经济面的边际收益递减规律作用,加上其他一些因素(如制度因素导致的分配不平等、外族入侵等)影响,可能是我国几千年传统农业社会周期振荡的重要原因。

然而,马尔萨斯结论作为一个无条件预言是错误的。近现代世界经济史告诉我们,过去200多年间,农业科学技术不断取得革命性突破,与马尔萨斯生活时代的情况发生了根本性变化,与他的预测暗含的假设条件完全不同。化肥、机械、电力和其他能源、生物技术等现代技术和要素的投入,极大地提高了农业劳动生产率,使农业和食品的增长率显著超过人口增长。从历史事实看,马尔萨斯理论是对边际收益规律的不适当运用。如果说马尔萨斯当年分析还有某种历史认识价值，那么形形色色的现代马尔萨斯预言则是完全错误的。

二、规模报酬

1. 规模报酬的含义及类型

规模报酬(returns to scale)是指在其他条件不变的情况下，企业内部各种生产要素按相同比例变化时所带来的产量变化。规模报酬分析的是企业的生产规模变化与所引起的产量变化之间的关系。

企业的规模报酬变化可以分规模报酬递增、规模报酬不变和规模报酬递减三种情况。

例如，假设一座月产量化肥 10 万 t 的工厂所使用的资本为 10 个单位，劳动为 5 个单位。现在将企业的生产规模扩大一倍，即使用 20 个单位的资本，10 个单位的劳动，由于这种生产规模的变化所带来的收益变化可能有如下三种情形：

(1)产量增加的比例大于生产要素增加的比例，即产量为 20 万 t 以上，这种情形称为规模收益递增。

(2)产量增加的比例小于生产要素增加的比例，即产量为小于 20 万 t，这种情形称为规模收益递减。

(3)产量增加的比例等于生产要素增加的比例，即产量为 20 万 t，这种情形称为规模收益不变。

2. 规模经济和规模不经济

规模经济(economies of scale)是指当生产或经销单一产品的单一经营单位因规模扩大而减少了生产或经销的单位成本而导致的经济。或者说，当企业的平均成本随着产出的增加而下降时，则企业实行了规模经济。因此，规模经济是描述企业在生产过程中平均成本下降特征的一个指标。

规模不经济(diseconomies of scale)是规模经济的对称。因生产规模扩大而导致单位产品成本提高的现象。该理论认为，当生产规模扩大时，开始为规模经济阶段，继而为规模经济不变阶段，如继续扩大生产规模，在超过一定限度之后，便会产生种种不利，使同种产品的单位成本比原来生产规模较小时提高，从而形成规模不经济。它表现为规模收益递减，即生产规模扩大后，收益增加的幅度小于规模扩大的幅度，甚至收益绝对地减少，使边际收益为负数。规模不经济可分为内在不经济和外在不经济两种。内在不经济，又称内部不经济，是指一个企业由于规模扩大，企业内部因素发生变化，引起平均成本提高与收益下降。外在不经济，又称外部不经济，是指整个行业规模扩大和产量增加，使劳动力、原材料、设备供应紧张，出现环境污染等，引起个别企业平均成本上升，收益减少。

3. 生产规模的确定

厂商生产规模过大或过小都是不利的，每个厂商都应根据自己生产的特点确定一个适度规模。厂商选择适度规模的原则是使生产规模处在规模报酬不变阶段。如果一个厂商的规模报酬是递增的，则说明该厂商的生产规模过小，此时应扩大规模以获取规模报酬递增的利益，直到规模报酬不变为止。如果一个厂商的规模报酬是递减的，则说明厂商的生产规模过大，此时应缩小生产规模以减少规模过大的损失，直到规模报酬不变为止。

对不同行业的厂商来说，适度规模的大小是不同的，在具体确定时应考虑以下因素。

(1)厂商的技术特点和生产要素的密集程度。一般来说，钢铁、汽车、造船、重化工等资本密集型的厂商，投资规模大，技术复杂，适宜采用大规模生产，而服务业等劳动密集型的厂商，则较适宜采用小规模生产。

(2)市场需求的影响。一般来说，产品生产市场需求量大且标准化程度高的厂商，适合采用大规模生产。而产品生产市场需求量小且标准化程度低的厂商，适合采用小规模生产。

(3)自然资源状况。例如，对于水力发电站来说，确定适度规模时必须考虑水资源的丰富程度。

【相关资料】

全球每四个微波炉就有一台格兰仕

面临着越来越广阔的市场，每个企业都有两种战略选择：一是多产业、小规模，低市场占有率；二是少产业，大规模，高市场占有率。格兰仕选择的是后者。格兰仕的微波炉，在国内已达到70%的市场占有率；在国外已达到35%的市场占有率。

格兰仕的成功就运用规模经济的理论，即某种产品的生产，只有达到一定的规模时，才能取得较好的效益。微波炉生产的最小经济规模为100万台。早在1996—1997年间，格兰仕就达到了这一规模。随后，规模每上一个台阶，生产成本就下降一个台阶。这就为企业的产品降价提供了条件。格兰仕的做法是，当生产规模达到100万台时，将出厂价定在规模80万台企业的成本价以下；当规模达到400万台时，将出厂价又调到规模为200万台的企业的成本价以下；当规模达到1 000万台以上时，又把出厂价降到规模为500万台企业的成本价以下。这种在成本下降的基础上所进行的降价，是一种合理的降价。降价的结果是将价格平衡点以下的企业一次又一次大规模淘汰，使行业的集中度不断提高，使行业的规模经济水平不断提高，由此带动整个行业社会必要劳动时间不断下降，进而带来整个行业的成本不断下降。

成本低价格必然就低，降价最大的受益者是广大消费者。从1993年格兰仕进入微波炉行业到至2003年的10年中，微波炉的价格由每台3 000元以上降到每台300元左右，降价90%以上，这不能不说是格兰仕的功劳，不能不说是格兰仕对中国广大消费者的巨大贡献。

三、短期和长期

生产不仅要求有诸如劳动力、土地等生产要素，还需要时间。输油管道不可能在一夜之间建成，而一旦建成，就要持续运行几十年的时间，同样，农民也不会在短期内改变农作物的种植。而对于一个大型发电厂，从计划、建造、调试到运行，通常会花上十年的时间。对于大型的汽车装配车间投入的机器设备，拆除和转移到其他地方或者转变用途是一件困难的事情。

为了解释时间对于生产和成本的作用，需要引入两个时间的概念，分别是短期和长期。短期(short run)指的是在这段时间内，企业能够通过改变可变要素的投入，比如原材料和劳动力，来调整生产，而没有办法改变固定要素，比如资本。长期(long run)指的是在一段足够长的时间内，所有的生产要素，包括资本，都是可以调整的。

为了更加清楚地理解短期和长期的概念，下面用钢铁生产对需求的反应方式进行解释。例如，某国的钢铁生产产能过剩，只利用了其生产能力的60%，但是，由于房地产市场的蓬勃发展，导致了钢材的需求量开始增长。为了应对钢材需求的增长，钢铁企业通过工人加班、雇佣更多的工人及运行闲置的厂房和机器设备，来扩大生产。在短期内能够增加的这些生产要素称为可变要素。

假设钢材的市场需求持续增长了很长一段时间，比如十年时间，那么钢铁企业就能够重新评估其资本需求，以决定是否增加其生产能力。一般来说，企业会评估其所有的固定要素，因为这些固定要素由于受到条件限制在短期内是难以改变的。在长期内，所有生产要素，包括可变要素和固定要素都是可以调整的，企业可以增加新的、更高效的生产工艺，或安装自动化的控制系统，或投资建造新的工厂。当所有生产要素都可以进行调整时，钢材的产量和生产效率会得到更大的提升。

有效率的生产除了需要诸如劳动这些比较灵活的投入外，还需要时间。所以，在生产和成本分析中区分出了两种不同的时期。短期是指在该时期内，只有可变要素投入能得到调整，而固定要素，如厂房、设备，则无法实现充分的调整。长期指的是企业所投入的所有要素，都是可以得到调整的时期。

四、技术变革

在人类历史上，出现了三次工业革命。分别是第一次工业革命：人类进入了“蒸汽时代”；第二次工业革命：人类进入了“电气时代”；第三次工业革命：人类进入了“信息时代”。每一次工业革命不仅使得科学技术出现了革命性的变化，不可否认，劳动力和机器的投入对生产发展的贡献，但越来越多的产出的增加来自于科学技术变革，技术变革极大地改变了人类的生产和生活。

技术变革给人类生产和生活带来的变化是显而易见的：宽体客机的出现使得载客量和航程几乎增加了 50%；光导纤维降低了通信成本，并使远距离通信成为可能；计算机技术的飞速发展，可以使得当今计算机系统的运算速度达到每秒万亿次，微机也可达每秒亿次以上，使大量复杂的科学计算问题得以解决。技术变革的另外一些形式可能是不易觉察的，比如生产流程或工艺的改进也可以减少浪费和提高产出水平。

下面对工艺创新和产品创新两个概念进行区分。工艺创新(process innovation)是指企业通过研究和运用新的、方式方法和规则体系等，提高企业的生产技术水平、产品质量和生产效率的活动。企业工艺创新的过程大体可分为工艺研发阶段和工艺创新由研发环节转移或导入制造环节两个阶段。产品创新(product innovation)指的是新产品或改进产品被引入到市场中。工艺创新和产品创新都是为了提高企业的社会经济效益，但二者途径不同，方式也不一样。工艺创新能够使企业用同样的投入获得更多的产出，或者以更少的投入获得同样的产出。换句话说，工艺创新相当于生产函数的移动。

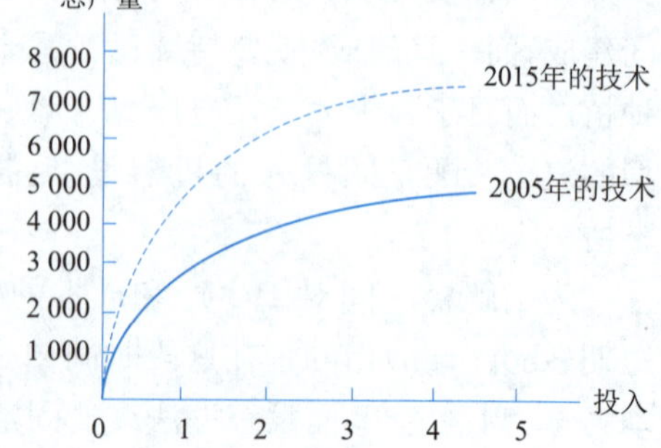

图 7-2　技术变革使生产函数向上移动

图 7-2 描述了工艺创新是如何移动总产量曲线的。较低的线代表了 2005 年某个行业的生产函数。假设这个行业的生产率每年提高 4%，十年之后可以看到由于工艺流程的变化促使生产率提高了 48%。

对于产品创新来说，亚洲经济合作与发展组织(OECD)对产品创新的界定是：实现具有改进的性能特征的产品，为消费者提供客观上新的或改进的服务。现代企业产品创新是建立在产品整体概念基础上的以市场为导向的系统工程。从单个项目看，它表现为产品某项技术经济参数质和量的突破与提高，包括新产品开发和老产品改进。从整体看，产品创新贯穿产品构思、设计、试制、营销全过程，是功能创新、形式创新、服务创新多维交织的组合创新。

图 7-2 显示了技术进步促进生产率发展的案例。相对的，技术倒退有可能存在吗？对于一个运转良好的市场经济来说，答案是否定的。事实上，这是市场经济相对于由政府主导的计划经济的主要优势之一。在市场经济中，劣质技术往往被抛弃，而生产性更强的技术则得到应用，因为它们能够增加企业的利润。例如，如果某人发明了一种昂贵的电动车电池，但续航能力很差，那么任何以盈利为导向的公司都不会生产这种设备；如果一家管理不善的公司决定生产这种设备，那么对电动车有需求的理性消费者肯定拒绝购买，而会去选择同类型中质量更好的商品。

然而，当存在市场失灵的时候，技术倒退有可能会出现。例如一些不良公司可能会引进一个低效的或造成资源浪费的工艺，比如说废水处理系统，原因是因为价格便宜。而企业从中获利只是因为企业并没有承担治理环境污染的社会成本而已。在竞争性的市场中，劣质品最终会像优胜劣汰的自然法则一样被社会淘汰而销声匿迹。

【相关资料】

计算机网络技术提高劳动生产率

计算机网络技术是计算机技术与通信技术结合的产物。计算机网络就是按照规定的协议，将地球上分散在各地的、独立的计算机相互连接在一起。连接介质可以是电缆、双绞线、光纤、微波或者卫星等等。它具有共享硬件、软件和数据资源的功能，具有对共享数据资源集中处理及管理和维护的能力。

计算机网络技术提高劳动生产率。计算机网络技术是一种新型生产力方式，是工厂和企业所面临的一种全新生存形式。网络化企业应运而生。新的企业组织机制、雇佣制度、管理模式、经营结构，网络化企业的革命在过去工业革命的基础上更加不同凡响。

对于企业来说，提高劳动的生产率就是其生存发展的必要条件，而网络技术在自动化工业领域的应用，就是帮助企业以最低限度的资源投入，赚取最大限度的经济回报，简单地说就是提高投入与产出的比率从而提高了企业的劳动生产率。资源的最优化配置仅仅是网络技术给生产领域带来的众多助力之一。就以当前我国国情为例，一方面我国人口众多，拥有丰富的劳动力资源。而另一方面又因为，这些劳动力大部分存在于不发达地区，存在着交通不便、信息匮乏等不利因素，使得丰富劳动力无法进入劳动力市场造成了极大的闲置与浪费；即使在东部经济较为发达的地区，也普遍存在着由健康、劳动技能相对较低等因素所导致的处于劣势的待就业人群；而另一些掌握一定劳动技能、还有劳动愿望与能力的人，却因年龄因素等过早地退出劳动力市场。此外，高新技术的生产工具在生产中的应用明显不足，也使劳动生产率大大降低。但是由于我国现有生产力的状况，不可能为每一个劳动者提供物质上所必要的种种劳动资料。如果想要达成这种能力，必须加大投入、支付高额成本，而且还要选择调动每一位劳动者积极性的劳动对象。这不仅对企业来说是天方夜谭，就是对于整个国家也是不小的负担。

但是,随着网络技术的出现,达成这种能力的可能性大大地增加了。采用网络技术可以有效地降低成本,包括培训费用、维护费用及初期投资。因此受到硬件开发与生产企业的广泛支持,具有丰富的软硬件资源。对于劳动力的解放有重要作用,在有网络的地方,通过远程教育可以有效地解决劳动技能低下的问题,而在网上大量的劳动类信息可以方便地传递给劳动者以及用工企业。直接的沟通与联系使得用工双方可能面对面达成协议,劳动者不用跟随他人去碰运气,可以进行明确的点对点工作,这样不仅可以保护用工双方的利益,也对我国的交通压力的缓解有着巨大的作用。道路的畅通又使得产品流通增加,减少了企业仓储的成本。随着网络技术使得工作现场的数据能够即时地在网络上传输和接收。在工厂,可以为各种智能设备、各种自动化设备之间以及它们同管理员之间的通信提供高效保证,使得企业的现代化改革步伐加快,高新技术产品不断投入使用,生产率进一步提高。而对于企业中网络的架构以及相关系统的开发而言,随着集成电路技术的发展,架设网络的价格还会进一步下降、大量的软件资源和设计经验又明显地降低了开发和培训费用,在技术升级方面也不需要企业做单独的研究投入,从而可以显著地降低企业投资成本,并大大加快企业劳动生产率的提高。

提高劳动生产率对于人的发展的意义在于:第一,劳动生产率的提高可以减轻人的劳动强度,节省体力和脑力的支出,从而有可能把节约下来的精力用于人的发展,这个问题在下文将进行进一步的讨论;第二,劳动生产率的提高可以缩短劳动时间,增加业余时间和闲暇时间,从而为人的发展提供了时间上的可能;第三,劳动生产率的提高可以节约生产成本和费用,在一定条件下,这些被节约的成本和费用可以用于改善人的发展的物质条件。但是,在私有制条件下,劳动生产率的提高所带来的上述便利条件,只有极少部分甚至根本没有被用于促进劳动者的发展,这些条件要么被用于进一步对劳动者的剥削,要么仅仅被用于改善剥削阶级少数人的发展条件。

【学练合一】

一、单选题

1. 如果连续地增加某种生产要素,在总产量达到最大值时,边际产量与(　　)相交。
   A. 平均产量曲线　　B. 纵轴　　C. 横轴　　D. 总产量曲线
2. 在总产量、平均产量和边际产量的变化过程中,下列首先发生的是(　　)。
   A. 边际产量下降　　B. 平均产量下降
   C. 总产量下降　　D. B和C
3. 边际报酬(收益)递减规律发生作用的前提条件是(　　)。
   A. 连续地投入某种生产要素而保持其他生产要素不变
   B. 生产技术不变
   C. 按比例同时增加各种生产要素
   D. A和B
4. 规模报酬递减是在(　　)情况下发生的。
   A. 连续地投入某种生产要素而保持其他生产要素不变
   B. 按比例连续增加各种生产要素
   C. 不按比例连续增加各种生产要素
   D. 上述都正确

5. 生产上的长期是指(　　)。

A. 所有投入生产要素可变　　B. 生产资料投入可变,其他要素不变

C. 所有投入生产要素不变　　D. 人力资本投入可变,其他要素不变

6. 一般短期生产函数 MP 相交于(　　)。

A. 总产量最高点　　B. 平均产量最高点

C. 平均产量最低点　　D. 总产量等于零点

7. 如果仅劳动是变动投入,资本等为不变要素,则(　　)不是第二阶段的特点。

A. 劳动的边际产量递减　　B. 劳动的平均差量递减

C. 劳动的总产量不断提高　　D. 资本的平均产量递减

8. 当短期生产函数生产处于第一阶段时,关于平均产量和边际产量的说法中,正确的是(　　)。

A. 平均产量递增,边际产量递减

B. 平均产量递减,边际产量递增

C. 平均产量递增,边际产量先递增然后递减到与平均产量相等

D. 平均产量始终大于边际产量

9. 等产量曲线凸向原点,原因是(　　)。

A. 劳动的边际产量递减　　B. 资本的边际产量递减

C. 边际技术替代率递减　　D. 边际替代率递减

10. MPL/MPK > PL/PK,厂商应该(　　),提高资源配置效率,降低成本。

A. 增加劳动投入　　B. 提高规模经济水平

C. 增加资本投入　　D. 提高劳动的边际产量

二、多选题

1. 关于生产函数的第二阶段,应该是(　　)。

A. 开始于 APL 曲线开始递减处(即 APL 的最高点),终止于 MPL 曲线为零处

B. 开始于 APL 曲线和 MPL 曲线的相交处,终止于 MPL 曲线和水平轴的相交处

C. 开始于 APL 曲线开始递增处,终止于 MPL 曲线递减处

D. 开始于 APL 曲线开始递减处(即 APL 曲线的最高点),终止于 MPL 曲线开始递增处

2. 生产要素的种类包括(　　)。

A. 劳动　　B. 土地

C. 企业家才能　　D. 违约引起的索赔成本

3. 一般对于短期生产函数,总产量与平均产量的关系是(　　)。

A. 平均产量递减导致总产量也递减

B. AP=TP/L

C. 原点与 TP 上一点的连线的斜率值等于该点的 AP

D. 从原点出发与 TP 相切的射线,切点对应 AP 最大

4. 一般而言,等产量曲线的特点是(　　)。

A. 离原点越远的等产量曲线代表的产量水平越高

B. 任意两条等产量曲线都不会相交

C. 等产量曲线向右下方倾斜,斜率为负

D. 等产量曲线凹向原点

5. 可能产生规模报酬递增的原因包括(　　)。

A. 可以对原材料和副产品进行综合利用

B. 大企业利用先进的技术和机器设备

C. 企业内部的生产分工能够更合理和专业化,从而可以提高工作效率

D. 在技术培训和生产经营管理上存在优势

三、分析题

1. 假设你有一家音像制品租赁商店,列举一些你在经营这家商店时需要用到的固定投入和可变投入。

2. “当收益递减时,总产量开始下降。”你对这一观点是否同意? 为什么?

3. 一种可变生产要素的短期生产函数产量表如表 7-1 所示。

表 7-1　某制衣厂可变生产要素的短期生产函数产量表

可变要素的数量	可变要素的总产量	可变要素的平均产量	可变要素的边际产量
1		2	
2			10
3	24		
4		12	
5	60		
6			6
7	70		
8			0
9	63		

(1)在表 7-1 中填入相应的数值。

(2)该生产函数是否表现为边际报酬递减? 如果是,是从第几单位的可变要素投入量开始的?

【应用与实训】

实训目的

1. 根据表 7-1 提供的数据绘制,在短期生产中总产量、边际产量、平均产量随投入的劳动生产要素的数量变化,而发生的变化趋势图。

2. 找出平均产量曲线、边际产量曲线和总产量曲线三者之间变化趋势及相互的联系。

实训项目

1. 对统计表的数据进行填充整理。

2. 依据此表数据,制作总产量线、边际产量线、平均产量线。

3. 据此解析总产量、边际产量、平均产量各自的变化趋势是怎样的。同时,试说明三者之间的关系。

实训内容

1. 了解制衣厂生产工序及投入劳动数量的变化对产量的影响。

2. 对统计表的数据进行填充整理。

3. 依据此表数据，制作总产量线、边际产量线、平均产量线。

4. 据此解析总产量、边际产量、平均产量各自的变化趋势是怎样的。同时，试说明三者之间的关系。

实训说明

形成纸质版文件，文件作答内容包括：

1. 填充好给出的表格；

2. 能够准确绘制总量、平均产量、边际产量的关系图，分析清楚它们之间的关系。

项目八　企业决策的财务分析

【学习目标】

1. 了解生产的含义及生产要素。
2. 了解总产量、平均产量和边际产量以及它们之间的关系。
3. 了解收益的含义及类型。
4. 掌握生产要素的合理投入区域。
5. 掌握等产量线和等成本线的特点。
6. 理解规模报酬的含义及类型。
7. 理解总收益、平均收益和变动收益及其规律。
8. 理解企业实现利润最大化的均衡条件。

【导引案例】

泛美国际航空公司的倒闭

1991 年 12 月 4 日是个值得注意的日子，世界著名的泛美国际航空公司倒闭。这家公司自 1927 年投入飞行以来，数十年中一直保持国际航空巨子的骄人业绩。有人甚至认为，泛美公司的白底蓝字徽记(PAN AM)可能是世界上最广为人知的企业标识。

但是对于了解内情的人来说，这个巨人的死亡算不上什么令人吃惊的新闻。1980—1991 年，除一年外，泛美公司年年亏损，总额接近 20 亿美元之巨。1991 年 1 月，该公司正式宣布破产。细心的读者一定注意到，这个日子同公司关闭之日相距将近一年。究竟是什么力量支持泛美又多经营了一段时间？而且，就在 1980 年出现首次亏损后，为什么不马上停止这家公司的业务？又是什么因素使这家公司得以连续亏损经营长达 12 年之久？

从经济学角度看，这是以市场供求曲线为基础的企业进出(市场)模式作用的结果。可变成本是随生产规模变化而变化的成本。按照企业进出模式，只要企业能够提出一个高于平均可变成本的价格并被顾客接受，那么不管该价格是否低于市场平均价格而必将导致企业亏损，这个企业的经营就算是有经济意义的，也就可以继续存在。

当然，企业要想在亏损情况下继续经营，必须通过出售其原有资产来维持。泛美公司在几十年的成功经营中积累了巨大的资产财富，足够它出售好一段时间的。自 20 世纪 80 年代起，这家公司先后卖掉了不少大型财产，包括以 4 亿美元将泛美大厦卖给美国大都会人寿保险公司，国际饭店子公司卖了 5 亿美元，向美国联合航空公司出售太平洋和伦敦航线，还把位于日本东京的房地产转手。到 1991 年末，泛美已准备将自己缩减成以迈阿密为基地的小型航空公司，主要经营拉美地区的航线，而把其余全部航线卖给三角洲航空公司。换言之，在整个 20 世纪 80 年代，尽管泛美公司仍然坚持飞行，但同时已开始逐步撤出国际航空市场。其实，在现实世界里，“企业进出模式”中的“撤出”通常就意味着缩减规模。

至于市场经济是否应该加速企业撤出的问题，经济学家之间也是争论不休。从泛美公司的例子来看，撤出是一种渐进过程。工人们可以多安心工作一段时间，晚一点再考虑转换工作的事情。然而泛美的股票持有者不这么看。他们的利益全在公司经年积累的家当上，当然不同意公司出售资产维持经营。也许他们并不了解实情，仍然抱有一线希望，以为公司只要变卖一些家产就可以渡过难关，否则肯定会设法迫使它早些关门。

【驱动任务】

福特公司的产量安排

对于许多企业来说，总成本分为固定成本和可变成本，固定成本和可变成本取决于时间。例如福特公司，在几个月的时间内，福特公司不能调整其汽车工厂的数量与规模，它可以额外生产一辆汽车的唯一方法是，在已有的工厂中多雇佣工人。因此，这些工厂的成本在短期中是固定成本。与此相比，在几年的时期中，福特公司可以扩大其工厂规模，建立新工厂和关闭旧工厂。因此，其工厂的成本在长期中是可变成本。

当福特公司想把每天汽车的产量从 1 000 辆增加到 1 200 辆时，在短期中除在现有的中等规模工厂中多雇佣工人之外别无选择。由于边际产量递减，每辆汽车的平均总成本从 1 万美元增加到 1.2 万美元。但是，在长期中，福特公司可以扩大工厂和车间的规模，而平均总成本仍保持在 1 万美元的水平上。

思考：对于一个企业来说，进入长期要多长时间呢？

单元一　成本分析

成本分析是利用核算及其他有关资料，对成本水平与构成的变动情况，系统研究影响成本升降的各因素及其变动的原因，寻找降低成本的途径的分析。它是成本管理工作的一个重要环节。通过成本分析，有利于正确认识、掌握和运用成本变动的规律，实现降低成本的目标；有助于进行成本控制，正确评价成本计划完成情况，还可为制订成本计划、经营决策提供重要依据，指明成本管理工作的努力方向。

一、成本的经济分析

（一）总成本：固定成本和可变成本

总成本（total cost，TC）是生产某一特定产量所需要的最低成本总额，即生产活动中所使用的全部生产要素的价格，主要包括付出劳动所得到的工资、付出资本所得到的利息、付出土地所得到的地租、付出企业家才能所得到的利润。

在短期中，总成本可以分为固定成本（fixed cost，FC）与可变成本（variable cost，VC），用公式表示即为：TC＝FC＋VC。例如，在表 8-1 中，当产量为零时，固定成本为 50，可变成本为 0，那么总成本为 50（50＋0＝50）；当产量为 1 时，固定成本和可变成本分别是 50 和 25，总成本为 75（50＋25＝75）。

表 8-1　总成本的构成

产量 Q	固定成本 FC	可变成本 VC	总成本 TC
0	50	0	50
1	50	30	80
2	50	55	105
3	50	75	125
4	50	105	155
5	50	155	205
6	50	225	275

1. 固定成本

固定成本又称“固定开销”，是指在短期内不会随着产量变动而变动的生产要素价格，一般包括租用机器厂房所花费的租金、机器设备折旧费、债务的利息支付、长期工作人员的薪水等。在一定时期内，这些固定成本都是必不可少的，厂商不能对它们进行选择使用与否或使用多少，只要建立了企业，无论在一定时期内是否生产产品，都一定要支付这些成本。而且，如果产量发生变化，这些开支也不会改变，如图 8-1 所示。

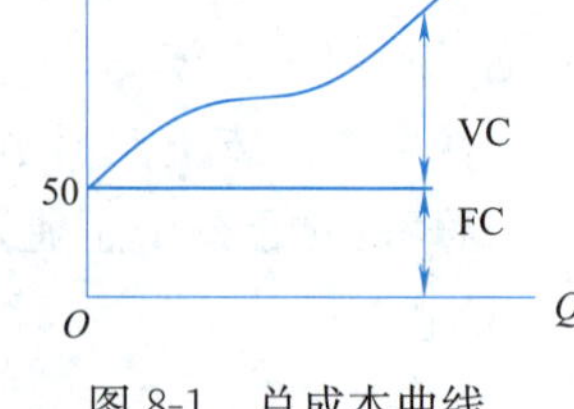

图 8-1　总成本曲线

因为长期内厂商可以改变生产规模，甚至退出该行业，从而长期内所有的成本都是可变的，固定成本没有意义。

2. 可变成本

可变成本是指在短期内可以随着产量变动而变动的那些成本，一般包括原材料、燃料和动力的费用、生产工人的工资，也包括非固定的所有成本。厂商没有进行生产时，可变成本为零。产量逐渐增加时，可变成本会相应地增加，但可变成本的增加并不一定与产量的增加成相同比例，这一过程受到收益递减规律的影响。因此，开始时产量增加，可变成本的增加幅度可能较大，因为各生产要素的组合可能不一定有效率；随着产量到一定程度，生产要素组合的效率得到发挥，可变成本增加幅度变缓；最后，收益递减规律又会使它增加较快。

(二)边际成本

边际成本(marginal cost，MC)是指厂商多生产一单位产出所需要增加的总成本，或者说，边际成本就是由 1 单位产量的变动所引起的总成本的变动。比如说表 8-2 边际成本的计算，产量为零的时候，总成本是 50 元，再多生产 1 个单位的产品，即产量为 2 时，总成本是 80 元，那么边际成本就是 30 元(80－50＝30)。

表 8-2　边际成本的计算

产量 Q	总成本 TC	边际成本 MC
0	50	—
1	80	30
2	105	25
3	125	20
4	155	30
5	205	50
6	275	70

有的时候，边际成本是很低的。比如航空公司的边际成本，当航班有空位的时候，多卖出一张票的边际成本仅仅是一包花生米或者一杯水而已。而有的时候，边际成本又是很高的，比如发电厂的边际成本，在正常情况下，发电的边际成本也是很低的，但在炎热的夏季，由于高温导致用电量激增，发电厂可能被迫启动老旧、低效率的发电设备，这种情况下，发电的边际成本就会比较高。

【相关资料】

在边际上决策

一个航空公司的边际问题是决定对等退票的乘客收取多高的价格。假设每个座位的平均成本是 500 美元。航空公司的票价可以低于 500 美元吗？可以，因为航空公司考虑的是边际成本而非平均成本。飞机即将起飞时仍有 10 个空位。在登机口等退票的乘客愿意支付 300 美元买一张票（边际收益为 300 美元）。航空公司应该卖给他票吗？当然应该。飞机有空位，多增加一位乘客的边际成本是一包花生米、一杯咖啡、一罐饮料（边际成本为 20 美元）。只要乘客的支付意愿大于边际成本，让他登机就是合算的、理性的。

在边际报酬递减规律作用下的边际成本曲线表现为先降后升的 U 形特征，即在产量水平较低的阶段上，边际成本可能随产量的增加而减少，但到达一个最低点后，则随着产量进一步增加而增加，如图 8-2 所示。

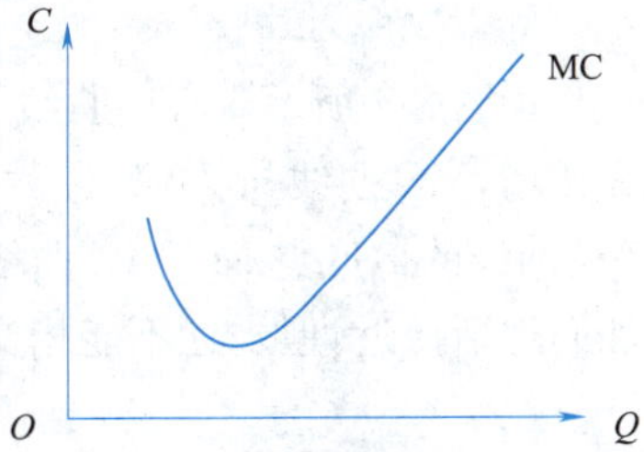

由于每一产量点上的 TC 曲线和 VC 曲线的斜率是相等的，所以，根据边际产量的定义可知，每一产量点上的 MC 值就是相应的 TC 曲线和 VC 曲线的斜率。在边际报酬递减规律的作用下，当 MC 曲线逐渐地由下降变为上升时，相应地，TC 曲线和 TVC 曲线的斜率也由递减变为递增。

图 8-2　边际成本曲线

（三）平均成本

平均成本是指平均每个单位产品的成本，它等于总成本除以产品的单位总数。由于总成本分为固定成本与可变成本，因此，平均成本相应地可分为平均固定成本（average fixed cost，AFC）和平均可变成本（average variable cost，AVC），即 AC=TC/Q=AFC+AVC。成本表如表 8-3 所示。

表 8-3　成本表

Q	FC	VC	TC	MC	AC	AFC	AVC
0	50	0	50	—	—	—	—
1	50	30	80	30	80	50	30
2	50	55	105	25	52.5	25	27.5
3	50	75	125	20	41.7	16.7	25
4	50	105	155	30	38.75	12.5	26.25
5	50	155	205	50	41	10	31
6	50	225	275	70	45.8	8.3	37.5

1. 平均固定成本

平均固定成本是指平均每单位产品所消耗的固定成本，它等于固定总成本除以产量，公式为：AFC＝FC/Q。由于固定成本不随产量变动而变动，所以平均固定成本必然随产量的增加而逐渐下降（见图 8-3）。

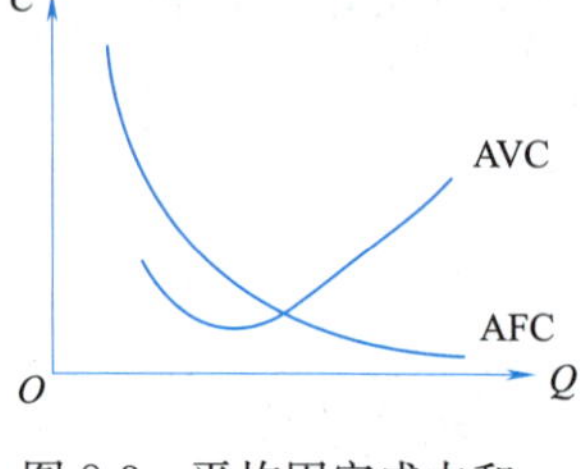

图 8-3 平均固定成本和平均可变成本曲线

2. 平均可变成本

平均可变成本是指平均每单位产品所消耗或均摊的可变成本，它等于可变总成本除以产量，其公式为：AVC＝VC/Q。当可变成本随产量变动而变动时，平均可变成本也会随产量的变动而变动。但其变动的趋势要根据不同厂商生产的具体情况而定。一般说来，平均可变成本通常为 U 字形，先降后升（见图 8-3）。它的变化具体有三个阶段：

（1）递减阶段。此时固定要素没有与可变要素相配合，因此未被充分利用，但平均产量上升，且产量增加的速度超过可变成本增加的速度，使平均成本下降。

（2）不变阶段。此时可变要素的增加使固定要素的作用得以充分发挥，因此在一定范围内，产量的增加可能导致平均产量不变，平均成本也不变。

（3）递增阶段。这是边际收益递减规律发生作用的必然结果。

3. 平均成本与边际成本之间的关系

如图 8-4 所示，AVC 曲线、AC 曲线和 MC 曲线均呈 U 形特征；MC 先于 AC 和 AVC 转为递增，MC 曲线与 AVC 曲线相交于 AVC 曲线的最低点 M'，MC 曲线与 AC 曲线相交于 AC 曲线的最低点 M。AC 曲线高于 AVC 曲线，它们之间的距离相当于 AFC，且随产量的增加而逐渐接近，但永远不能相交。

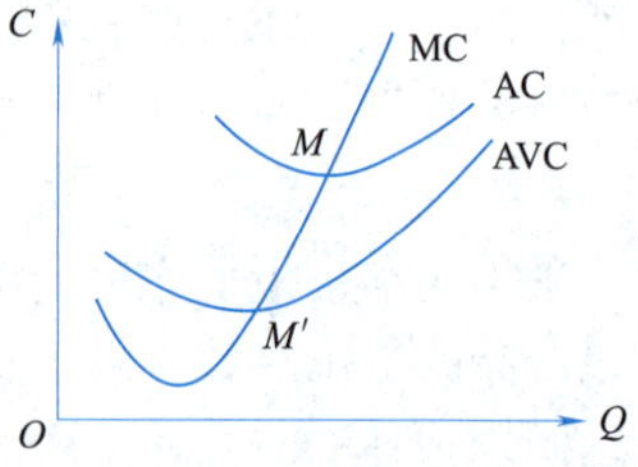

（四）生产和成本的关系

1. 成本的推导

什么因素决定了企业的成本曲线？很明显，投入品的价格，例如土地和劳动力，是重要的影响因素，此外，高额的租金和工资也会导致高的成本。

图 8-4 MC 与 AC、AVC 的关系

但是，除了生产要素价格之外，企业的成本曲线也取决于生产函数，比如说科技的进步能够使得企业以更低的投入生产更多的产品，企业的成本将会下降，成本曲线会向下移动。

如果知道生产要素的价格和生产函数，就能够计算出成本曲线。假设一家企业计划生产一定数量的产品，生产要素价格和生产函数将能告诉我们企业投入要素的最低成本组合是什么。

以下用一个例子来说明如何从生产数据推导出成本。假设一个农场主种植某种农作物，需要投入的生产要素分别是土地和劳动力，从表 8-4 可以看出，当产量是 1 t 时，总成本为 450 元（10×30＋6×25＝450），当产量为 2 t 时，总成本为 575 元（10×30＋11×25＝575），依此类推，可以计算出某个产出水平下的成本。表 8-4 中的生产数据除了可以推导出总成本外，其他的成本类型，如 MC、FC、VC、AC、AFC 和 AVC 也是可以推导出来的。

表 8-4　生产和成本

产出水平/t	土地/亩	劳动力/人	土地租金/(元/亩)	工资/(元/人)	总成本/元
0	10	0	30	25	300
1	10	6	30	25	450
2	10	11	30	25	575
3	10	15	30	25	675
4	10	21	30	25	825
5	10	31	30	25	1 075
6	10	45	30	25	1 425
7	10	63	30	25	1 875
8	10	85	30	25	2 425

2. 收益递减和 U 形成本曲线

生产和成本的关系有助于解释为什么平均成本曲线是 U 形的？在生产分析中，将生产分为长期生产函数和短期生产函数，同样，在成本分析中，也可以把成本分为长期成本和短期成本。

短期意味着时间来不及调整所有的生产要素投入，而只能调整可变要素。在短期，像厂房和机器这样的固定要素是无法完全调整的，因此，在短期内，劳动力和各种原材料成本属于可变成本，而资本成本属于固定成本。而长期，所有的要素投入都是可以调整的，包括劳动力、原材料和资本，所以，在长期，所有的要素成本都属于可变成本，不存在固定成本。

为什么成本曲线是 U 形的呢？在短期内，当像资本那样的要素固定不变时，可变要素一般表现为开始阶段的边际产量（1 单位投入增加的产量）递增和随后的边际产量递减。与之相应的是，成本曲线表现为开始阶段的边际成本递减和在边际收益递减之后的边际成本递增。

在短期内，产量曲线与成本曲线存在着对偶关系。如果说短期产量曲线是由边际收益递减规律所决定的，那么短期成本曲线则是由短期产量曲线所决定的。

（1）边际成本和边际产量之间的关系。边际成本 MC 和边际产量 MP_L 两者的变动方向是相反的。具体地讲，由于边际收益递减规律的作用，可变要素的边际产量 MP_L 是先上升，达到一个最高点以后再下降，所以，边际成本 MC 是先下降，达到一个最低点以后再上升。MP_L 曲线的上升段对应 MC 曲线的下降段；MP_L 曲线的下降段对应 MC 曲线的上升段；MP_L 曲线的最高点对应 MC 曲线的最低点，如图 8-5 所示。

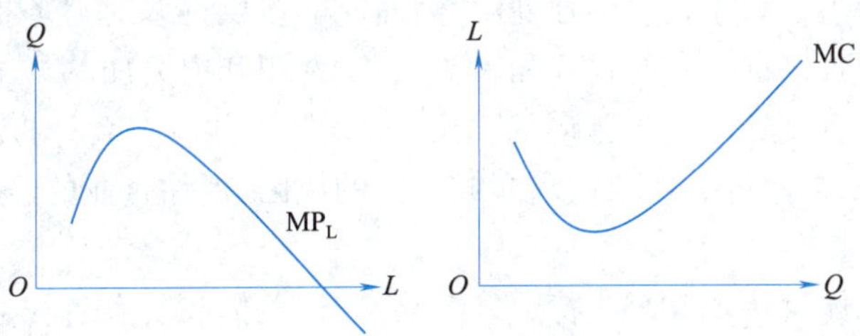

图 8-5　边际产量曲线与边际成本曲线对照

由以上的边际产量和边际成本的对应关系可以推知，总产量和总成本之间也存在着对应关系。当总产量 TP_L 曲线下凸时，总成本 TC 曲线和总可变成本 TVC 曲线是下凹的；当总产量 TP_L 曲线下凹时，总成本 TC 曲线和总可变成本 TVC 曲线是下凸的；当总产量 TP_L 曲线存在一个拐点时，总成本 TC 曲线和总可变成本 TVC 曲线也各存在一个拐点。

(2)平均可变成本和平均产量之间的关系。平均可变成本 AVC 和平均产量 AP_L 两者的变动方向是相反的，前者呈递增时，后者呈递减；前者呈递减时，后者成递增；前者的最低点对应后者的最高点。并且，MC 曲线和 AVC 曲线的交点与 MP 曲线和 AP 曲线的交点是对应的。

(五)企业的投入选择

1. 最小成本法则

在了解企业的投入选择之前，需要先做一个基本的假设，即成本最小化假设。这一假设对所有的企业都是适用的，甚至对非营利组织也同样适用。成本最小化表明企业应该尽可能地在最低成本上进行生产，从而使利润或者企业目标达到最大。那么，为了实现既定产量条件下的最小成本，企业将通过对要素投入量的选择和调整，使得花费在每一种要素上的最后一单位的成本支出所带来的边际产量相等。在只有劳动 L 与资本 K 两种投入的情况下，企业投入选择将遵循以下原则：

$$\frac{MP_L}{w}=\frac{MP_K}{r}$$

式中，即为厂商在既定产量条件下实现最小成本的两要素的最优组合原则，称为最小成本法则，其中，w 是劳动力的价格(工资)，r 为资本的价格(利息率)。最小成本法则与项目六中的消费者效用最大化是完全相似的，消费者效用最大化意味着消费者在购买商品时，每一个单位货币的边际效用对于所有商品都是相等的。

2. 替代法则

替代法则是最小成本法则的一个推论，其内容为：如果一种要素的价格下降，而所有其他要素的价格保持不变，则企业用现在更便宜的要素替代所有其他要素，直到所有投入的单位成本的边际产量都相等。

二、经济成本和企业会计

(一)损益表

损益表指反映企业某一特定时期的收入和费用、收益和损失，并以净收益表示最终成果的汇总报告。按其列示的格式不同可分为多步式损益表和单步式损益表两种。前者通常把毛利、营业收益、税前收益和净收益单独列示，因而能够提供许多对财务报表分析有用的中间利润数字。而后者则直接将所有的收入和收益加总、费用和损失加总，二者相减产生净收益。

损益表反映的是企业经营资金运动的动态表现，是一种动态会计报表，它度量了企业的经营业绩和获利水平，据此可分析企业利润或亏损的成因，评估企业的经营效益。

(二)资产负债表

资产负债表是总体反映企业某一特定日期的资产、负债和所有者权益及其构成情况的会计报表。它反映的是会计年度末的资产和负债的存量，是企业经营资金运动的静态表现。

资产负债表的整体结构是根据“资产＝负债＋所有者权益”的会计等式设计的，采用左右对称的结构，左方列示资产项目，反映全部资产的分布及其存在形态；右方列示负债和所有者权益项目,反映负债和所有者权益的内容和构成情况。资产一方的项目及负债和所有者权益一方的项目均按流动性由强到弱从上至下排列。资产包括流动资产、非流动资产,负债和所有者权益包括流动负债、长期负债和所有者权益。

资产负债表可以反映企业所拥有的各种经济资源及其分布情况,以及负债与所有者权益的构成情况,可以分析和衡量企业的财务状况和偿债能力,还可以把当期与前期资产负债表进行比较,从而了解企业资金结构的变化和财务状况的发展趋势。

(三)存量和流量

资产负债表与损益表的一个重要不同在于存量和流量。存量代表变量的水平,例如湖中的水量,或者,一个企业的以美元计算的价值。流量代表每一单位时间的变化,例如河中的水流或进出企业的收入和成本。损益表统计的是一个企业的流入和流出。而资产负债表度量的是在会计年度末的资产和负债的存量。

(四)会计成本

会计成本是指会计人员在经济活动发生后入账的生产、销售和管理等方面的费用开支。它是会计人员编制财务报表或损益报告书的主要依据。由于会计的功能主要是通过记录、核算和编制报表等环节向企业外界有经济利害关系的团体和个人(如股东、债权人、税收机关等)提供有关财务和利润的状况,所以作为主要记录数据的会计成本,只是过去已经发生的成本数据,即历史成本。又因为会计成本是为了获得生产要素和中间产品而发生的现金支出,如使用工人的工资和薪金,使用自然资源或租用机器厂房、设备的费用,借款利息,购买原材料和设备的费用,以及税收支付等,因此它也被称为取得成本。会计成本不能直接用于管理决策,因为它不反映机会成本和增量成本以及资产的真正经济价值,但它却是决策所需成本数据的主要来源。

(五)机会成本

1. 机会成本的含义

机会成本是指在资源稀缺的情况下,人们选择利用某些资源获取收益而必须放弃的其他最有价值的物品或劳务的价值。生产一单位的某种商品的机会成本是指生产者所放弃的使用相同的生产要素在其他生产用途中所能得到的最高收入。机会成本可以用实物量表示,也可以用价值量表示。

在经济学中,社会生产某种产品的真正成本是机会成本,即这些资源不能生产另一些产品的代价。

2. 机会成本存在的前提条件

机会成本的存在需要三个前提条件:

(1)资源是稀缺的。机会成本的概念是以资源的稀缺性为前提提出的。从经济资源的稀缺性这一前提出发,当一个社会或一个企业用一定的经济资源生产一定数量的一种或者几种产品时,这些经济资源就不能同时被使用在其他的生产用途方面。这就是说,这个社会或这个企业所能获得的一定数量的产品收入,是以放弃用同样的经济资源来生产其他产品时所能获得的收入作为代价的。这也是机会成本产生的缘由。因此,社会生产某种产品的真正成本就是它不能生产另一些产品的代价。

(2)资源具有多种生产用途。如果一种资源只有一种生产用途,那么这种资源就不能生产其他东西,也就不会产生机会成本了。

(3)资源的投向不受限制。如果资源的流动性受到限制,则机会成本就不能很好地计算,因为里面也包含着交易成本。

3. 机会成本的意义

机会成本就是要把有限的(稀缺的)资源用于最有利的地方,或者说在使用某种资源时应该是各种用途中最优的或者至少是同样有利的。在一个运转良好的市场上,当所有成本都包括进来时,价格等于机会成本;在市场之外,机会成本则更多地用于衡量类似于空气、健康、娱乐等非市场物品的价值。

资料:经济利润和会计利润

会计师只关心显性的生产成本,即生产产品或提供服务所发生的费用。但是,按照经济学的思维方式,这些支出并不能完全反映生产的总成本。除了各种支出外,经济利润的概念包括生产的显性和隐形成本,即生产过程中所有稀缺资源的价值,企业在生产中投入了这些资源,而这些资源如果用在其他地方或许能够给企业带来利益。经济利润会考虑到这一点,而会计利润不考虑。企业所有者不仅仅要关心会计利润,也要关心经济利润。

小陈是一家公司的文员,年薪 30 000 元,假设她有个小铺面,每年的租金是 6 000 元,此外,她还有 25 000 元的存款,年息 4%,即每年有 1 000 元的利息收入。现在小陈辞掉了工作,自己创业,用自有的铺面开了一家奶茶店,她取出了全部存款,又以 5%的年息贷款 20 000 元,用于第一年支付员工的工资、采购和租赁设备以及购买原料等。

假设一年后她的总收益是 85 000 元,她的利润是多少呢?

会计利润=总收益-总成本(全部显性成本)

=85 000 元-44 000 元(其中 43 000 元是支付员工工资、原料费用和设备的租金等。另外 1 000 元是贷款的利息)

=41 000 元

这看起来还不错,但小陈意识到:

她自己的劳动不是免费品。此前他作为公司文员,一年能有 30 000 元的工资收入。她自己的铺面不是免费品。此前她作为房东,每年有 6 000 元的租金收入。她自己的存款不是免费品,此前作为存款的所有者,她每年有 1 000 元的利息收入。

小陈意识到,她自己的资源(劳动、存款和金融资产)都不是免费品,它们和小陈开奶茶店投入的资源一样,都可以带来收益。小陈放弃了工资收入 30 000 元,放弃了房租 6 000 元,放弃了利息 1 000 元,这些都是实实在在的机会成本。所有这些(一共是 37 000 元)代表了小陈的隐性成本,这些在账本上不一定能看出来,因为它们不以货币支付的形式出现。

那么,小陈的经济利润是多少呢?计算如下:

经济利润=总收益-总成本(所有显性成本+隐性成本)

=83 000 元-(44 000 元+37 000 元)

=2 000 元

单元二 收益与利润分析

一、收益分析

收益(revenue)是指企业卖出产品所得到的全部收入所得,等于价格与销售量的乘积。

收益中既包含了成本，又包含了利润，即总收益 = 总成本+利润。

收益可划分为总收益（TR）、平均收益（AR）和边际收益（MR）。

总收益（TR）是指企业卖出一定数量的产品所得到的全部收入，若以P代表商品的价格，Q表示商品的销售量，可用公式表示如下：

$$TR=P\times Q$$

平均收益（AR）是指厂商出售一定数量商品时，每单位商品所获得的平均收入，即商品的销售单价，用公式表示：

$$AR=\frac{TR}{Q}=\frac{P\times Q}{Q}=P$$

边际收益（MR）是指每增加销售一单位产品所增加的收入，如果用ΔQ表示销售量增量，ΔTR表示总收益增量，MR既可以为正数，也可以为负数，表8-5中，MR小于P的原因在于多出售1个单位的产品就会降低以前各单位的价格，从而使收益下降。

用公式表示为：

$$MR=\frac{\Delta TR}{\Delta Q}$$

表8-5　某企业的收益表

产量（Q）	价格（$P=AR=TR/Q$）	总收益（$TR=P\times Q$）	边际收益（MR）
0	200	0	—
1	180	180	180
2	160	320	140
3	140	420	100
4	120	480	60
5	100	500	20
6	80	480	−20
7	60	420	−60
8	40	320	−100
9	20	180	−140
10	0	0	−180

二、利润分析

利润是指企业销售产品的全部收入扣除全部成本后的余额。企业从事生产或出售商品不仅要求获取利润，而且要求获取最大利润，那么，企业在生产中怎样才能获取最大的利润呢？或者说怎么样才能做到利润最大化呢？

在经济分析中，企业利润最大化原则就是产量的边际收益等于边际成本的原则。因为，边际收益是指增加一单位销售量所增加的收益，边际成本是指增加一单位产量所增加的成本。

如果生产中边际收益大于边际成本，就意味着增加产量可以增加总利润，于是企业继续增加生产这个产品，以有利于利润的增加。也就是说，在这种情况下厂商还没有实现利润最大化，要继续增加产量。但在产量增加的过程中，由于边际收益递减规律，边际收益会减少，而同时边际成本却会增加，直到两者相等为止，企业才不会再继续增加产量。

如果生产中边际收益小于边际成本。那么，这时再增加生产一个单位的产品所增加的收益将小于生产这个产品所带来的成本，那就意味着增加产量不仅不能增加利润，反而会发生亏损，这表明企业继续增加生产这个产品是不利的，这时企业为了实现最大利润目标，就不会增加产量而会减少产量。但在产量减少的过程中，由于边际收益递减规律的作用，边际收益将会增加，而同时边际成本却会减少，直到两者相等为止，企业才不会再继续减少产量。

所以，当边际收益等于边际成本时，企业此时既不会增加产量，也不会减少产量，该赚到的利润都赚到了，这时也就实现了利润最大化。即 MR＝MC 成为利润最大化的条件，这一利润最大化条件适用于所有类型的市场结构。

把总成本曲线和总收益曲线结合在一起来考虑(见图 8-6)，横轴代表劳动量 L，纵轴代表收益 R 和成本 C。

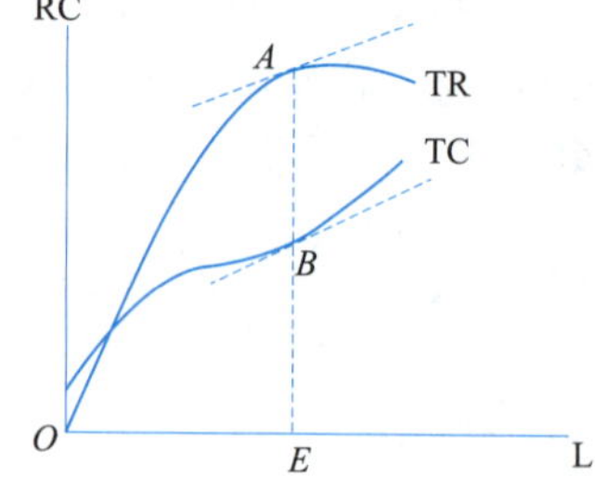

图 8-6　收益曲线和成本曲线

如图 8-6 所示，TC 为总成本曲线，*AE* 是总收益，*BE* 为总成本，*AB* 为利润。从图中可看出 *AB* 是 *TR*－*TC* 之间的最大值，此时厂商获得的利润最大，而 *OE* 则为最适度的劳动量投入。

对 MR＝MC 这一利润最大化原则，也可用数学推导加以证明：

如果用 π 代表利润，Q 代表产量，则利润为：

$$\pi(Q)=\mathrm{TR}(Q)-\mathrm{TC}(Q)$$

要使利润最大化，则要求：

$$\frac{\mathrm{d}\pi}{\mathrm{d}Q}=\frac{\mathrm{dTR}}{\mathrm{d}Q}-\frac{\mathrm{dTC}}{\mathrm{d}Q}=\mathrm{MR}-\mathrm{MC}=0$$

则可得出利润最大化的条件是边际收益等于边际成本，即：

$$\mathrm{MR}=\mathrm{MC}$$

所以，企业实现最大利润所要遵循的原则可表述为：在其他条件不变的情况下，厂商应该选择的最优产量，使得最后一单位产品所带来的边际收益等于所付出的边际成本。以下通过表 8-6 说明利润最大化的问题。从表中可以看出，当企业实现利润最大的时候，即 MR＝MC，此时产量 $Q=4$，价格 $P=120$，最大利润是 $\pi=\mathrm{TR}-\mathrm{TC}=230=(120\times4-250)$。当MR>MC 时，通过增加产出就可以获得额外的利润，而当 MR<MC 时，通过减少产出就可以获得额外的利润，只有当 MR＝MC 时，企业获得了最大的利润，因为此时调整产出水平没有额外的利润产生。

表 8-6　某企业的收益和成本表

产量(*Q*)	价格(*P*)	总收益(TR)	总成本(TC)	总利润(π)	边际收益(MR)	边际成本(MC)	
0	200	0	145	−145	—	—	
1	180	180	175	5	180	30	
2	160	320	200	120	140	25	MR>MC
3	140	420	220	200	100	20	
					60	30	

续表

产量(Q)	价格(P)	总收益(TR)	总成本(TC)	总利润(π)	边际收益(MR)	边际成本(MC)	
4*	120*	480	250	230	40	40	MR=MC
					20	50	MR<MC
5	100	500	300	200	20	50	
6	80	480	370	110	−20	70	
7	60	420	460	−40	−60	90	
8	40	320	570	−250	−100	110	

【学练合一】

一、单选题

1. 经济学分析中所说的短期是指(　　)。

A. 1 年之内

B. 2 年之内

C. 全部生产要素都可随产量而调整的时期

D. 厂商来不及调整全部生产要素数量的时期

2. 已知产量为 9 单位时,总成本为 95 元,第 10 单位产品,平均成本为 10 元,由此可知边际成本为(　　)元。

A. 5　　B. 10　　C. 15　　D. 20

3. 如果生产 10 单位产品的总成本是 100 元,第 11 单位的边际成本是 21 元,那么(　　)。

A. 第 11 单位产品的 TVC 是 21　　B. 第 10 单位的边际成本是 21

C. 第 11 单位产品的平均成本是 11　　D. 第 2 单位的平均成本是 12

4. 随着产量增加,短期固定成本(　　)。

A. 增加　　B. 不变

C. 减少　　D. 有可能增加,有可能减少

5. 当边际收益递减时,总成本曲线开始(　　)。

A. 以递增的速率下降　　B. 以递增的速率上升

C. 以递减的速率下降　　D. 以递减的速率上升

6. 关于经济成本与经济利润的说法正确的是(　　)。

A. 前者比会计成本大,后者比会计利润小

B. 前者比会计成本小,后者比会计利润大

C. 两者都比相应的会计成本和会计利润小

D. 两者都比相应的会计成本和会计利润大

7. 某机器原来生产产品 A,利润收入为 200 元,现在改为生产产品 B,所花的人工、材料费为 1 000 元,则生产产品 B 的机会成本是(　　)元。

A. 200　　B. 1 200　　C. 1 000　　D. 800

8. 在存在规模经济的情况下,边际成本与平均成本的关系应是(　　)。

A. 边际成本小于平均成本　　B. 边际成本大于平均成本

C. 边际成本等于平均成本　　D. 边际成本与平均成本无关

9. 假定短期的生产厂商在某一产量水平上实现其平均成本的最小值,这意味着(　　)。

A. 边际成本等于平均成本　　B. 厂商已获得最大利润

C. 厂商已获得最小利润　　D. 厂商的经济利润为零

10. 长期边际成本曲线呈U形的原因是(　　)。

A. 厂商的生产由规模经济向规模不经济变动

B. 边际效用递减规律

C. 生产规律

D. 劳动产出递减规律

二、多选题

1. 下列项目中可成为可变成本的是(　　)。

A. 高层管理者的薪金　　B. 生产工人的工资

C. 厂房和机器设备的折旧　　D. 库存费用

E. 原料、燃料方面的支出

2. 短期边际成本曲线与短期平均成本曲线相交之后(　　)。

A. 边际成本等于平均成本　　B. 边际成本大于平均成本

C. 边际成本小于平均成本　　D. MC′>MP′

E. 以上任何一种情况都有可能

3. 在短期生产中,MC曲线穿过(　　)的最低点。

A. AFC　　B. AVC　　C. AC　　D. TC

4. 等成本曲线的经济含义有(　　)。

A. 等成本曲线的斜率是两种要素价格的负比率

B. 等成本曲线是在技术水平不变的条件下生产同一产量的两种生产要素投入量的所有不同组合的轨迹

C. 等成本曲线是在成本和生产要素价格既定条件下生产者可以购买到的两种生产要素的各种数量组合点的轨迹

D. 等成本曲线的斜率表明在不改变成本支出的情况下,两种要素相互替代的比率

5. 长期中的成本可以划分为(　　)。

A. 总成本　　B. 平均成本

C. 边际成本　　D. 固定成本

三、分析题

一个企业每周生产100单位产品,成本状况如下:机器200元,原料500元,抵押租金400元,保险费50元,工资750元,废料处理费100元。

求:企业的总固定成本和平均可变成本。

【应用与实训】

实训目的

1. 学会如何确定最优要素组合。
2. 理解短期成本及长期成本的变动规律。
3. 掌握对企业利润最大化差量的决策。

实训项目

企业调查——了解企业成本特点及决策依据。

实训内容

1. 以小组为单位，利用课外时间走访一家企业。观察该企业的工厂由哪些因素构成，各因素间结构是否合理，以及涉及哪些经济生产者行为的概念。

2. 走访该企业会计部门，了解成本的概念以及实际成本是由哪些因素构成、分别如何计算和怎么发生的；与所学的知识又有哪些不同。

3. 通过小组的调查、分析和讨论，把调查结果以小组调研报告的形式提交给指导教师。

实训说明

本实训为“理论＋实践课”外出实训（习）项目，学生分小组（4～6人/组）走访收集相关材料，汇总后需撰写调查报告，然后由组长在课堂结合该组报告作讲解。教师根据情况给出相应的意见和建议，做出总结。

项目九　企业在市场结构中的行为决策

【学习目标】

1. 了解市场及市场结构的含义与划分标准。
2. 掌握不同市场结构的基本特点。
3. 掌握完全竞争企业、垄断企业和垄断竞争企业的需求曲线和收益曲线。
4. 理解完全竞争企业、垄断企业和垄断竞争企业的短期均衡和长期均衡。
5. 理解不同市场结构之间的区别与方法。

【导引案例】

一听可乐到底能卖多少钱:市场及市场类型

“一听可乐在超市里的标价是2.5元,但在一家五星级酒店里却可以卖到25元,若环境和条件进一步发生变化,如在一眼望不到边的荒漠中或在茫茫的大海中或在高档的五星级酒店,一听可乐你敢卖多少钱?”在某年的房地产营销大会上,一位置业顾问公司的总经理举了这样一个通俗的例子来阐明他演讲的主题。那么,一听可乐到底能卖多少钱呢?可以是2元,可以是25元,也可以是更多,关键是看卖给谁和怎么卖。同样的商品放在不同的环境中,在满足消费者不同的需求中,可以有不同的价格。高价值的物品在有的市场中可能卖出低价格,低价值的物品在有的市场中却可能卖出高价格。即使是同一种商品,在不同的市场中也会有不同的价格表现。

【驱动任务】

广告竞争

打开电视,扑面而来的广告琳琅满目,很多公司和品牌都需要打广告,例如宝洁公司——日用消费品公司巨头之一,宝洁号称“没有打不响的品牌”,事实也是如此。自1988年进入中国市场以来,宝洁每年至少推出一个新品牌,尽管推出的产品价格为当地同类产品的3～5倍,但并不阻碍其成为畅销品。可以说,只要有宝洁品牌销售的地方,该产品就是市场的领导者。而宝洁进攻市场最常用的武器就是广告。20世纪80年代,宝洁首先给中国吹来广告风,当海飞丝的去头屑广告在电视上热播时,年轻人最时髦的话题就是海飞丝了。以后的很长一段时间里,只要在电视里出现了宝洁产品的广告,都会拥有一群时髦的追风族。宝洁能取得这么高知名度,是建立在高成本广告投入的基础上的。据权威的市场调查公司统计,1999年宝洁在中国投入的广告费超过5亿元,占中国日化领域广告费的10%左右。远比同是跨国公司的联合利华高得多。

我们经常看到化妆品、家用电器、洗涤用品等轻工业产品的广告,而几乎没看到过石油、煤炭、钢铁的广告,更没看到过大米、白面、水、电的广告。

思考:为什么轻工业产品市场最需要做广告宣传?

单元一　完全竞争市场上的企业行为决策

一、市场和市场的类型

什么是市场？市场是指从事物品买卖的交易场所或接洽点。一个市场可以是一个有形的交易场所，例如农贸市场、汽车营销店等；也可以是无形的交易场所，比如淘宝、天猫等。从本质上讲，市场是物品买卖双方相互作用并得以决定其交易价格和交易数量的一种组织形式或制度安排。

任何一种交易物品都有一个市场，经济中有多少种交易物品，相应地也就有多少个市场。例如，可以有石油市场、汽车市场、计算机市场、手机市场等。可以把经济中所有可交易的物品分为生产要素和商品这两类，相应地，经济中所有市场也可以分为生产要素市场和商品市场这两类，下面主要研究商品市场。

在经济分析中，根据不同的市场结构的特征，可将市场划分为完全竞争市场、完全垄断市场、垄断竞争市场和寡头垄断市场四种类型。决定市场类型划分的主要因素有以下四个：第一，市场上企业的数目；第二、企业所生产产品的差别程度；第三，单个企业对市场价格的控制程度；第四，企业进入或退出一个行业的难易程度。关于完全竞争市场、完全垄断市场、垄断竞争市场和寡头垄断市场的划分及其相应的特征可以用表 9-1 来概括。

表 9-1　市场类型的划分和特征

市场类型	企业数目	产品差别程度	对价格控制的程度	进出一个行业的难易程度	接近哪种商品市场
完全竞争	很多	完全无差别	没有	很容易	大米、小麦
垄断竞争	很多	有差别	有一些	比较容易	洗发露、牙膏
寡头垄断	几个	有差别或无差别	相当程度	比较困难	汽车、石油
完全垄断	唯一	产品唯一	很大程度	很困难	水、电

为什么在经济理论研究中要区分不同的市场结构呢？我们知道，市场的均衡价格和均衡数量取决于市场的需求曲线和供给曲线。消费者追求效用最大化的行为决定了市场的需求曲线，企业追求利润最大化的行为决定了市场的供给曲线。企业的利润取决于收益和成本。其中，企业成本主要取决于企业的生产技术方面的因素，而企业的收益则取决于市场对其产品的需求状况。在不同类型的市场条件下，企业所面临的对其产品的需求状况是不相同的，所以，在分析企业的利润最大化的决策时，必须要区分不同的市场类型。

二、完全竞争市场的含义及条件

(一)完全竞争市场的含义

完全竞争市场又称纯粹竞争市场或自由竞争市场，是指一个行业中有非常多的生产销售企业，它们都以同样的方式向市场提供同类的、标准化的产品（如粮食、棉花等农产品）的市场。在这个市场中竞争充分且不受任何阻碍和干扰的一种市场结构，卖者和买者对于商品或劳务的价格均不能控制。在这种竞争环境中，由于买卖双方对价格都无影响力，只能是价格的接受者，企业的任何提价或降价行为都会招致对本企业产品需求的骤减或利润的不必要流失。因此,产品价格只能随供求关系而定。

(二)完全竞争市场的条件

完全竞争市场必须具备以下四个条件:

1. 市场上有大量的消费者和厂商或企业

由于市场上有为数众多的消费者和厂商,且他们购买或销售的份额相对于整个市场总的购买量或销售量来说是微不足道的,好比是一桶水中的一滴水。他们中的个体买与不买,或卖与不卖,都不会对整个商品市场的价格水平产生任何影响。在这种情况下,每个消费者或每个厂商都是市场价格的被动接受者,对市场价格没有任何控制力量。因此,每个主体都是市场价格的遵循者和接受者,而不是决定者。

2. 市场上的产品都是完全同质的

市场上有许多企业,每个企业在生产某种产品时不仅是同质的产品,而且在产品的质量、性能、外形、包装等方面也是无差别的,如果有一个厂商提价,他的商品就会卖不出去。当然,单个厂商也没有必要降价。因为在一般情况下,单个厂商总是可以按照既定的市场价格实现属于自己的那一份相对来说是很小的销售份额。在这种情况下任何一个企业都无法通过自己的产品具有与他人产品的特异之处来影响价格而形成垄断,从而享受垄断利益。对于消费者来说,无论购买哪一个企业的产品都是同质无差别产品,以致众多消费者无法根据产品的差别而形成偏好,买者在市场上购买商品时不关心生产厂家和品牌。也就是说当各种商品互相之间具有完全的替代性时,就很容易接近完全竞争市场。

3. 各种资源具有完全的流动性

完全的流动性是指任何一个厂商可以完全自由和毫无困难地进入某个市场,或是退出某个市场。即进入或退出市场完全由生产者自身自由决定,而不受任何社会法令和其他社会力量的限制。这意味着,第一,劳动可以毫无障碍地在不同地区,不同的部门、不同行业、不同企业之间无障碍流动;第二,任何一个生产要素的所有者都不能垄断要素的投入;第三,新资本可以毫无障碍地进入,原有资本可以毫无障碍地退出。

4. 信息具有完全性

市场信息是完备的。市场上的每个买者和卖者都可以无成本地随时获得或掌握着与自己的经济决策有关的一切信息,特别是市场上价格和供求关系的充分信息。这样每个消费者和厂商都可以根据自己掌握的完全的信息,做出自己的最优的经济决策,从而获得最大的经济效益。而且,由于每个买者和卖者都知道既定的市场价格,都按照这一既定的市场价格进行交易,这也就排除了由于信息不通畅而可能导致的一个市场同时按照不同的价格进行交易的情况。所以,任何市场主体都不能通过权力、关税、补贴、配给或其他任何人为的手段来控制市场供需和市场价格。

由于完全竞争市场的条件极其苛刻,因此完全竞争市场近乎理想。在现实的经济生活中,完全竞争的市场是不存在的,通常只是将一些农产品市场如大米、小麦等看成是比较接近完全竞争市场,但可以从完全竞争市场模型的分析中,得到关于市场机制及其配置资源的一些基本原理,也能为其他类型的市场分析提供参考。

【相关资料】

政府办的大型养鸡场为什么赔钱

20 世纪 80 年代,一些城市为了保证居民的菜篮子,由政府出资办了大型养鸡场,但成功者少，许多养鸡场最后以破产告终。这其中的原因是多方面的，重要的一点则在于鸡蛋市场是一个完全竞争市场。政府建立的大型养鸡场在这种完全竞争的市场上并没有什么优势，它的规模不足以大到能控制市场，产品也没有特色。它要以平等的身份与那些分散的养鸡专业户或把养鸡作为副业的农民竞争。但这种大型养鸡场的成本都要大于行业平均成本，因为这些养鸡场固定成本远远高于农民。它们要建鸡舍，采用机械化方式，且有相当一批管理人员，工作人员也是有工资的工人。这些成本的增加远远大于机械化养鸡所带来的好处，因为农民养鸡几乎没有什么固定成本，也不向自己支付工资，差别仅仅是种鸡支出和饲料支出。大型养鸡场由政府出资办，自然是国有企业，它也同样有产权不明晰、缺乏激励机制、效率低的共性。从这种意义上说，政府出资办大型养鸡场是出力不讨好，动机也许不错，但结果不好。其实这些完全竞争行业，完全可以让市场调节，农民去办，政府不要与农民争利，何况也争不到利。

鸡蛋市场上有许多买者和卖者，其中任何一个生产者，即使是大型养鸡场，在市场总供给量中占的比例都是微不足道，难以改变产量来影响价格，只能接受市场决定的价格。鸡蛋市场没有任何进入限制，谁想进入都可以，且投资很小。鸡蛋是无差别产品，生产者无法以产品差别建立自己的垄断地位。所以，鸡蛋市场是典型的完全竞争市场。政府出资办养鸡场没有任何特色。在一些垄断性行业，也许国有企业可以靠垄断优势存活下来，但在完全竞争行业就不行了。

（资料来源：编者根据网络资料改写）

三、完全竞争市场的需求曲线

完全竞争市场上的价格不是由单个市场主体所决定的。为此，就必须首先区分整个行业需求曲线和个别企业需求曲线。

对于整个行业来讲，其产品的价格是由整个行业的需求和供给来决定的，因而行业需求曲线是一条向右下方倾斜的曲线，供给曲线是一条向右上方倾斜的曲线，市场需求曲线 D 和供给曲线 S 相交的均衡点决定了市场的均衡价格为 P^*。

对于个别企业来说，在完全竞争市场中由于卖者和买者众多，没有任何一方能够操纵市场价格。所以企业是既定市场价格的被动接受者，由给定的价格水平 P 出发的水平线就是完全竞争企业的需求曲线，企业不会也没有必要去改变这一价格水平。换句话来说，如果企业的价格高于市场均衡价格 P^*，消费者就不会购买该企业的任何产品而转去别的企业购买。而只要企业愿意接受这个价格，完全可以想卖多少就卖多少。但这并不表示交易量会据此放大，因此企业生产多少产品是视其成本结构而决定的。因此，完全竞争企业的需求曲线是一条由既定市场价格出发的水平线，如图 9-1 所示。

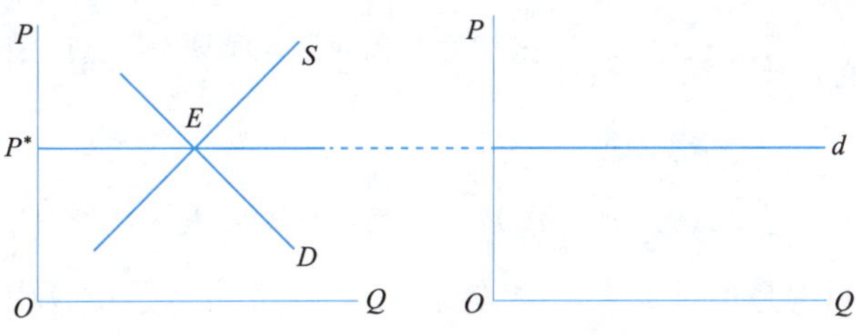

（a）完全竞争市场的需求曲线　　（b）完全竞争市场厂商的需求曲线

图 9-1　完全竞争企业的需求曲线

图 9-1(a)说明了整个行业供求如何决定均衡价格 P^*;图 9-1(b)说明在行业市场价格确定之后,对于单个企业来讲,它只是这一既定价格 P^* 的接受者,此时单个企业所面临的需求曲线可以用图 9-1(b)中的 d 曲线表示。

四、完全竞争市场的收益曲线

企业的收益指的是企业的销售收入。收益可以分为总收益(TR)、平均收益(AR)和边际收益(MR)。

由于所有个别厂商都是既定市场价格的接受者,均是按照既定的市场价格来出售产品的,所以,总收益的公式为:

$$\mathrm{TR}=P\times Q$$

每单位产品的售价也就是每单位产品的平均收益,并且等于价格。由于,所以平均收益的公式为:

$$\mathrm{AR}=\frac{\mathrm{TR}}{Q}=\frac{P\times Q}{Q}=P$$

在完全竞争市场上,个别企业销量的变动并不会影响市场价格。这样企业每增加一单位产品的销售,就是增加一单位的平均收益,于是,平均收益等于边际收益等于价格。也就是说,在完全竞争条件下,既定的市场价格对于每一个个别厂商来说,是一个已知且既定的常量,则:

$$\mathrm{MR}=\frac{\Delta\mathrm{TR}}{\Delta Q}=\frac{\Delta(\mathrm{PQ})}{\Delta Q}=\frac{P\cdot\Delta Q}{\Delta Q}=P=\mathrm{AR}$$

所以,在完全竞争市场结构中,个别厂商的需求曲线(d)、平均收益曲线(AR)、边际收益曲线(MR)是同一条线,且这条需求曲线的价格弹性是完全富有弹性的,即在市场价格为既定时,厂商可以销售任意数量的产品。此外,因为价格 P 始终保持不变,完全竞争市场中企业的总收益是一条由原点出发的斜率不变的上升的直线,如图 9-2 所示。

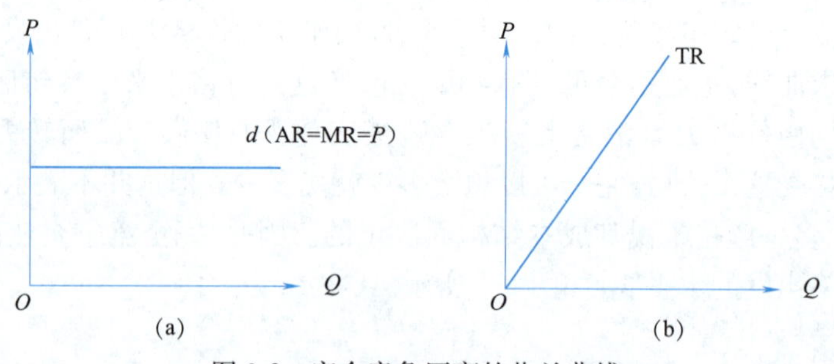

图 9-2 完全竞争厂商的收益曲线

五、完全竞争企业的短期均衡

(一)企业实现利润最大化的均衡条件

企业进行生产的目的是追求最大化的利润,那么,在完全竞争市场中,企业如何才能实现利润最大化呢?或者说,什么是企业实现利润最大化的均衡条件呢?

在完全竞争的短期生产中,市场的价格是固定的,而且生产中的不变要素的投入量也固定不变,即生产规模也是给定的。因此,企业只能通过变动可变要素的投入量来寻找最大利润的均衡产量，而这个均衡产量就是使得 MR＝MC 的产量。所以，边际收益 MR 等于边际成本 MC 是企业实现利润最大化的均衡条件。也就是说，在完全竞争条件下企业的供给原则是：当企业将其产量确定在使边际成本等于价格的水平上时，就实现了利润的最大化，即：

$$边际成本＝价格\ 或\ MC=P$$

从表 9-2 可以看出，当企业实现利润最大化的条件是 $MC=P=40$ 时，经济利润为零（有正常利润），此时均衡产量为 4 000，产量低于或高于 4 000，经济利润都为负数，只有经济利润为零时，企业实现了利润最大化。

表 9-2　某完全竞争企业的收益—成本表

产量（Q）	总成本（TC）	边际成本（MC）	平均成本（AC）	价格（P）	总收益（TR）	利润（π）
0	55 000	—	—	40	—	—
1 000	85 000	27	85	40	40 000	−45 000
2 000	110 000	22	55	40	80 000	−30 000
3 000	130 000	21	43.33	40	120 000	−10 000
3 999	159 960.01	38.98	40.000 002 5	40	159 960	−0.01
4 000	160 000	40	40	40	160 000	0
4 001	160 040.01	40.02	40.000 002 5	40	160 040	−0.01
5 000	210 000	60	42	40	200 000	−10 000

可以用图 9-3 来说明企业实现最大利润的生产均衡点。图中，有某完全竞争企业的一条短期生产的边际成本 MC 曲线和由既定价格 P_O 出发的一条水平的需求曲线 d，这两条线相交于 E 点，E 点就是企业实现最大利润的生产均衡点，相应的产量 Q_O 就是企业实现最大利润时的均衡产量。这是因为，当产量小于均衡产量 Q_O 时，企业的边际收益大于边际成本，即有 MR＞MC。这表明企业增加一单位差量所带来的总收益的增加量大于所付出的总成本的增加量，也就是说，企业增加产量是有利的，可以使利润得到增加，所以企业就会增加产量。当产量增加到 Q_O 时，企业获得了扩大产量所带来的最大利润。当产量增加到大于均衡产量 Q_O 时，企业的边际收益小于边际成本，即有 MR＜MC，这表明企业增加一单位产量所带来的总收益的增加量小于所付出的总成本的增加量，也就是说，企业增加产量是不利的，会使利润减少，所以企业就会减少产量，最后变成 MR＝MC 的状态。

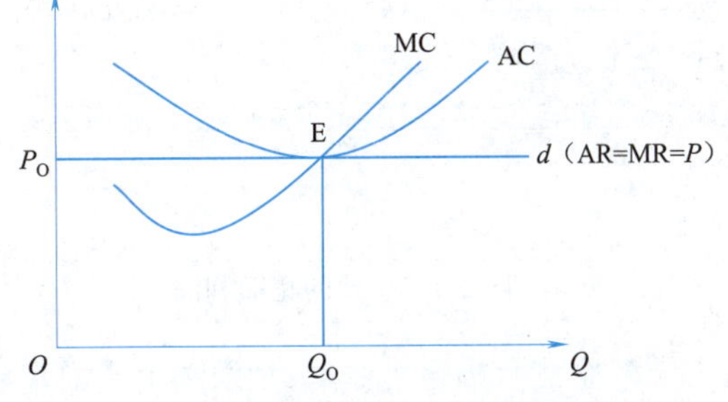

图 9-3　完全竞争企业利润最大化

这里需要特别注意的是，当 $MC=P$ 时，企业得到了零利润，总收入刚好等于总成本。这里的利润指的是经济利润（超额利润），包括所有的机会成本，例如所有者的劳动和资本。

（二）完全竞争企业的短期均衡

在短期内，企业实现 MR＝SMC 时，有可能获利，也有可能亏损，企业的短期处境不外乎有四种情况：企业获得经济利润（超额利润）、企业获得正常利润、企业亏损但仍继续生产、企业关闭临界点、企业亏损停止生产。

1. 企业获得超额利润

在图 9-4 中，根据 MR＝SMC 的利润最大化的均衡条件，企业利润最大化的均衡点为 MR 曲线和 SMC 曲线的交点 E，相应的均衡产量为 Q_O。在 Q_O 的产量上，平均收益为 EQ_O，平均成本为 FQ_O。由于平均收益大于平均成本，企业获得经济利润。在图中，企业的单位产品的利润为 EF，产量为 OQ_O，两者的乘积等于总利润量，即：长方形 $P_O P_1 FE$ 的面积。在完全竞争市场中，厂商在短期内是有可能获得经济利润的，比如接近完全竞争市场的农产品市场，由于受到某种恶劣天气的影响，蔬菜的产量减少，蔬菜的价格可能会比正常情况下多好几倍，那么此时菜农有可能会获得比正常利润多的经济利润。

在完全竞争的市场结构下，由于经济利润的存在，就会吸引更多厂商的进入，因为对于完全竞争市场来说，进出行业是完全自由的，其结果使整个行业的投资增加，生产规模扩大，产出增加，整个行业出现了供过于求的状况，使得市场价格下降，最终导致部分厂商出现亏损。

2. 企业获得正常利润

在图 9-5 中，企业的需求曲线 d 相切于 SAC 曲线的最低点，这一点是 SAC 曲线和 SMC 曲线的交点。这一点恰好也是 MR＝SMC 的利润最大化的均衡点 E。在均衡产量 Q_O 上，平均收益等于平均成本，都为 EQ_O，企业的超额利润为零，但企业实现了正常利润。由于在 E 点，企业既无超额利润，也无亏损，所以该均衡点称为企业的收支相抵点。

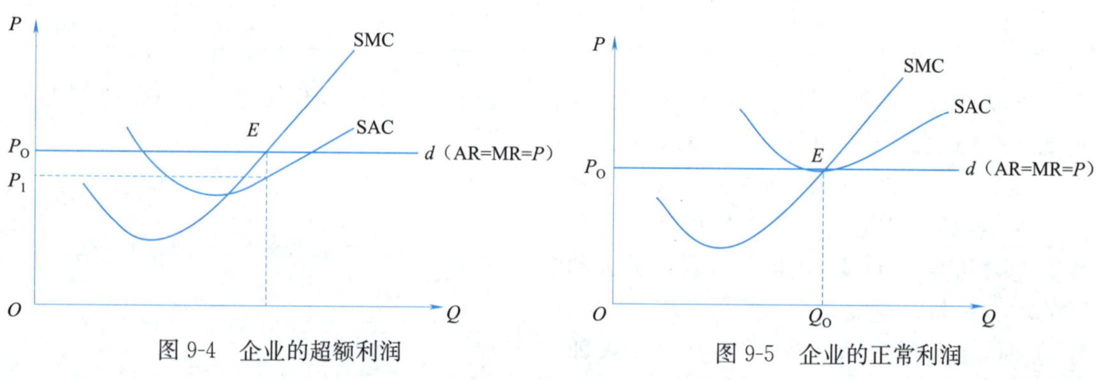

图 9-4 企业的超额利润　　图 9-5 企业的正常利润

3. 企业亏损但可生产，亏损额小于固定成本

在图 9-6 中，由均衡点 E 和均衡产量 Q_O 可知，企业的平均收益小于平均成本，企业是亏损的，其亏损量相当于图中 P_1P_0EF 的面积。此时，厂商是要停止生产还是继续生产，取决于企业是否存在固定成本。由于在 Q_O 的产量上，企业的平均收益 AR 大于平均可变成本 AVC，所以，企业虽然亏损，但仍可继续生产。因为，企业通过继续生产，不仅全部收益可以弥补全部可变成本（P＞AVC），还可以收回一部分固定成本。所以，在这种亏损

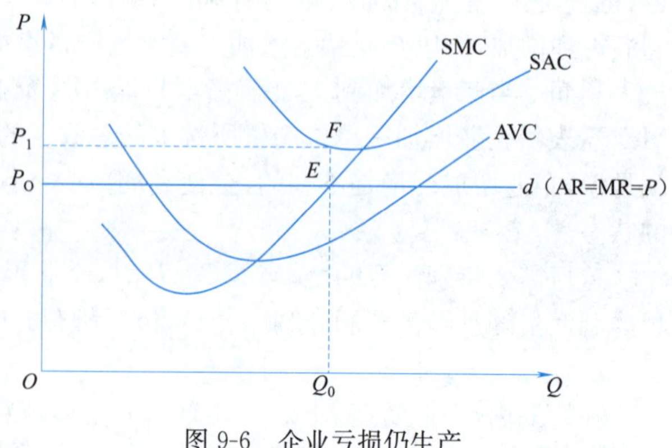

图 9-6 企业亏损仍生产

情况下，生产好于不生产。

假设单个产品的收益 P 是 7 元，平均成本 AC 是 8 元，AC＝AVC＋AFC，AVC＝6 元，AFC＝2 元，即 8＝6＋2。此时，P＞AVC（7＞6），在弥补所有可变成本后，还剩下收益 1 元，此时，剩下的收益 1 元还可以弥补部分平均固定成本，但无法弥补所有平均固定成本（1＜2），因此，继续生产是有利的。

4. 企业关闭临界点

在图 9-7 中，企业的需求曲线 d 相切于平均可变成本 AVC 曲线的最低点，这一点是 AVC 曲线和 SMC 曲线的交点，正好也是 MR＝SMC 的利润最大化的均衡点。在均衡产量 Q_0 上，企业是亏损的。此时，企业的平均收益 AR 等于平均可变成本 AVC，企业可以继续生产，也可以不生产，也就是说，企业生产或不生产的结构都是一样的。由于在这一均衡点上，企业处于关闭的临界点，所以该均衡点又称停止营业点或关闭点。

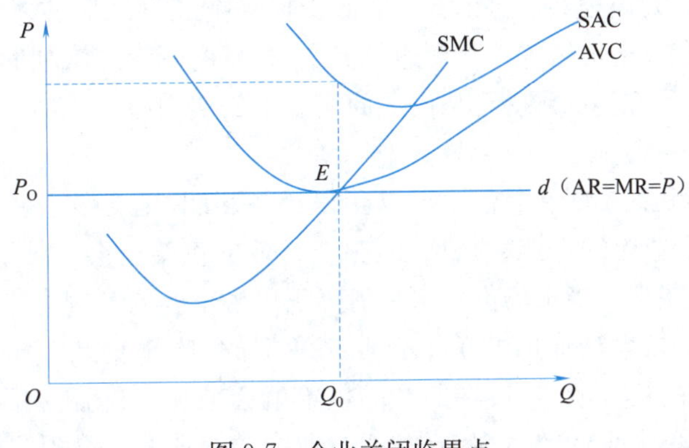

图 9-7　企业关闭临界点

5. 企业亏损停止生产

在图 9-8 中，在均衡产量 Q_1 上，企业的平均收益 AR 小于平均可变成本 AVC，企业此时的全部收益不但没有弥补全部平均可变成本，更不可能弥补固定成本，在这种情况下，企业将停止生产。

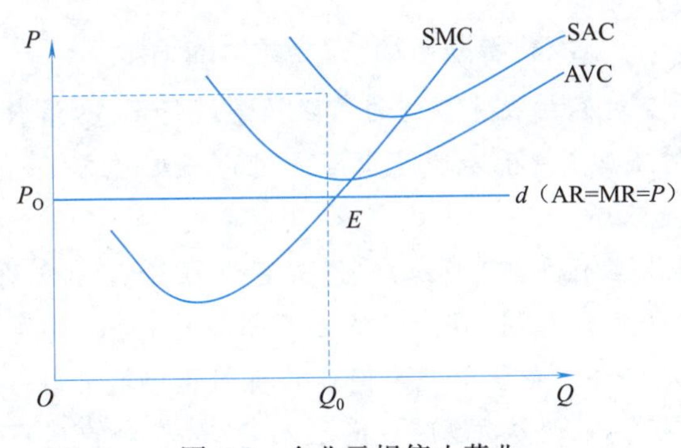

图 9-8　企业亏损停止营业

因为存在亏损，这就使得个别亏损企业退出该行业，其结果使整个行业的投资减少，生产规模缩小，产出下降，整个行业出现供不应求的状况，使得市场价格上升，最终出现了行业盈利的状况。如此循环往复，最终会趋于市场的长期均衡。

六、完全竞争企业的长期均衡

在短期内，企业的一种或者多种投入要素是固定的。因为时间太短，固定的投入限制了企业采用新技术的可能性，也使得企业无法增大或者减少其生产规模以适应经济状况的变化。与之相反的是，在完全竞争企业的长期生产中，所有生产要素都是可变的，企业是通过对全部生产要素的调整，来实现 MR＝LMC 的利润最大化的均衡原则。

完全竞争企业在长期内对全部生产要素的调整可以表现为两个方面：一方面是企业调整生产规模；另一方面表现为企业选择进入或退出一个行业。

（一）企业调整生产规模

如果在短期内能够获得利润，那么在长期内，厂商为使其利润最大化，必然会调整其生产规模和产量水平。在某一生产规模和产量水平上，如果市场价格高于厂商的长期边际成本，厂商便会增加产量，扩大规模；而当市场价格低于厂商的长期边际成本时，厂商便会减少产量，缩小规模。只有在市场价格等于长期边际成本时，厂商既无经济利润也无亏损，只获得正常利润，所以不会继续调整生产规模，从而厂商实现了长期均衡。

（二）企业选择进入或退出一个行业

在长期内，如果行业内的单个企业可以获得经济利润，则会吸引新的企业进入该行业。随着新企业的进入，行业内的企业数目增加，整个行业的供给就会增加，市场价格就会下降，单个企业的利润就会减少。当市场价格水平下降到单个企业的利润为零时，就不会有新的企业进入该行业。相反，如果行业内的单个企业是亏损的，这就使得一部分企业退出该行业。随着行业内企业数量的逐步减少，市场的产品供给就会减少，市场价格又会逐步上升。当市场价格水平上升到使单个企业的亏损消失时，行业内的企业才不会退出。总之，不管是新企业的进入，还是原有企业的退出，最后，这种调整一定会使市场价格达到等于长期平均成本的最低点的水平，这时行业内的企业既无利润，也无亏损，企业失去了进入或退出该行业的动力，每个企业都实现了长期均衡。

【相关资料】

农村春联市场：完全竞争的缩影

去年临近春节，有机会对某村农贸市场的春联销售进行调查，该农贸市场主要供应周围 7 个村 5 000 余农户的日用品需求。贴春联是中国民间的一大传统，春节临近，春联市场红红火火，而在农村，此种风味更浓。

在该春联市场中，需求者有 5 000 多农户，供给者为 70 多家零售商，市场中存在许多买者和卖者；供应商的进货渠道大致相同，且产品的差异性很小，产品具有高度同质性（春联所用纸张、制作工艺相同，区别仅在于春联所书写内容的不同）；供给者进入退出没有限制；农民购买春联时的习惯是逐个询价，最终决定购买，信息充分；供应商的零售价格水平相近，提价基本上销售量为零，降价会引起利润损失。原来，我国有着丰富文化内涵的春联，其销售市场结构竟是一个高度近似的完全竞争市场。

供应商在销售产品的过程中，都不愿意单方面降价。春联是农村过年的必需品，购买春联的支出在购买年货的支出中只占很小的比例，因此其需求弹性较小。某些供应商为增加销售量,扩大利润而采取的低于同行价格的竞争方法,反而会使消费者认为其所经营的产品存在瑕疵(例如:上年库存,产品质量存在问题等),反而不愿买。

该农村集贸市场条件简陋,春联商品习惯性席地摆放,大部分供应商都将春联放入透明的塑料袋中以防尘保持产品质量。而少部分供应商则更愿意损失少部分产品暴露于阳光下、寒风中,以此展示产品。因此就产生了产品之间的鲜明对照。暴露在阳光下的春联更鲜艳,更能吸引消费者目光、刺激购买欲望,在同等价格下,该供应商销量必定高于其他同行。由此可见,在价格竞争达到极限时,价格外的营销竞争对企业利润的贡献不可小视。

在商品种类上,例如"金鸡满架"一类小条幅,批发价为 0.03 元/副,零售价为 0.3 元/副;小号春联批发价为 0.36 元/副,零售价为 0.50 元/副。因小条幅在春联中最为便宜且为春联中的必需品,统一价格保持五六年不变,因此消费者不对此讨价还价。小条幅春联共 7 类,消费者平均购买量为 3～4 类,总利润可达 1.08 元,并且人工成本较低。而小号春联相对价格较高,在春联支出中占比重较大,讨价还价较易发生;由此,价格降低和浪费的时间成本会造成较大利润损失,对小号春联需求量较大的顾客也不过购买 7～8 副,总利润至多 1.12 元。因此,我们不难明白小小纽扣风靡全国、使一大批人致富的原因;也提醒我们,在落后地区发展劳动密集、技术水平低、生产成本低的小商品生产不失为一种快速而行之有效的致富方法。

春联市场是一个特殊的市场,时间性很强,仅在年前存在 10 天左右,供应商只有一次批发购进货物的机会。供应商对于该年购入货物的数量主要基于上年销售量和对新进入者的预期分析。如果供应商总体预期正确,则该春联市场总体商品供应量与需求量大致相同,则价格相对稳定。一旦出现供应商总体预期偏差,价格机制就会发挥巨大的作用,将会出现暴利或者亏损。

综上可见,小小的农村春联市场竟是完全竞争市场的缩影与体现,横跨经济与管理两大学科。这也就不难明白经济学家为何总爱将问题简化研究,就像克鲁格曼在《萧条经济学的回归》一书中,总喜欢以简单的保姆公司为例得出解决经济问题的办法。

(资料来源:杨晓东,《农村春联市场:完全竞争的缩影》,
经济学消息报 599 期:2004 年 6 月 25 日)

单元二　完全垄断市场上的企业行为决策

一、完全垄断市场的含义、特征及成因

(一)完全垄断市场的含义

完全垄断市场简称垄断市场是指整个行业中只有唯一企业的市场组织,即一家企业控制了某种产品市场的供给。

形成垄断的原因主要有以下几点:第一,独家厂商独占了生产某种产品的生产资源。第二,企业拥有生产某种商品的专利权。第三,企业拥有政府的特许。第四,某个企业的生产规模达到一定水平,凭借其雄厚的经济实力和其他优势,达到自然垄断。

(二)完全垄断市场的特征

完全垄断市场的特征必须符合:第一,市场上只有一家企业生产和销售产品。第二,该企业生产和销售的商品没有任何相近的替代品。因此,它不受任何竞争者的威胁。第三,其他

任何企业进入该行业都极为困难或不可能。这样垄断厂商就可以独自操纵市场价格；第四，实行差别价格。完全垄断企业可以根据销售条件不同，实行不同的差别价格，以获取最大的经济利润。“独此一家，别无分店”是完全垄断市场的典型描述。

二、完全垄断企业的需求曲线、平均收益曲线、边际收益曲线

（一）垄断企业的需求曲线

在垄断市场上，一家企业就是整个行业，因此，整个行业的需求曲线也就是这一家企业的需求曲线。这时需求曲线就是一条遵循需求定律从左上方向右下方倾斜的曲线，如图 9-9(a)所示。

（二）垄断企业的收益曲线

垄断企业所面临的需求状况直接影响企业的收益，这便意味着企业的需求曲线的特征将决定其收益曲线的特征。在完全垄断的市场上，每一单位产品的售价就是它的平均收益，也就是它的价格。即 AR=P。

另一方面，为数众多的消费者是垄断厂商的价格的接受者，虽然他们无力影响和改变价格，但可以通过改变消费量对垄断企业产生影响。所以当垄断厂商增加产量时，市场上产品的价格就会下降，边际收益减少，从而使边际收益小于平均收益，即边际收益曲线(MR)在平均收益曲线(*AR*)的下方。平均收益曲线和边际收益曲线之间的位置关系，如图 9-9(a)所示。

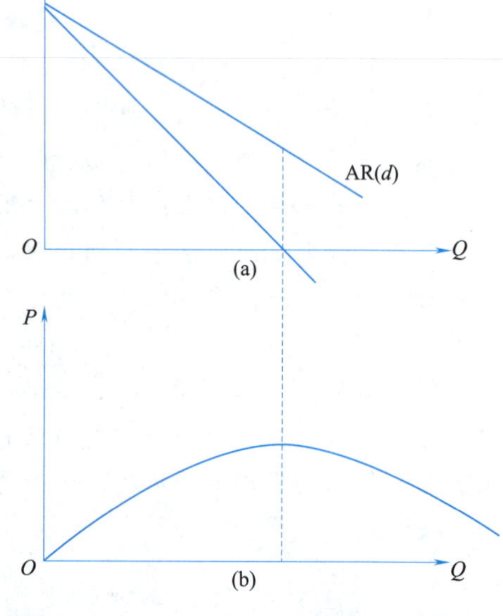

图 9-9 垄断厂商的需求曲线和收益曲线

三、完全垄断市场上厂商的短期均衡

同完全竞争厂商一样，垄断厂商生产的目的也是利润最大化。但居于垄断地位的厂商也并非可以为所欲为，同样受到市场需求的制约。如果定价过高，消费者就会减少需求量，或寻求替代品。且在短期内，厂商产量的调整，也要受到固定生产要素的限制。因而，垄断厂商虽然也是依据利润最大化原则(MR=MC)来决定产出数量和价格，但也要考虑短期市场需求状况。

需要强调的是在短期内，垄断厂商可能获得超额利润、可能获得正常利润、也可能亏损。对垄断市场厂商短期均衡的分析，与完全竞争市场厂商的短期均衡分析基本是一样的。这里以短期内完全垄断厂商获得超额利润的情形为例进行分析，如图 9-10 所示。

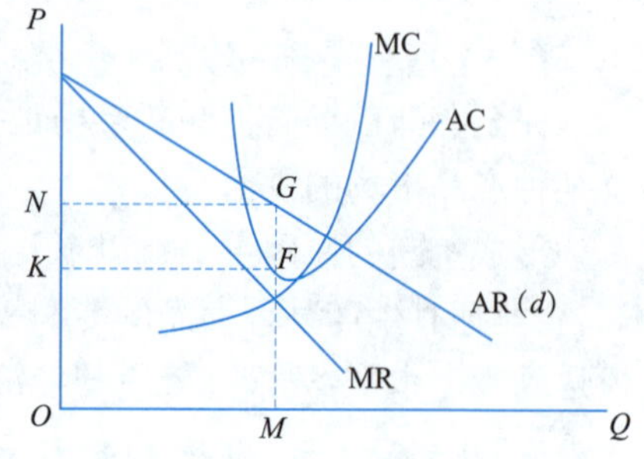

图 9-10 完全垄断企业的短期均衡

在图 9-10 中，产量仍然由边际收益曲线 MR 和边际成本曲线 MC 的交点确定，即为 OM，因为完全垄断厂商为了实现利润最大化，仍然需要遵循 MR=MC 这一利润

最大化原则。从 M 向上垂直的线与需求曲线 d 交于点 G，决定了价格水平为 ON。此时，总收益(TR)＝平均收益或价格(ON)×产量(OM)，即图中 $OMGN$ 四边形的面积；总成本(TC)＝平均成本(OK)×产量(OM)，即图中 $OMFK$ 四边形的面积。很显然，TR－TC＞0，即总收益大于总成本，图中 $KFGN$ 四边形的面积即为超额利润。

在此种情况下，超额利润是由于垄断引起的，因此，被称为垄断利润。这时均衡的条件为：MR＝SMC 。

四、完全垄断市场企业的长期均衡

垄断厂商在长期内可以调整全部生产要素的投入量即生产规模，从而实现最大利润。垄断行业排除了其他厂商加入的可能性，因此，与完全竞争厂商不同，如果垄断厂商在短期内获得利润，那么，他的利润在长期内不会因为新厂商的加入而消失，垄断厂商在长期内是可以保持利润的。如果垄断厂商在长期内只能获得正常利润或存在亏损，在长期内厂商可以通过调整规模来获得超额利润或者消除亏损。假如无论怎样调整都有亏损，垄断厂商会离开该部门转移到有利的部门。

五、完全垄断企业的价格歧视与垄断利润

在完全垄断市场上，由于垄断厂商控制了整个市场，所以他就可以通过实行价格歧视获取垄断利润。

(一)价格歧视的含义

由于垄断企业有完全的定价权，在现实生活中，垄断厂商经常针对不同的消费者制定不同的价格，这就是价格歧视，或叫差别定价。换言之，价格歧视就是垄断厂商在同一时间、对同一产品的不同消费者收取不同的价格，而这些不同价格并非因为成本不同造成的。

(二)实行价格歧视的条件

(1)各个市场对同种产品的需求弹性是不同的，这时，垄断厂商就可以针对需求弹性不同的市场实行不同的价格，在弹性比较小的市场上实现高价格，就可以获取高额利润；反之，结果相反。

(2)市场存在着不完善。即市场不存在竞争，市场信息不畅通，或由于其他原因使市场分割，也就是说，消费者不了解其他市场的价格，这样垄断者就可以实行价格歧视。

(3)有效地把不同市场之间或市场的各个部分之间分开。

总之，价格歧视就是把消费者剩余转换为生产者剩余。

(三)价格歧视的类型

(1)一级价格歧视又称完全价格歧视，是指厂商按每一单位产品消费者愿意支付的最高价格，确定单位产品的价格。比如在偏远的山区有一个小诊所，一旦附近居民生病，医生就可能依据病人的支付能力，收取尽可能高的费用。医生获得了最大的利润，而消费者剩余最少。

(2)二级价格歧视，是指厂商根据消费者购买数量的多少，制定不同的价格。例如，批发价和零售价。又如，在美国电费的价格是根据用量的多少每度电收取不同的价格。用电量大的费用低，用电量少的费用高。

(3)三级价格歧视，是指厂商根据对同一种产品在不同的消费群，不同的市场上收取不同的价格。在现实生活中差别价格比比皆是。例如，飞机票依据季节不同有价格差别，长途电

话依据时间不同收费的标准不同,公园门票团体票和个人票不同,演唱会、球赛根据位置的不同票价也不同。企业应根据市场需求不断调整自己的价格,并采用歧视价格在内的多种定价方式,灵活地经营。

【相关资料】

价格歧视你遇到过吗?

企业使用各种旨在对不同顾客收取不同价格的经营策略。既然我们已经懂了价格歧视的经济原理,那么现在来思考一些例子。

电影票。许多电影院对儿童和老年人收取低于其他观众的价格。在竞争市场上很难解释这个事实。在竞争市场上,价格等于边际成本,为儿童和老年人提供一个座位的边际成本与为其他人提供一个座位的边际成本相同。但如果电影院有某种地区性垄断力量,而且,如果儿童与老年人对电影票的支付意愿较低,就很容易解释差异化定价这个事实了。在这种情况下,电影院通过价格歧视增加了利润。

飞机票。飞机上的座位常以不同的价格出售。许多航空公司对在两个城市间往返但周六在对方城市住一个晚上的旅客收取低价格。这有点令人费解:为什么乘客周六是否停留一个晚上与航空公司有关呢?原因是这条规定是区别公务乘客与休闲乘客的一种方法。公务乘客支付意愿高,而且很可能不想在周六停留一个晚上。因此,航空公司可以通过对周六停留一晚的乘客收取低价格而成功地实行价格歧视。

折扣券。许多公司在报纸和杂志上向公众提供折扣券。买者为了得到下次购买时 0.5 美元的折扣而剪下折扣券。为什么公司提供这些折扣券而不直接把产品价格降低 0.5 美元?

答案是折扣券使公司可以实行价格歧视。公司知道,并不是所有顾客都愿意花时间剪下折扣券。此外,剪折扣券的意愿与顾客对物品的支付意愿是相关的。富裕而繁忙的高层管理人员不大可能花时间从报纸上剪下折扣券,而且,他也许愿意为许多物品支付较高的价格。一个失业者更可能剪下折扣券并且支付意愿较低。因此,通过只对这些剪下折扣券的顾客收取较低价格,企业就可以成功地实行价格歧视。

助学金。许多学院和大学对贫困学生提供助学金。可以认为这种政策是一种价格歧视。富有的学生钱多,因此支付意愿比穷人高。通过收取高学费并有选择地提供助学金,学校实际上是根据学生们对上学的评价来收取学费。这种行为与价格歧视垄断者的行为相似。

数量折扣。到现在为止,在价格歧视的例子中,垄断者对不同顾客收取不同的价格。但是,有时垄断者也通过对购买不同数量的同一顾客收取不同价格来实行价格歧视。例如,许多企业对购买量大的顾客提供低价格。面包店可能对每个面包定价 0.5 美元,但对一打面包定价 5 美元。这之所以是一种价格歧视,是因为顾客对购买的第一单位付出的代价高于第二个单位。数量折扣通常是一种成功的价格歧视方法,因为随着购买量的增加,顾客对增加的一单位的支付意愿减少了。

(资料来源:编者根据网络资料改写)

六、对完全垄断市场的评价

许多经济学家认为垄断对经济是不利的,甚至认为,完全垄断对经济是有害的。这主要是由于：

(1)在完全垄断条件下，垄断厂商可以通过高价少销获得超额利润，这样就会使资源无法得到充分利用，造成资源浪费。

(2)垄断厂商控制了市场，也就控制了价格，他所定的价格往往高于完全竞争条件下的价格，这就造成消费者剩余的减少和社会经济福利的损失。

(3)垄断利润是垄断厂商对整个社会的剥削，这就造成收入分配的不平等。

(4)垄断还有可能阻碍技术进步。正因为这样，完全垄断被认为是一种不利于社会进步的市场状态。

但是，任何事物都有两面性。也有许多经济学家认为，垄断也有其有利的一面。首先，在一些行业可以实现规模经济，例如，自来水行业只有在一家企业时才能实现平均成本最低。这种情况属于规模经济引起的自然垄断。其次，垄断企业可以以自己雄厚的资金与人才优势实现重大的技术突破，有利于技术进步。例如，美国电话电报公司曾长期垄断美国电信行业。这当然有效率损失，但公司以自己的资金创办了贝尔实验室。该实验室自成立以后一共获了2.8万余项专利、11次诺贝尔奖、9次美国国家科学奖章。它在半导体、通信、电视、超导等方面的突破性贡献深深影响着我们的生活。最后，尽管垄断在一国国内有效率损失，但在国际上有竞争力，有利于一国国际竞争力的提高。美国政府批准波音公司与麦道公司合并正出于这种考虑。这两家公司合并后，在美国商用大型客机市场上是垄断者，但这种合并有利于美国波音与欧洲空中客车公司的竞争。

垄断的是是非非一直是经济学家争论的热点话题，现实中既有打破垄断的呼声，又有加强垄断的现象存在。看来，对待垄断的态度还要根据不同的行业，进行具体分析。

单元三　垄断竞争市场上的企业行为决策

一、垄断竞争市场的含义和特征

(一)垄断竞争市场的含义

垄断竞争市场是指一种既存在竞争又存在垄断的市场结构。比较典型的市场是轻工业产品。如服装、鞋帽、饼干、糖果、牙膏、肥皂等，服务行业中的餐馆、饭店、理发店、小商店等。这个市场最需要做广告宣传。

(二)垄断竞争市场的特征

(1)市场上有众多的消费者和厂商，每个厂商所占的市场份额较小。这些厂商自以为可以彼此独立行动，互不依存，并且厂商进、出行业没有多大障碍。

(2)厂商的产品不是同质的，而是存在差别的。这种产品差别主要是指产品在质量、商标、式样、性能方面，以及销售条件等的不同。但是，在这些不同质的，存在差别的产品之间又存在着很强的可替代性。由于产品之间的差别，就造成一定垄断因素的存在，而产品相互之间的可替代性，又造成了竞争因素的存在。因此是既有垄断又有竞争。

(3)有差别的产品会引起垄断，而由于有差别的产品是互相替代的又会有竞争。产品的差别会引起垄断，这是因为每一种有差别的产品都会以自己的特色吸引一部分消费者，从而形成对这部分消费者的垄断。但是，有差别的产品毕竟是同一种产品，可以互相替代，这样有差别的产品之间就存在着激烈的竞争。

(4)长期来看,厂商进入或退出一个行业是自由的。例如,牙膏市场是垄断竞争的,其他厂商要推出可能会与佳洁士和高露洁等品牌竞争的新品牌牙膏相对比较容易。这就限制了生产佳洁士和高露洁的厂商的盈利。如果利润很大,其他厂商就会花费必要的资金(用于开发、生产、广告和促销)推出他们自己的新品牌,这就会降低佳洁士和高露洁的市场份额和盈利。

【相关资料】

价格战是初级的竞争手段

自由竞争是市场经济的主要属性,其内容涉及市场要素的各方面,包括:产品竞争、人才竞争、服务竞争、价格竞争等。一般说来,产品的差异化竞争和质量竞争及高水平的服务竞争是竞争的高级阶段,而价格竞争则属于初级或低级竞争。

价格战的主要特征:一是在同业之间进行的竞争,通常来看是一种纯粹的市场行为;二是后起之秀挑战现有王牌;三是硝烟散后,市场格局发生变化,相关产品价格趋于"合理"。

由于同业间在经营产品、经营模式、经营规模等方面趋于同质化,基于资本趋利及获取无限大利润的本能,一方试图独占市场,便借用直接以资本实力为依托的面对面搏杀,其主要手段就是降低产品或服务价格,以低于对手的市场价格谋取对手的市场份额,从而挤垮对方。

行业内巨头之间的争斗,说到底,也就是为了获取垄断利润。

因为是低级之争,所以价格战一定有负面的后果,就像胜出的新狮王为了生育属于自己的孩子,常常会咬死先前出生的小狮子一样,其社会成本实属难免。

来源:尚可《中国质量万里行》2012 年第 09 期

二、垄断竞争市场上企业的需求曲线

在垄断竞争市场上,由于每个企业提供的产品有一定的差异,企业可以对其产品实施垄断,厂商具有影响产品价格的能力,因而垄断竞争企业的需求曲线向右下方倾斜。同时其产品之间又具有很强的替代性,因而其需求曲线是一条向下倾斜、相对平坦的曲线。边际收益曲线在需求曲线的下方(如同完全垄断市场结构一样)。个别企业所面临的需求曲线可能有两种情况,如图 9-11 所示。

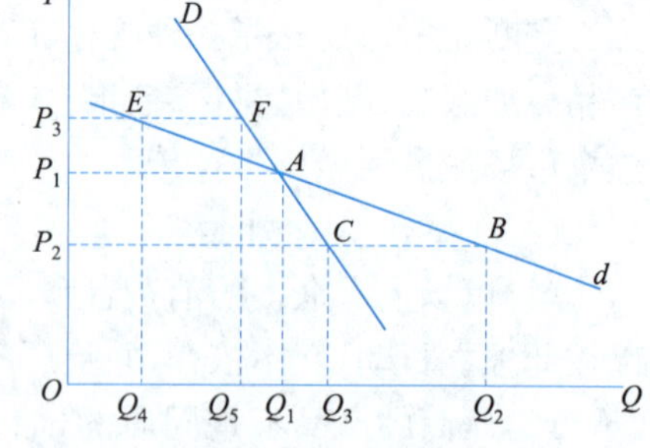

图 9-11 垄断竞争企业的需求曲线

(1)当一个企业降低自己产品的价格,该行业中其他与之竞争的企业并不随之改变价格时,在这种情况下,该企业的销售量就会大幅度地变动,那么该企业的需求曲线比较平坦。

(2)如果其他企业随之降价,在这种情况下,该企业很难吸引其他消费者的需求,这时该企业的销售量就不会有很大的变动,其需求曲线比较陡峭。

三、垄断竞争市场上企业的短期均衡

在短期，垄断竞争企业是在现有生产规模下通过对产量和价格的调整，来实现利润最大化的。产品差异可以在一定范围形成厂商的垄断地位，这时厂商的均衡与完全垄断情况下相同，即均衡条件为：MR＝SMC 且存在着超额利润。另外，由于该行业的厂商数目众多，有可能其他厂商不参与竞争，在这种情况下，该厂商通过不断降低价格，增加销售量，直到满足于边际成本＝边际收益(MR＝MC)的原则，就能够实现利润最大化。在短期均衡实现过程中，也可能出现收支相抵、亏损的情况。

四、垄断竞争市场上企业的长期均衡

在长期内，一方面，垄断竞争厂商可以调整生产规模，另一方面，行业内的厂商可以退出行业，行业外的厂商也可以进入行业。如果垄断竞争厂商在短期内能够获得超额利润，在长期内所有的厂商都会扩大生产规模，也会有新的厂商进入该行业进行生产。在市场总需求不变的情况下，厂商的市场份额将减少，每个厂商在同一价格水平上的需求量减少，需求曲线向左移动，这样，垄断竞争厂商获得的经济利润开始下降，但只要该垄断竞争市场上的厂商还获得经济利润，就会不断有新的厂商进入。这一过程会一直持续到行业内没有新的厂商进入、也没有厂商愿意扩大生产规模为止，此时厂商的经济利润为零。

五、对垄断竞争市场的评价

可以从不同方面对比垄断竞争市场与完全竞争和完全垄断市场。首先，从平均成本来看，垄断竞争市场上平均成本比完全竞争时高，但这时的平均成本一般又低于完全垄断。其次，从价格来看，即使在长期中，垄断竞争时的价格也高于完全竞争，但垄断竞争时的价格又低于完全垄断。最后，从产量来看，垄断竞争时的产量一般要低于完全竞争时而高于完全垄断时。

在分析垄断竞争时，还要注意两点：第一，垄断竞争有利于鼓励进行创新。第二，在垄断竞争条件下，会使销售成本，主要是广告成本增加。广告竞争是垄断竞争市场的一大特色。

经济学家们认为，垄断竞争从总体上看是利大于弊的。在现实生活中，垄断竞争也是一种普遍存在的市场结构。

截至目前，我们学习了完全竞争市场、完全垄断市场和垄断竞争市场三种市场结构，它们在长期均衡条件下的经济效率如何？总结如表 9-3 所示。

表 9-3　完全竞争市场、垄断竞争市场、完全垄断市场实行了长期均衡后经济效率比较表

比较项	完全竞争市场	垄断竞争市场	完全垄断市场
产量	最大	中	最小
长期平均成本	最低	中	最高
市场价格	最低	中	最高
超额利润	零	零	有
经济效率	最高	中	最低

单元四　寡头垄断市场上的企业行为决策

一、寡头垄断市场的含义和类型

(一)寡头垄断市场的含义

寡头垄断市场是介于完全垄断和垄断竞争之间的一种市场模式,是指某种产品的绝大部分由少数几家大企业控制的市场。

每个大企业在相应的市场中占有相当大的份额,对市场的影响举足轻重。如美国的钢铁、汽车,日本的家用电器等规模庞大的行业。在这种市场条件下,商品市场价格不是通过市场供求决定的,而是由几家大企业通过协议或默契形成的。这种联盟价格形成后,一般在相当长的时间内不会变动。这是因为:某一个厂商单独降低了价格,会引起竞争企业竞相降价的报复,结果只能是两败俱伤,大家都降低收入;如果提高价格,则意味着降低了市场占有率,也得不偿失。市场上一个行业中只有两个企业相互竞争的情况是寡头垄断中的一种特殊情况,称为双占垄断或双头垄断。

(二)寡头垄断市场主要有两种类型

(1)无差别寡头又称纯粹寡头:寡头厂商生产的产品无差别,例如,钢铁、石油等行业的寡头。

(2)有差别寡头:寡头厂商生产的产品有差别,例如,飞机、汽车、机械、香烟等行业的寡头。

二、寡头垄断市场的特征

(1)寡头厂商之间存在着相互依存性。由于行业中只有少数几家大厂商,它们的供给量均占有市场的较大份额。

(2)寡头厂商的决策互相影响,其决策产生什么样的结果具有很大的不确定性。因为任何一个寡头厂商在做出决策时,都必须考虑竞争对手对其做出的反应。

(3)寡头厂商的竞争手段是多种多样的,当价格和产量一旦确定之后,就具有相对的稳定性,所以,各个寡头厂商相互之间容易达成某种形式的相互勾结和妥协。也就是通常所说的在竞争中达成妥协,在妥协中展开竞争。

(4)在寡头垄断市场上厂商进出不容易。其他厂商进入相当困难,甚至极其困难。因为不仅在规模、资金、信誉、市场、原料、专利等方面,其他厂商难以与原有厂商匹敌,而且由于原有厂商相互依存,休戚相关,采取很多排他性的措施使其他厂商难以进入,原有厂商难以退出。

三、寡头垄断市场产量和价格的决定

寡头垄断市场的情况非常复杂,至今尚未有一套完整的理论模型。下面只介绍寡头垄断市场上如何决定产量和如何决定价格。

各寡头之间存在勾结和不勾结两种情况,这对产量的决定是不同的。当各寡头之间存在勾结时,产量是由各寡头协商确定的,结果对谁更有利,则取决于各寡头实力的大小。这种协商可能是对产量的限定,例如,石油输出国组织对各产油国规定的限产数额。也可能是对销售市场的瓜分，即不规定具体产量的限制，而是规定各寡头的市场范围。当然，这种勾结只是暂时的，当各寡头的实力发生变化之后，就会要求重新确定产量或瓜分市场，从而引起激烈的竞争。

不存在勾结的情况下，各寡头是根据其他寡头的产量决策来调整自己的产量，以达到利润最大化的目的。不存在勾结的情况下，价格决定的方法是价格领先制和成本加成法；存在勾结的情况下，则是卡特尔。

(1)价格领先制亦称价格领袖制，指一个行业的价格通常由某一寡头率先制定，其余寡头追随其后确定各自的价格。如果产品是无差别的，价格变动可能是相同的。如果产品是有差别的，价格变动可能相同也可能有差别。作为价格领袖的寡头厂商一般有三种情况：

第一，支配型价格领袖。领先确定价格的厂商是本行业中最大的、具有支配地位的厂商。其在市场上占有份额最大，因此，对价格的决定举足轻重。

第二，效率型价格领袖。领先确定价格的厂商是本行业中成本最低，从而效率最高的厂商。

第三，晴雨表型价格领袖。这种厂商在本行业中，不一定是规模最大，效率最高，但其在掌握市场行情或其他信息方面明显优于其他厂商。这家厂商价格的变动实际是传递了某种信息。因此，它的价格在该行业中具有晴雨表的作用。

(2)成本加成法是寡头垄断市场的一种常用方法，即在估算的平均成本的基础上加一个固定百分率的利润。例如，某产品的平均成本为100元，利润率为10%，则此产品的价格就可以定为110元。平均成本可以根据长期中成本变动的情况确定，而所加的利润率则要参照全行业的利润率情况确定。这种定价方法可以避免各寡头之间的价格竞争，使价格相对稳定，从而避免在降价竞争中各寡头两败俱伤，从长期看，这种方法能接近于实现最大利润，是有利的。

(3)卡特尔是指厂商明确签订有关市场活动协议的合作组织。组成卡特尔的各寡头之间进行公开勾结，协调他们的行动，共同确定价格。由于有明确的约定，卡特尔组织往往以一个垄断者的身份出现，按边际收益等于边际成本的利润最大化原则确定产量，并在需求曲线上确定价格，然后按照协议在各个成员之间分配产量配额。例如，石油输出国组织就是一个国际卡特尔。卡特尔共同制定统一的价格，为了维持这一价格还必须对产量实行限制。但是，由于卡特尔各成员之间存在矛盾，有时即使达成协议也很难兑现，尖锐的矛盾甚至导致卡特尔解体。不存在公开勾结的卡特尔的情况下，各寡头还往往通过暗中勾结来确定价格。

四、对寡头垄断市场的评价

寡头垄断在经济生活中是十分重要的。一般认为，它具有两个明显的优点：第一，可以实现规模经济，从而降低成本，提高经济效益。第二，有利于促进技术进步。各寡头为了在竞争中取胜，就要提高生产率创造新产品，这就成为寡头厂商进行技术创新的动力。此外，寡头厂商实力雄厚，可以用巨额资金与人力进行科学研究。例如微软公司的研究机构，则成为微软开发新产品的最重要基地。

但是，寡头垄断的经济效率是比较低下的，仅仅高于完全垄断。而且，过度制造产品差别和广告的非价格竞争，也造成资源浪费。同时，寡头垄断市场也会由于寡头之间的勾结，抬高价格，从而造成消费者利益和社会经济福利的损失。

【学练合一】

一、单选题

1. 完全竞争市场中企业的需求曲线是一条(　　)。

A. 向下倾斜的直线　　B. 向上倾斜的直线

C. 向下倾斜的曲线　　D. 等于既定市场价格的水平线

2. 假如某企业的平均收益曲线从水平线变为向右下方倾斜的曲线,这说明(　　)。

A. 既有企业进入也有企业退出该行业　　B. 完全竞争被不完全竞争所取代

C. 新的企业进入了该行业　　D. 原有企业退出了该行业

3. 完全竞争市场中企业的平均成本曲线与边际成本曲线的交点即平均成本曲线的最低点被称为(　　)。

A. 收支相抵点　　B. 停止营业点　　C. 扭亏为盈点　　D. 收益最高点

4. 一个完全竞争市场中的企业的需求曲线是水平线的原因是因为(　　)。

A. 它的产量只是行业全部产量的一个很小的份额

B. 它生产了所在行业的绝大部分产品

C. 它对价格有较大程度的控制

D. 它能够把它的产品与所在行业的其他企业的产品区分开来

5. 下列(　　)情况可能对新企业进入一个行业形成自然限制。

A. 发放营业许可证　B. 规模经济　　C. 实行专利制　　D. 政府特许

6. 下列(　　)情况对单一价格垄断者是不正确的。

A. 由于只有一个企业,企业的需求就是行业的需求

B. 由于存在替代品,需求是缺乏弹性的

C. 平均收益曲线是需求曲线

D. 边际收益小于价格

7. 利润最大化的垄断者绝不会达到的产量水平是(　　)。

A. 在这种产量水平时会产生经济亏损　　B. 这时边际收益小于价格

C. 这时平均成本大于边际成本　　D. 在其需求曲线的缺乏弹性区间

8. 在竞争性市场和垄断市场中,企业将扩大其产出水平的情况是(　　)。

A. 价格低于边际成本　　B. 价格高于边际成本

C. 边际收益低于边际成本　　D. 边际收益高于边际成本

9. 被称为不完全竞争的市场结构包括(　　)。

A. 垄断与垄断竞争　　B. 寡头与垄断

C. 垄断市场、寡头与垄断竞争市场　　D. 完全竞争与垄断竞争

10. 一个垄断企业以 15 元的价格销售 10 单位的产品,以 16 元的价格销售 9 单位的产品,则与第 10 单位相伴随的 MR 是(　　)元。

A. 6　　B. 1　　C. 15　　D. 150

二、多选题

1. 处于短期均衡的垄断竞争企业,一般会按(　　)的方式生产。

A. 边际成本等于主观需求曲线对应的边际收益

B. 平均成本等于实际价格
C. 主观需求曲线与实际需求曲线的交点
D. 主观需求曲线与平均成本曲线的交点
E. 主观需求曲线与平均变动成本的切点

2. 按竞争与垄断的程度可将市场分为(　　)。
A. 完全垄断市场　　B. 垄断竞争市场
C. 寡头垄断市场　　D. 完全竞争市场
E. 营销市场

3. 寡头垄断市场,必须具备的条件是(　　)。
A. 市场上有很多生产者和消费者
B. 行业中企业生产的产品可以是有差别的,也可以是无差别的
C. 进入市场障碍较小
D. 进入市场存在比较大的障碍
E. 市场中厂商数量较少

4. 在短期,完全垄断企业(　　)。
A. 有可能获得正常利润　　B. 也有可能发生亏损
C. 永远获得超额利润　　D. 永远处于亏损状态
E. 也可能获得超额利润

5. 关于寡头企业的供给曲线论述正确的是(　　)。
A. 寡头企业面临的供给曲线向右下方倾斜
B. 寡头企业的均衡产量和均衡价格之间不存在一一对应关系
C. 寡头企业的均衡产量和均衡价格之间存在一一对应关系
D. 不存在寡头企业和行业的具有规律性的供给曲线
E. 存在寡头企业和行业的具有规律性的供给曲线

三、分析题

武汉黄鹤楼公园的门票采取价格歧视,国内游客的门票为 20 元,国外游客的门票为 50 元,试用经济理论分析:

1. 为什么采用价格歧视。
2. 在怎样的条件下,实行这种政策才能有效。

【应用与实训】

实训目的

运用项目九中所学的市场结构分析知识对市场结构进行解释和分析。

实训项目

市场结构分析。

实训内容

1. 自己举一个现实中某种产品的市场,并分析该市场所属哪种市场类型
2. 了解各种市场类型的主要特征与区别。
3. 对各种市场类型的定价策略予以说明。

实训说明

说明：可以实训最终的效果图片形式展示。若为“理论＋实践课”外出实训（习）项目，为提高外出实训目的和针对性，实训任务建议可以问答题形式设计，学生提交实训成果时要求结合外出参观的实际场景回答问题（即回答问题时图文并茂）。

（实训以小组为单位，成果在课堂完成上交，提交形式为纸质版文件。）

项目十 市场失灵和政府失灵的应对

【学习目标】

1. 了解市场失灵的原因和应对措施。
2. 掌握垄断与反垄断。
3. 掌握外部性的含义及其治理。
4. 掌握公共物品的含义和供给的特征。
5. 掌握信息不对称的含义及类型。
6. 了解政府失灵的含义及应对措施。

【导引案例】

救命血清一剂难求，背后是"市场失灵"

据报道，2014 年 8 月 19 日上午，北京市一名 16 岁男孩被眼镜蛇咬伤，情况危急，急需抗眼镜蛇毒血清救治，但北京的医院普遍没有这种血清。后来其家属和媒体多方寻找，却被多地医院告知"已用完"。直到 21 日 12 时，救命血清才从云南一医院送达北京相关医院。查卫生部《国家基本药物目录》，抗蛇毒血清中抗眼镜蛇毒血清赫然在列。但像涉事男孩这样一剂难求、各大医院遍寻无着的案例，近年已多次发生。当前，我国只有上海赛伦公司生产抗蛇毒血清，别无分号。抗眼镜蛇毒血清自 2010 年停产，至 2013 年底再启生产，保质期至多 3 年，生产周期则要 9 个月，这也造成近年抗眼镜蛇毒血清频频告急。而短缺的更深层次原因，则在于被剧毒蛇咬伤毕竟属于偶发，赛伦公司在血清生产上长期处于单品亏损状态。由于需求量和利润都有限，涉事企业难免不感兴趣。而使用率偏低、保质期偏短、报废率较高、需在特定温度下才能保存，也会让医院选择弃用。正因"市场失灵"，抗眼镜蛇毒血清才会一剂难求。去年媒体曾报道，苏州市 21 岁小伙被蝰蛇咬伤，因血清遍寻无着，抢救三天三夜，生命终为蛇毒吞噬。而抗蝰蛇毒血清在 10 多年前就停产了。要知道，抗蛇毒血清有无之间，治疗结果大不一样。有专家就说，有之，治愈率更高，几千元解决问题；若没有，以蝰蛇为例，综合治疗成本将高达数十万元，还不一定治得好。

剧毒蛇的抗蛇毒血清，本应带有公共资源的性质。既然被剧毒蛇咬伤，公民凭一己之力难以解决，市场也"失灵"了，那么，就该由政府提供公共品来填补短板。首先，对于抗蛇毒血清生产企业的部分单品亏损，以财政补贴的方式来弥补，维持这些救命单品的生产供应。这包括，要打破抗蛇毒血清生产的垄断状况，规避"所有的鸡蛋都放在一个菜篮子里"的风险。再者，对于医院的抗蛇毒血清储备，同样以财政补贴来弥补其因使用率低、报废率高等因素导致的亏损，以维持供应，有备无患，应对不时之需。再有一点，至少以省为单位，建立起抗蛇毒血清的统筹调配机制，而不是一旦有人被剧毒蛇咬了，抗蛇毒血清遍寻无着。救命如救火，时间耽误不得。2012 年 8 月，浙江省便着手建立了全省范围内的抗蛇毒血清应急调剂机制，并公布了血清定点备货医疗机构。这样的先进经验，理应加以推广。

【驱动任务】

二手车市场的逆向选择

在二手车市场上无论所卖的车质量如何，卖家总比买家精。如果买家不能区分车的质量的话，不管是好车还是坏车，他们都会付同样的钱——这会使销售好车成为一种毫无吸引力的交易。

比起保养良好的旧车来说，次车可能更好卖。假如你去买某种型号的汽车，市场上正好有两辆你要想买的汽车，外观差不多但价位不同，一辆价位在 10 万元，另一辆车价位在 7 万元，那么你愿意付多少钱买这辆车，你可能说 8.5 万，因为平均价位是 8.5 万，10 万元的车主因为自己的车质量高不会 8.5 万卖给你，而 7 万元的车主愿意卖给你。这样来看，好东西不一定都卖了去。这就是次品充斥市场、质量好的商品被驱除出市场的逆向选择。

思考：为什么信息不对称会出现逆向选择？

单元一　市场失灵及其应对措施

一、市场失灵及其原因

（一）市场失灵的含义

完全竞争的市场结构是资源配置的最佳方式，一个完全竞争的自由市场经济需要许多假设前提：每个消费者的福利只取决于她消费的商品，每个企业的利润只取决于对其拥有的生产要素的利用；对每种商品都建立产权并得以实施；每种商品都有市场；企业处于竞争性运行，企业行为不会对市场价格产生可察觉到的影响；各个经济主体参与市场是无交易成本的；对于商品质量和交易环境，所有市场参与者都拥有充分的信息。

但是，如果这些假设条件中有一个或多个不成立，市场经济就无法产生有效率的结果。在现实经济中，完全竞争市场结构只是一种理论上的假设，理论上的假设前提条件过于苛刻，现实中是不可能全部满足的。由于垄断、外部性、信息不完全和在公共物品领域，仅仅依靠价格机制来配置资源无法实现社会经济资源的最优配置，出现了市场失灵。

这种由于内在功能性缺陷或外部条件缺陷引起市场本身不能有效配置资源的情况称为市场失灵。传统狭义的市场失灵理论认为，垄断、公共物品、外部性和信息不完全或不对称的存在使得市场难以解决资源配置的效率问题，市场作为配置资源的一种手段，不能实现资源配置效率的最大化，这时市场就失灵了。当市场失灵时，为了实现资源配置效率的最大化，就必须借助于政府的干预，这实际上已经明确了政府干预经济的调控边界。不过现代广义的市场失灵理论又在狭义市场失灵理论的基础上，认为市场不能解决的社会公平和经济稳定问题，也需要政府出面化解，从而使得政府的调控边界突破了传统的市场失灵的领域而大大扩张。政府干预经济领域的扩张一方面说明政府在市场经济中的作用越来越重要，但另一方面，政府的企业性质又要求必须对政府的行为加以规范，以提高政府的管理效率。

（二）市场失灵的表现

市场机制配置资源的缺陷具体表现在以下方面：

1. 收入与财富分配不公

这是因为市场机制遵循的是资本与效率的原则。资本与效率的原则又存在着“马太效应”。从市场机制自身作用看，这是属于正常的经济现象，资本拥有越多在竞争中越有利，效率提高的可能性也越大，收入与财富向资本与效率也越集中；另一方面，资本家对其雇员的剥夺，使一些人更趋于贫困，造成了收入与财富分配的进一步拉大。这种拉大又会由于影响到消费水平而使市场相对缩小，进而影响到生产，制约社会经济资源的充分利用，使社会经济资源不能实现最大效用。

2. 外部负效应问题

外部负效应是指某一主体在生产和消费活动的过程中，对其他主体造成的损害。外部负效应实际上是生产和消费过程中的成本外部化，但生产或消费单位为追求更多利润或利差，会放任外部负效应的产生与蔓延。如化工厂，它的内在动因是赚钱，为了赚钱对企业来讲最好是让工厂排出的废水不加处理而进入下水道、河流、江湖等，这样就可减少治污成本，增加企业利润。从而对环境保护、其他企业的生产和居民的生活带来危害。社会若要治理，就会增加负担。

3. 竞争失败和市场垄断的形成

竞争是市场经济中的动力机制。竞争是有条件的，一般来说竞争是在同一市场中的同类产品或可替代产品之间展开的。但一方面，由于分工的发展使产品之间的差异不断拉大，资本规模扩大和交易成本的增加，阻碍了资本的自由转移和自由竞争。另一方面，由于市场垄断的出现，减弱了竞争的程度，使竞争的作用下降。一旦企业获利依赖于垄断地位，竞争与技术进步就会受到抑制。

4. 失业问题

失业是市场机制作用的主要后果，一方面从微观看，当资本为追求规模经营，提高生产效率时，劳动力被机器排斥。另一方面从宏观看，市场经济运行的周期变化，对劳动力需求的不稳定性，也需要有产业后备军的存在，以满足生产高涨时对新增劳动力的需要。劳动者的失业从宏观与微观两个方面满足了市场机制运行的需要，但失业的存在不仅对社会与经济的稳定不利，而且也不符合资本追求日益扩张的市场与消费的需要。

5. 区域经济不协调问题

市场机制的作用只会扩大地区之间的不平衡现象，一些经济条件优越，发展起点较高的地区，发展也越有利。随着这些地区经济的发展，劳动力素质、管理水平等也会相对较高，可以支付给被利用的资源要素的价格也高，也就越能吸引优质的各种资源，以发展当地经济。那些落后地区也会因经济发展所必需的优质要素资源的流失而越发落后，区域经济差距会拉大。再是因为不同地区有不同的利益，在不同地区使用自然资源过程中也会出现相互损害的问题，可以称为区域经济发展中的负外部效应：江河上游地区林木的过量开采，可能影响的是下游地区居民的安全和经济的发展。这种现象造成了区域间经济发展的不协调与危害。

6. 公共产品供给不足

公共产品是指消费过程中具有非排他性和非竞争性的产品。非排他性就是当这类产品被生产出来，生产者不能排除别人不支付价格的消费。因为这种排他，一方面在技术上做不到，另一方面是技术上能做到，但排他成本高于排他收益。所谓非竞争性是因为对生产者来说，多一个消费者或少一个消费者不会影响生产成本，即边际消费成本为零。而对正在消费的消费者来说，只要不产生拥挤也就不会影响自己的消费水平。这类产品如国防、公安、航标灯、路灯、电视信号接收等。所以这类产品又称非营利产品。从本质上讲，生产公共产品与市场机制的作用是矛盾的，生产者是不会主动生产公共产品的。而公共产品是全社会成员所必需的消费品，它的满足状况也反映了一个国家的福利水平。这样一来公共产品生产的滞后与社会成员与经济发展需要之间的矛盾就十分尖锐。

7. 公共资源的过度使用

有些生产主要依赖于公共资源，如渔民捕鱼、牧民放牧。他们使用的就是以江湖河流这些公共资源为主要对象，这类资源既在技术上难以划分归属，又在使用中不宜明晰归属。正因为这样，由于生产者受市场机制追求最大化利润的驱使，往往会对这些公共资源出现掠夺式使用，而不能给资源以休养生息。有时尽管使用者明白长远利益的保障需要公共资源的合理使用，但因市场机制自身不能提供制度规范，又担心其他使用者的过度使用，出现使用上的盲目竞争。

总之，当经济活动的影响超出市场之外时，当经济主体行为背离了市场规则和秩序时，当收入没有按社会接受的方式进行分配时，当人们的需求没有真实反映出来时，当这些因素中的任何一个出现时，那么经济就不能被一只看不见的手引导到最优的状态。

（三）市场失灵的原因

究竟是什么因素导致了市场失灵？其中的原因很多，就市场功能方面来说，主要有以下几种原因：

1. 垄断

对市场某种程度的（如寡头）和完全的垄断可能使得资源的配置缺乏效率。因为市场机制发生作用的条件是有效竞争，在这种情况下，价格由供求自发决定，可以反映供求的变动情况，实现资源配置最优。但在垄断市场上，供给并不由市场决定，垄断企业可以控制产量，并通过调节产量而在相当大程度上影响价格，机制无法正常运转，从而导致失灵。

2. 外部性

当人们从事市场经济活动时，可能对其他人产生一些其他的影响，这些影响对于他人可以是有益的，也可以是有害的，把这种对他人产生的影响称为外部性。外部性分两种情况，一种是正外部性，另一种是负外部性。例如，建在河边的工厂排出的废水污染了河流对他人造成损害。工厂排废水是为了生产产品赚钱，工厂同购买它的产品的顾客之间的关系是金钱交换关系，但工厂由此造成的对他人的损害却可能无须向他人支付任何赔偿费。

3. 公共物品

经济社会生产的产品大致可以分为两类，一类是私人物品，一类是公共物品。简单地讲，私人物品是只能供个人享用的物品，如食品、住宅、服装等。而公共物品是可供社会成员共同享用的物品。例如国防就是公共物品。它带给人民安全，公民甲享用国家安全时一点都不会影响公民乙对国家安全的享用，并且人们也无须花钱就能享用这种安全。这些公共物品不能通过市场机制来实现，主要依靠政府供给。

4. 信息不对称

由于经济活动的参与人具有的信息是不同的，一些人可以利用信息优势进行欺诈，这会损害正当的交易。当人们对欺诈的担心严重影响交易活动时，市场的正常作用就会丧失，市场配置资源的功能也就失灵了。此时市场一般不能完全自行解决问题，为了保证市场的正常运转，政府需要制定一些法规来约束和制止欺诈行为。

二、市场失灵的应对措施

看不见的手失灵需要由看得见的手来矫正，即政府来调节市场机制，弥补市场缺陷，纠正市场失灵。作为经济主体的政府，发挥应有的经济职能解决市场失灵问题，可以采取如下对策：

首先，政府要做好提供公共物品的工作，搞好基础设施建设以保证整个国民经济有良好的“硬件条件”。同时，政府还要承担起那些投资规模大、资金回收期长而又是对经济发展起重大影响作用的项目，如国防建设、教育、医疗卫生、南水北调、西电东送、西气东输、三峡工程等。这样，既解决了市场不能提供公共物品的有效供给问题，保证了国民经济正常运行；同时，政府投资在过程中还可以解决相当一部分下岗工人的再就业问题，也可以带动其他相关产业的投资和生产，从而推动经济的繁荣。

第二，政府要建立良好的政治、经济、法律等制度和具体的运行体制，制定各级各类中长期的发展规划，降低交易成本，为经济的发展创造良好的“软件条件”。制度或体制是一个国家的经济正常运行的基本保障，如缺乏良好的激励制度，个人或企业的勤奋劳作未能获得应有的报酬，就会降低其工作积极主动性，小而言之是企业的损失，若社会的大气候如此，损失的就是国家了。

第三，政府还需要利用利率、国债、汇率、税收、预算等经济调控手段来“熨平”经济周期，使经济导入持续稳定的发展。制定财政政策和货币政策要以国家的宏观目标和总体要求为主要依据，发挥财政政策的功能，促进经济增长、优化结构、调节收入；发挥货币政策的作用，保持币值稳定、货币供求总量的平衡。

第四，政府要通过收入政策、税收政策和其他相关政策，努力缩小地区之间的差异，城乡之间的差距，居民收入水平的差距。要加强对区域发展的协调和指导，积极推进西部大开发，有效发挥中部地区综合优势，支持中西部地区加快改革发展，振兴东北老工业基地，鼓励东部有条件地区率先基本实现现代化。在收入分配方面，政府要进行效率与公平兼顾的导向，通过政策的倾斜，对不同地区和社会成员之间进行公平与否的评价和调整。通过转移支付、完善税收制度、建立健全社会保障制度以扶持弱势群体，调节公众的心理平衡，达到维护经济稳定发展的目的。

最后，政府在实现其调节职能时，要注意不断提高面对突发事件的快速反应能力。产生这些不确定的原因是信息没有及时、精确、有效地披露和传达。面对当前经济全球化、系统开放化、行为自由化的社会，政府的效率高低衡量标准就是能否在最短的时间里，付出最小的代价而得到最优的方案来解决问题，实现对宏观经济的有效调控。

西方经济学家关于市场失灵理论的认识，反映了当代市场经济发展中的一些实际情况，对于我们社会主义市场经济体制的建立和完善也有一定的借鉴意义：第一，我国的市场经济要立足于现代市场经济目标模式。我国社会主义市场经济是从传统的计划经济体制的基础上转变过来的，我们要摒弃原始的市场经济发展方式。第二，我们要完善市场经济的宏观调控体系，把当前利益与长远利益、局部利益与整体利益结合起来，更好地发挥计划与市场两种手段的长处。既有利于市场的稳定，又有利于共同富裕长远目标的实现。第三，我们要加强市场经济的立法，完善市场规则，建立良好的市场经济秩序和环境。第四，把增长和发展结合起来，落实好可持续发展战略。第五，要明确政府职能，规范政府行为，建立廉洁高效的政府。

总之，我国是市场经济的后来者，但我们有社会主义制度的优越性，在结合自己实际的基础上，通过借鉴西方国家发展市场经济的经验教训，就会少走弯路，从而有效地克服和弥补市场经济的缺陷，实现社会经济资源的优化配置。

单元二 垄断与反垄断

一、垄断的含义及其产生的原因

（一）垄断的含义

垄断指少数大企业，为了获得高额利润，通过相互协议或联合，对一个或几个部门商品的生产、销售和价格进行操纵和控制。

（二）垄断产生的原因

1. 自然垄断

自然垄断是最常见的垄断形式。当一个行业具有规模经济时，它生产得越多，平均成本越低。如果一个企业能够比别的企业生产更多，那么它的平均成本就会低于其他企业，这个企业就能够不断地扩大生产规模来降低产品价格，最终使得其他企业无利可图退出该行业，从而该行业被这个企业所垄断。这种由规模经济引起的垄断一般称为自然垄断。

2. 资源垄断

一个行业中的关键资源由一家企业拥有，势必使得其他企业无法与该企业相竞争，从而实现垄断。

3. 行政性垄断

行政性垄断是政府给予一家企业排他性地生产某种产品或劳务的权利，限制竞争的行为。主要表现为地区行政性市场垄断、行政强制交易、行政部门干涉企业经营行为、行政性公司滥用优势行为等。

4. 垄断专卖

垄断专卖是指一个企业拥有某种商品的专卖权形成的垄断。拥有商品的专卖权可以分为两种情况：一是政府垄断，即国家享有对某种商品的专卖权，如烟草、电力等；二是私人垄断，即私人拥有对某种商品的专卖权，如独家经营的服饰品牌、某品牌酒类等。

二、垄断及其危害

垄断是一家企业控制了一个行业的全部供给的市场结构。就垄断的成因来说，往往是因为垄断企业独占了某些稀缺资源，或者是拥有商品的专利权，或者是由于规模经济形成的自然垄断。

虽然生产集中和垄断会带来规模经济效益，降低单位产品成本，进而降低售价，增进社会福利，同时生产集中和垄断也有利于推进科学研究，采用新技术，从而促进社会生产力发展。但垄断具有无法克服的弊端，垄断了市场之后，垄断企业为了获取最大利润，往往采用抬高市场价格的手段。

第一，浪费经济资源。我们知道与完全竞争相比，垄断企业不会把生产扩大到平均成本最低点。在完全竞争条件下,企业将生产进行到长期平均成本最低时才能达到长期均衡,即生产效率发挥到最大限度,而垄断企业的长期均衡则产生于长期边际成本等于边际收益之时。此均衡点必然高于完全竞争条件下长期均衡平均成本最低点。结果,生产效率没有得到最大限度发挥,资源没有充分利用,产量减少,价格提高,这无异于社会受到损失。

第二,社会福利损失。由于垄断企业的产品定价高于竞争厂商产品定价,因而消费者获得的剩余减少了。这是社会福利的一种损失。可利用图 10-1 来解释这一观点。

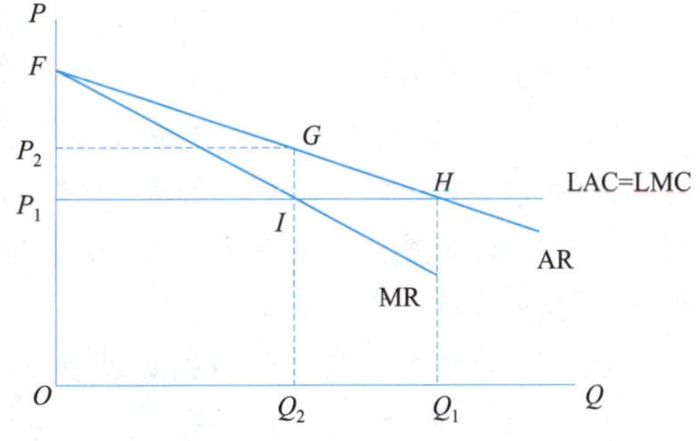

图 10-1　垄断企业定价

假定有一成本不变的行业,其长期供给曲线为一条与横轴平行的直线,在图上为 P_1H,由于长期平均成本不变,因此 P_1H 也是长期边际成本曲线,此线与横轴的距离(在图中表现为 OP_1、IQ_2、HQ_1 等所表示的距离)是该行业中每一厂商长期内最低平均成本。再假设这一行业的需求曲线是 AR(平均收益曲线即需求曲线),则可求得长期均衡时的产量为 OQ_1。现在假定行业不是由无数竞争厂商构成,而是由一垄断厂商所独占。此时,该垄断厂商为追求利润最大,必将产量定于长期边际成本等于边际收益之点,其产量为 OQ_2,其价格为 OP_2。由此可见,首先,垄断情况下的产量 OQ_2 小于完全竞争条件下的行业均衡产量 OQ_1,而价格 OP_2 也高于完全竞争条件下行业均衡价格 OP_1,因而资源没有得到充分利用。其次,在完全竞争条件下,消费者剩余为三角形 P_1FH 所代表的面积,而当垄断者把价格提高到 OP_2 时,消费者剩余只有三角形 P_2FG 所代表的面积。减少的消费者剩余的一部分(四边形 P_1P_2GI 所代表的面积)转化为垄断者利润,另一部分(三角形 GIH 所代表的面积)就是由垄断引起的社会福利净损失,因为即使政府用征税的办法把 P_1P_2GI 取回,IGH 面积所代表的损失却是无法收回的。

第三,垄断产生寻租。传统的经济学理论只看到了垄断造成的“纯损”的小三角形,如图 10-1 中的 GIH,这种分析看到的只是垄断的结果而不是获得和维持垄断的过程。从 20 世纪 60 年代后期开始,西方一些经济学家认识到,传统的垄断理论可能大大降低了垄断的经济损失。这是因为,为了获得和维持垄断地位从而享受垄断的好处,厂商常常需要付出一定的代价,这种代价与“纯损”三角形一样,也是一种纯粹的浪费,它不是用于生产,没有创造出任何有益的产出,完全是一种“非生产性寻利活动”,这种活动即为寻租。

【相关资料】

我国哪些行业应破除垄断

国家统计局中国经济景气监测中心日前会同中央电视台《中国财经报道》对北京、上海、广州三城市的 700 余位居民进行了调查。电信、邮政、铁路和电力等部门应破除垄断。

哪些行业应破除垄断呢?79.9%的居民认为是电信行业,52.8%的居民认为是铁路部门,47.5%的居民认为是邮电行业,45.8%的居民认为是电力部门。另外,认为是公交、航空、金融、保险的居民分别占 37.9%、29.6%、24.1%和 14.6%。

国家统计局有关专家表示,必须坚定不移地对电信、铁路、邮政、电力等垄断行业进行改革和重组,通过使同一业务经营主体的多元化、非国有资本包括外国资本进入基础设施和公用事业领域、企业财产组织形式的改造与现代企业制度的建设等,创造开放和竞争格局,以适应我国社会主义市场经济迅速发展的要求,应对加入 WTO 后的严峻挑战。

多数居民认为现在的电费价格偏高

电力是不是一种商品?调查显示,85.8%的居民认为电力也是一种商品,只有 11.1%和 3.1%的居民分别表示不是和不清楚。同时,相对于自己的收入水平,55.8%的居民认为现在的电费价格偏高,41.6%的居民认为合适,只有 2.6%的居民认为偏低。既然电力也是一种商品,作为这种商品生产者的电力部门就必须遵守和适应市场经济的发展规律,在提高产品质量和服务水平的同时,根据市场的变化和信息,灵活地制定和调整其价格,这样才能使电力资源得到有效的配置。否则改革滞后,使其价格偏离电力价值、服务水平和人民的收入状况,不仅不利于保障消费者的利益,也不利于电力行业竞争力的提高和长远的发展。

绝大多数居民赞成采取价格听证会制度

现在,多数群众对电力行业垄断和电力价格不满的重要原因,是电力部门的电力生产成本和定价规则缺乏公开性。电力价格听证会的宗旨是为了了解电力成本构成情况,其目的是增加电力价格的透明度,提高电力部门定价的科学性和合理性。据调查,74.2%的消费者赞成对电力定价采取价格听证会,只有 21.6%和 4.2%的居民分别表示无所谓和反对。所以,一方面,电力部门要根据消费者的需求,按照有关程序,对电力定价采取价格听证会,使消费者了解电力成本和利润,科学合理地制定电价;另一方面,价格听证制度还是一个新生事物,需要在实践中进一步规范和完善。同时,作为垄断行业的电力行业,根本的问题是进行改革和重组,破除垄断和垄断价格。

资料来源:《中国财经报道》整理

三、对垄断的公共管制和反垄断法

垄断常常导致资源配置缺乏效率,此外,垄断利润通常也被看成是不公平的,这就使得很有必要对垄断进行政府干预。政府对于垄断的干预是多种多样的,对于自然垄断,政府通常采取公共管制;对于市场垄断,政府一般会使用反垄断法加以限制。

反垄断法又称反托拉斯法,是政府反对垄断及垄断行为的重要法律手段,也是规范市场经济中各个经济主体行为的根本大法,许多西方国家都不同程度地制定了反托拉斯法,其中,最为突出的是美国。下面简单介绍一下美国反托拉斯法的形成与发展。

19 世纪末和 20 世纪初,美国企业出现了第一次大兼并,形成了一大批经济实力雄厚的大企业,这些大企业被称为“托拉斯”。托拉斯垄断了市场,深刻影响到美国社会各个阶级和阶层的利益。从 1890 年开始,美国国会通过一系列法案来限制托拉斯:包括 1890 年的《谢尔曼法》、1914 年的《克莱顿法》和《联邦贸易委员会法》、1936 年《罗宾逊—帕特曼法》、1938 年《惠特—李法》和 1950 年《塞勒—凯弗维尔法》。

谢尔曼法颁布后虽然许多个人和公司因非法行为受到处罚,但是收效甚微。1914 年 9 月 26 日,威尔逊政府颁布《联邦贸易委员会法》,决定由 5 人组成联邦贸易委员会作为在州际贸易中“监督调节托拉斯的机构”,由它取代反托拉斯局,负责调查私人或公司在贸易竞争中的违法行为,发布终止令或解散令,以制止不正当的商业实践。

反托拉斯法的实施标志着美国政府从自由放任政策转向国家干预经济和联邦政府权力

的扩大。反托拉斯法代表资产阶级的整体利益，运用国家干预手段，在一定程度上限制有害于国计民生、损害资产阶级大多数人利益的过度垄断，维持市场竞争，缓和社会矛盾。

中国近年来也逐步完善反垄断法，于2007年8月30日由中华人民共和国第十届全国人民代表大会常务委员会第二十九次会议通过了《中华人民共和国反垄断法》，自2008年8月1日起施行。《中华人民共和国反垄断法》是一部为了预防和制止垄断行为，保护市场公平竞争，提高经济运行效率，维护消费者利益和社会公共利益，促进社会主义市场经济健康发展，而制定的法律。

【相关资料】

中国反垄断历史上"第一案"开出60亿元罚单

备受瞩目的"高通案"，终于尘埃落定。今天，国家发改委正式对外发布处理结果：高通公司滥用市场支配地位实施排除、限制竞争的垄断行为成立，责令其停止相关违法行为，并处2013年度我国市场销售额8%的罚款，共计60.88亿元人民币（约合9.75亿美元）。

至此，历时16个月的高通反垄断案调查画上了句号。同时，近61亿人民币的罚金，也刷新了中国反垄断史上的罚单纪录。

据国家发改委通报，2013年11月，国家发改委根据举报启动了对高通公司的反垄断调查。在调查过程中，国家发改委对数十家国内外手机生产企业和基带芯片制造企业进行了深入调查，获取了高通公司实施价格垄断等行为的相关证据，充分听取了高通公司的陈述和申辩意见，并就高通公司相关行为构成我国反垄断法禁止的滥用市场支配地位行为进行了研究论证。

经调查取证和分析论证，高通公司在CDMA、WCDMA、LTE无线通信标准必要专利许可市场和基带芯片市场具有市场支配地位，实施了滥用市场支配地位的行为，包括收取不公平的高价专利许可费、没有正当理由搭售非无线通信标准必要专利许可、在基带芯片销售中附加不合理条件。

通报称，高通公司的行为排除、限制了市场竞争，阻碍和抑制了技术创新和发展，损害了消费者利益，违反了我国反垄断法关于禁止具有市场支配地位的经营者以不公平的高价销售商品、没有正当理由搭售商品和在交易时附加不合理交易条件的规定。

除了对高通作出罚款决定外，国家发改委还责令高通公司停止违法行为，即时整改。

通报还表示，在反垄断调查过程中，高通公司能够配合调查，主动提出了一揽子整改措施。这些整改措施针对高通对某些无线标准必要专利的许可，包括：对为在我国境内使用而销售的手机，按整机批发净售价的65%收取专利许可费；向我国被许可人进行专利许可时，将提供专利清单，不得对过期专利收取许可费；不要求我国被许可人将专利进行免费反向许可；在进行无线标准必要专利许可时，不得没有正当理由搭售非无线通信标准必要专利许可；销售基带芯片时不要求我国被许可人签订包含不合理条件的许可协议，不将不挑战专利许可协议作为向我国被许可人供应基带芯片的条件。

对此，高通公司今天发表声明称，不打算对这一裁定提出异议，将支付9.75亿美元的罚金，并为其手机芯片设定专利授权费用。

高通公司同时表示，将继续加大在我国的投资，谋求更好的发展。国家发改委对高通公司在我国持续投资表示欢迎，并支持高通公司对使用其受到专利保护的技术收取合理的专利费。

按照法律规定，从正式的处罚发出之日起十五日内，高通公司要把罚款上交中央财政。

（资料来源：编者根据网络资料改写）

单元三　外部性问题及其治理

一、外部性的含义及其分类

（一）外部性的含义

外部性又称外部影响，是指某人或某个单位在生产或消费的过程中，对他人产生有利的或不利的影响，但不需要他人对此支付报酬或进行补偿的活动。

（二）外部性的分类

根据经济活动的主体是生产者还是消费者，外部性可以分类为生产的外部性和消费的外部性。例如企业生产污染了环境属于生产的外部性，而个人在公共场合吸烟使得邻近的人被动吸二手烟属于消费的外部性。

根据外部性给他人或社会带来的结果来看，外部性可分为正外部性和负外部性。正外部性影响是指生产或消费能给其他人带来收益而其他人却不必进行支付的情况。例如，一个养蜂场使邻近的果园更丰收了，丰收的果园主并不是养蜂人，这就是正外部性影响。负外部性是指生产或消费给其他人造成损失而其他人却不能得到补偿的情况。例如，一个工厂在生产产品的同时，造成周边的环境污染，即工厂生产活动给社会带来了不利影响，这就是负外部性影响。

二、外部性问题分析

当个人或者厂商无须为其经济活动引发负的外部性承担全部成本时，他们就可能会过度地从事这类活动。而当个人或者厂商没有从正的外部性的经济活动中获得收益时。他们就可能会减少这类活动。各种形式的外部性会导致市场对资源的配置不合理或缺乏效率，即使假设处在完全竞争的市场，由于存在外部性，整个经济的资源配置也不可能达到最优状态。“看不见的手”在外部性面前失去了作用。

（一）负外部性对资源配置效率的影响

假设某淀粉生产企业在生产时会向河流排放一定的废水，对沿河居民的生活和生产用水带来了不良影响，显然，该企业的生产活动产生了负的外部性。由于负外部性的存在，厂商生产淀粉的社会成本大于生产淀粉的私人成本。如图 10-2 所示，$MC_{社}$ 为生产淀粉的社会边际成本曲线，$MC_{私}$ 为生产淀粉的私人边际成本曲线，$MC_{社}$ 曲线位于 $MC_{私}$ 曲线之上，意味着生产淀粉的社会边际成本高于私人边际成本，两者之差为治理污染的成本，MR 为淀粉生产企业的边际收益曲线。

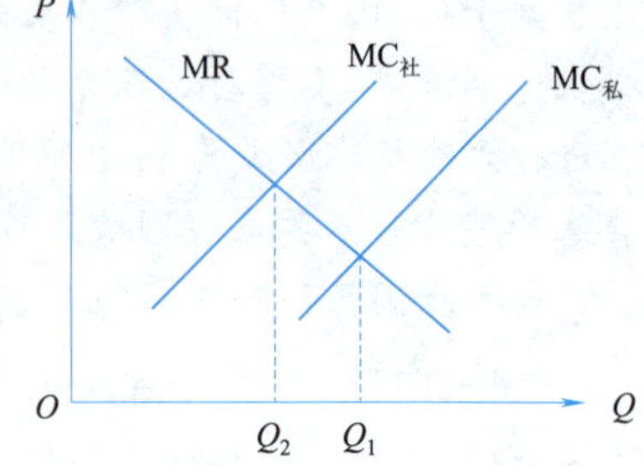

图 10-2　负外部性与资源配置效率

根据利润最大化原则 MR＝MC，厂商会将产量定在私人边际收益与私人边际成本相等的地方，也就是 Q_1 的产量水平，而社会收益达到最大时产量在 Q_2，由此可见，私人最优产量水平高于社会最优产量水平，或者说私人活动的最优水平高于社会所要求的最优水平。

（二）正外部性对资源配置效率的影响

汽车尾气不仅会影响空气质量，同时还会引发全球温室效应。如果个人安装了汽车尾气排放处理装置，就可以减轻尾气排放引起的不良影响。但个人安装该装置的成本完全由自己承担，而受益的是整个社会，因此个人安装尾气排放装置给私人带来的收益要小于给社会带来的收益。

如图 10-3 所示，$MR_{私}$ 为个人安装汽车尾气排放处理装置的私人边际收益曲线，$MR_{社}$ 为个人安装尾气排放处理装置的社会边际收益曲线，MC 为个人安装尾气排放处理装置的私人边际成本曲线。$MR_{社}$ 曲线位于 $MR_{私}$ 曲线之上，两者之差为汽车尾气排放处理装置的安装成本。

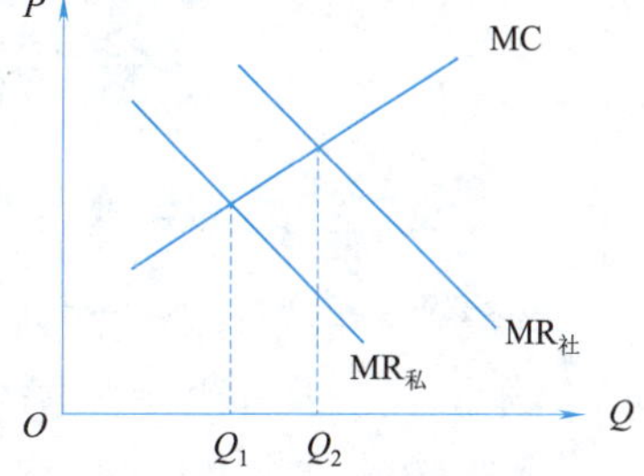

图 10-3　正外部性与资源配置效率

根据利润最大化的原则 MR＝MC，个人对汽车尾气排放处理装置的消费数量是在私人边际收益与私人边际成本相交处，即 Q_1 处，而整个社会边际收益达到最大时的数量在 Q_2 处。很显然，存在正外部性的时候，私人消费的最优水平要低于社会所要求的最优水平。

三、外部性治理对策

如何纠正由于外部影响所造成的资源配置不当？一般从以下三个政策进行考虑。

（一）使用税收和津贴

对于产生积极外部影响的机构或单位，政府进行补贴，如教育、科研等。教育不仅给教育者（生产者）和受教育者（消费者）带来利益，同时也能给社会其他人带来好处。如果由市场调节，教育者和受教育者都以实现自己的私人成本和私人利益为目的，价格调节实现供求平衡。这时，教育的私人成本与社会成本相等，但教育的社会收益大于私人收益。因为社会收益中还应该包括其他与教育无关的人得到的好处。这样，从个人的角度看，实现了资源配置最优，但从社会的角度看，没有实现资源配置最优。此时，易造成市场失灵。因此，政府有必要对此进行补贴，从而提高整个社会的资源配置效率。

（二）使用企业合并的方法

例如，甲企业的生产污染了乙企业的环境，给乙企业带来了损失。若能把两个企业合并成一个企业，则合并后的企业为了自身利益就自然会考虑污染造成的损失，把生产定在边际成本等于边际收益的水平上，因为此时污染给乙企业造成的损失（社会成本）现在成了自己的损失，即社会成本内部化为私人成本的一部分了。

（三）使用规定财产权（产权）的办法

该措施是由美国经济学家科斯提出来的，其理论被称为科斯定理（Coase theorem）。所谓产权是指通过法律程序确定的个体占有某种财富的权利。科斯定理强调了明确所有权的重要性，认为只要所有权是明确的，而且交易成本极低或等于零，则不管所有权的最初配置状态如何，都可以达到资源的有效配置。根据这一理论，当某个厂商的生产活动危害到其他厂商的利益时，在谈判成本较小和每个企业具有明确的所有权的情况下，两个企业可以通过谈判或通过法律诉讼程序，来解决消极外部影响问题。例如，在所有权不明确的情况下，化工厂排出的污染物可能污染周围的农田，造成农作物的减产，而产生消极的外部影响。假如农场主具有禁止污染的权利，那么，农场主可以通过谈判或法律程序，向化工厂索取污染农田造成的经济损失。在这种情况下，化工厂自然会在生产中考虑其污染农田的机会成本。反之，如果化工厂具有污染的权利，这时，化工厂污染农田的机会成本是农田未污染时能为化工厂带来的最大收益，显然，只要农田具有其替代性用途，化工厂就会愿意为保持农田不受污染而付出代价。

单元四　“搭便车”——公共物品

一、公共物品的含义及特征

经济学一般把社会经济划分为私人部门和公共部门。私人部门提供的产品或服务称为私人物品，而公共部门提供的产品或服务称为公共物品。

私人物品（Private Goods）是只能由一个人消费的物品或劳务，具有竞争性（Rivalry）和排他性（Excludability），即当一个人消费某一种私人物品的时候，其他的人是不可能同时对它进行消费的。如你买的苹果吃掉了，别人就没法去吃了。同时，消费者也可以因为某种原因而拒绝消费私人物品，因为如果你不付钱，那么你就不能得到苹果。

公共物品（Public Goods）指私人不愿意生产或无法生产而由政府提供的产品或服务。公共物品具有以下特征：

①公共物品的消费具有非排他性。公共物品的消费权或享用权并不是由某个人独有，而是由整个社会共同所有。某人对该物品的消费或使用，并不能阻止他人对该物品的使用。例如，国家提供的国防安全，人人都可享受。又如海洋中的灯塔或航标，甲船使用了，并不排斥乙船也同时使用。这与私人物品显然不同。

②公共物品的供给具有非竞争性。公共物品的消费增加时，成本并不增加，也就是说，增加一个公共物品使用的边际成本为零，而不像私人物品那样，一个人使用了，就会排除他人使用该物品。在边际成本为零的情况下，有效地配置资源原则就是免费提供公共物品给想要它的任何人。公共物品的这种特性阻碍了市场机制的作用，因为私人销售者只能对付费的人提供产品，如果不能排除不付费的人也享用这种产品，他就不会产生这种产品。由于公共物品的生产不能保证生产者实现利益性交换，因此公共物品的生产不存在市场竞争问题。例如，如果没有政府参与，在市场经济条件下，人们不可能主动去修建海洋中的航标或灯塔。

公共物品所具有的上述特点，决定了公共物品只能主要由政府来提供。因为，非排他性使每个人都能够免费从这类物品的消费中分享到好处，也就是说，每个人都想搭便车，即不需要花钱购买而能消费某种物品。于是，私人企业决不肯生产这类物品。非竞争性使增加一个公共物品使用者的边际成本为零，因此，不应当排斥任何需要此物品的消费者，否则，社会福利就会下降。如果公共物品由政府生产，政府一方面可以运用税收获得生产公共物品的经费，这等于免费乘客无形中被迫买了票；另一方面，可免费将此物品提供给全体社会成员，使这种物品得到充分利用。

二、纯公共品和准公共物品

根据对非竞争性和非排他性的满足条件，公共物品被分为纯公共物品（pure public goods）与准公共物品（quasi-public goods）两个类别。

纯公共物品指的是同时具有非竞争性和非排他性的产品，如国防。现实生活中消费上具有完全非排他性和非竞争性的纯公共物品并不多。

准公共产品是指具有有限的非竞争性或有限的非排他性的公共产品，它介于纯公共物品和私人物品之间，如球场、游泳池、电影院、不拥挤的收费道路等。准公共物品消费具有排他性，即只有收了费才能进入消费。但就非竞争性而言，只有在一定范围内才具有非竞争性，即增加消费者并不增加使用成本，不构成对其他消费者的威胁，而消费者增加到一定数量后，消费者就有了竞争性。例如，当游泳池里人满为患时，每一个游泳者都会对其他人造成障碍。这样的物品不是纯公共物品，只能算准公共物品，也称“俱乐部物品”。这类物品对于付了俱乐部费用、加入了俱乐部的成员来说是公共物品，对非俱乐部成员来说就是非公共物品。说明俱乐部物品的理论被称为“俱乐部理论”。这一理论可广泛用于生产上有联合性而消费上又有排他性的准公共物品的分析。例如，这一理论可用来说明为什么某些高速公路、桥梁等公共基础设施可通过收费回收投资的途径来建设。

三、公共物品与市场失灵

（一）公共物品的最优供给量

如果假定每个消费者对公共物品的需求曲线均存在且已知，那么就可以得到公共物品的最优供给量。假定社会上只有两个消费者，他们对于商品的需求曲线为 d_1 和 d_2，商品的市场供给曲线为 S，如图 10-4 所示，私人物品的需求量是两个消费者在每一给定价格下需求量水平的水平加总。

公共物品的需求不能像私人物品一样将每一个价格水平下的需求量水平加总。在公共物品的情况下，虽然消费者从同一单位公共物品中得到的效用不同，即愿意为一单位公共物品支付的价格不同，但消费者消费的是同一单位的公共物品，不管消费者愿意不愿意，一旦公共物品提供出来，每个消费者的消费量都是相同的。因此，对于一定数量的公共物品，消费者整体愿意支付的价格是各个消费者愿意支付价格的总和，公共物品的需求曲线是由所有消费者的个别需求曲线纵向加总，如图 10-5 所示。

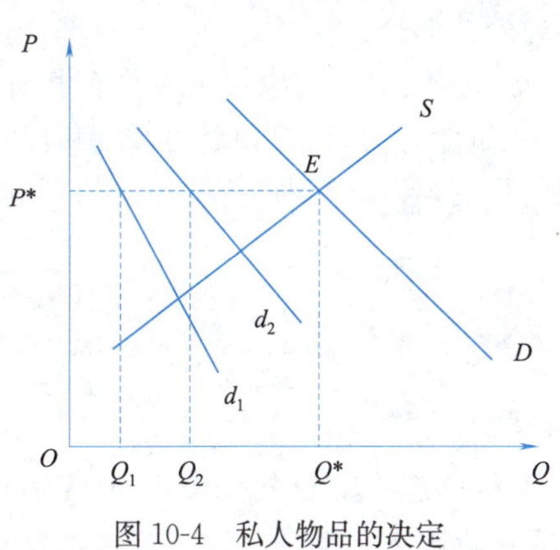

图 10-4　私人物品的决定

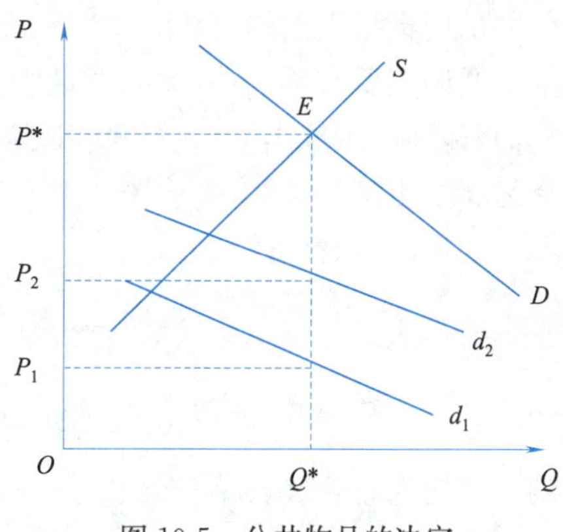

图 10-5　公共物品的决定

(二)公共物品与市场失灵

由于存在以下原因,许多经济学家认为,公共物品的需求曲线是虚假的,无法进一步确定公共物品的最优供给量。

(1)单个消费者通常并不很清楚自己对公共物品的偏好程度。

(2)即使单个消费者了解自己对公共物品的偏好程度,也不会如实说出。为了少支付或者不支付,消费者会低报或隐瞒自己对公共物品的偏好,他们在享用公共物品时都想“搭便车”。

由于上述原因,公共物品必然会导致市场失灵,影响资源配置的效率。公共物品对经济效率的影响表现为:

(1)无法准确确定社会对公共物品的需求信息。

(2)无法避免“搭便车”的问题。

(3)造成公共物品的供给不足和利用不足。

尽管在实际中难以通过公共物品的供求分析来确定公共物品的最优供给量,但却可以有把握地说,市场本身提供的公共物品通常低于其最优供给量,即市场机制分配给公共物品生产的资源常常是不足的。由于公共物品在消费上的非排他性导致“搭便车”问题,人们会压低显示其真实支付意愿倾向,因此公共物品的生产和消费问题不能由市场上的个人决策来解决,所以必须由政府来承担提供公共物品的角色。

四、公共物品问题的解决

政府如何来确定公共物品是否值得生产以及应该生产多少呢?成本—收益分析和表决机制是进行公共物品生产决策和提高效率的重要工具。

成本—收益分析又称社会项目评估分析,是用来评估经济项目或非经济项目的一个重要方法。它首先估计一个项目所需花费的成本以及它所可能带来的收益,然后把二者加以比较,最后根据比较的结果决定该项目是否值得。公共物品也可以看成是一个项目,并运用社会项目评估分析方法来加以讨论。如果评估的结果是该公共物品的收益大于或至少等于其成本,则它就值得生产,否则便不值得。

公共物品的生产也可以由投票的方式来决定。在私人部门中,人们对产品的偏好是通过他们所愿意支付的价格来表达的。在公共部门中,人们对产品的偏好是通过他们的投票来表达的。公共部门根据人们的投票结果做出决策,称为公共选择。

投票的原则主要有两个:一致同意规则和多数规则。但集体表决规则也是有利有弊的。就其弊病而言,如决策成本太高:投票表决需要耗费大量的人力、物力和财力;经历时间太长;投票结果易于发生偏差,即许多选民并不清楚投票的目的,容易受到宣传和舆论的影响,投票结果并不一定反映了选民的意愿。

【相关资料】

公共资源及其保护

一群牧民同在一块公共草场放牧,一个牧民想多养一只羊增加个人收益,虽然他明知草场上羊的数量已经太多了,再增加羊的数目,将使草场的质量下降。牧民将如何取舍?如果每人都从私利出发，肯定会选择多养羊获取收益，因为草场退化的代价由大家负担。如果每一位牧民都如此思考，最终将导致草场持续退化，直至无法养羊，所有牧民破产，公地悲剧由此上演。有些物品如江河湖海中的鱼虾、公共牧场上的牧草，以及我们周围的生活环境等，其消费没有排他性，但有竞争性，尤其当使用者人数足够多时，竞争性很大，这些物品称为公共资源。由于是公共的，使用权、受益权归谁都是模糊的，谁都有权使用，这就产生了过度消费的问题，即所谓“公地悲剧”。例如，公共江河湖海中的鱼虾被过度捕捞、公共山林被过度砍伐、公共矿源被掠夺性开采、公共草地被过度放牧、野生动物被灭绝性猎杀等。

“公地悲剧”的产生是和公共资源消费上的竞争性和非排他性分不开的。消费上的竞争性说明每个在公地上消费的人的活动都有消极外部影响，即每个家庭的牲畜在公有地上吃草时都会降低其他家庭得到的草地的质量，只考虑自己利益的家庭在放牧时不可能考虑这种消极外部影响，而公地消费的非排他性又无法抑制每个消费者的这种消极外部影响。结果，公地上放牧的牲畜数量必然迅速超过公地的承载能力，导致“公地悲剧”产生。如果有关部门认识到这种悲剧，就可采取一些措施加以解决。例如，可以限制每个家庭的放牧数量，或按放牧数量递增地征收放牧税，或干脆把公地划分成若干小块分配给每个家庭使用，但最后一条途径实际上是把公地变成了私地。

单元五　信息不对称

一、信息不对称的含义

根据完全竞争市场的假设，对于商品质量和交易环境，所有市场参与者都拥有相同信息。也就是说，市场上所有居民和企业都知道关于质量、价格等有关交易对象的全部特征，且企业完全了解每个消费者的全部特征。如果这些假设成立的话，那么消费者无须花费时间逛街就可以直接在某个商场买到质量最好、价格最低的商品，商场也无须囤积多余的商品，企业也可以根据准确的信息安排生产，居民和企业的交易决策及生产决策就都变得非常容易了。

但是，各个真实的市场参与者对交易对象所拥有的信息经常是不同的，卖方通常比买方更了解商品的特征。例如：商场里售卖服装的店主比顾客更了解服装的瑕疵；面包店的老板更清楚制作面包的原材料等。市场上类似的情况还有很多，这些都反映了市场交易中的信息不对称。一般而言，卖家比买家拥有更多关于交易物品的信息，但反例也可能存在，如医疗保险的投保人购买保险，买方通常拥有更多信息。

因此，信息不对称指在市场经济活动中，各类人员对有关信息的了解是有差异的。掌握信息比较充分的人员，往往处于比较有利的地位，而信息贫乏的人员，则处于比较不利的地位。信息不对称的存在，主要是由于信息的获取需要太大的成本。在信息不对称条件下，市场低效率的两种主要形式是逆向选择和道德风险。

【相关资料】

信息不对称——买的不如卖的精

俗话说，“从南京到北京，买的不如卖的精”，这其中的道理就是信息不对称。不对称信息，是指市场上买卖双方所掌握的信息是不对称的，一方面掌握的信息多一点，一方面掌握的信息少一点。

“金玉其外,败絮其中”的故事,讲的是商人卖的货物表里不一,由此引申比喻某些人徒有其表。在商品中,有一大类商品是内外有别的,而且商品的品质很难在购买时加以检验,如瓶装的酒类、盒装的香烟、录音带和录像带等。人们或者看不到商品包装内部的样子(如香烟、鸡蛋等),或者看得到却无法用眼睛辨别产品质量的好坏(如录音带、录像带)。显然,对于这类产品,买者和卖者了解的信息是不一样的。卖者比买者更清楚产品实际的质量情况。这时卖者很容易依仗买者对产品内部情况的不了解欺骗买者。如此看来,消费者的地位相当脆弱,对于掌握了“信息不对称”武器的骗子似乎毫无招架之术。

由于信息不对称,价格对经济的调节就会失灵。比如:某商品降价消费者也未必增加购买,消费者还以为是假冒伪劣商品;某商品即使是假冒伪劣商品,提高价格,消费者还以为只有真货价格才高。这就是市场失灵造成的市场的无效率。为消除信息不对称,精明的商家想了很多办法。在大商场,某一生产鸭绒制品的公司开设了一个透明车间,当场为顾客填充鸭绒被,消除了生产者和消费者之间的信息不对称。

二、信息不对称的类别

(一)逆向选择

在现实的经济生活中,存在着一些和常规不一致的现象。本来按常规,降低商品的价格,该商品的需求量就会增加;提高商品的价格,该商品的供给量就会增加。但是,由于信息的对称和机会主义行为,有时候,降低商品的价格消费者也不会做出增加购买的选择(因为可能担心生产者提供的产品质量低,是劣质产品,而非他们心中的高质量产品)、提高商品的价格生产者也不会增加供给的现象。在很多情况下,卖主能真正了解自己产品的质量,而买主不了解产品的真实质量。这样,那些质量差的产品的卖主就有动机“隐藏”有关产品质量的信息,从而造成市场失灵。

逆向选择,指的是这样一种情况:市场交易的一方如果能够利用多于另一方的信息使自己受益而对方受损时,信息劣势的一方便难以顺利地做出买卖决策,于是价格便随之扭曲,并失去了平衡供求、促成交易的作用,进而导致市场效率的降低。这是由于交易双方信息不对称和市场价格下降产生的劣质品驱逐优质品,进而出现市场交易产品平均质量下降的现象。

【相关资料】

婚恋市场的逆向选择

我们经常看到一对男女,男的不如女的好看,为什么呢?这也是由于信息不对称造成的逆向选择的结果。假设,某优秀的男生甲和另一男生乙共同追求美丽的女生。男生乙自知在相貌、品学和经济实力等方面均不如男生甲,所以追求攻势格外的猛烈,而优秀男生甲虽然也非常喜欢美丽的女生,但碍于面子,也由于自持实力雄厚,追求美丽的女生时内敛含蓄、不温不火。美丽的女生实际上喜欢甲要胜过乙。但女孩子的自尊心作怪,再加上信息不对称——她不知道甲是不是喜欢她,所以会显得很矜持。最后的结果是不如甲的乙追到了美丽的女生,而美丽的女生带者遗憾,心里想着甲却成为别人的新娘。这就是由于信息不对称而造成的“逆向选择”,也叫作“劣币驱逐良币”。由于信息不对称造成这种结果在我们的生活中是屡见不鲜的。

（二）道德风险

道德风险是在信息不对称条件下，不确定或不完全合同使得负有责任的经济行为主体不承担其行动的全部后果，在最大化自身效用的同时，采取不利于他人行为的现象。道德风险并不等同于道德败坏。此概念起源于海上保险，1963年美国数理经济学家阿罗将此概念引入到经济学，指出道德风险是个体行为由于受到保险的保障而发生变化的倾向。道德风险是一种客观存在的、相对于逆向选择的事后机会主义行为，是交易的一方由于难以观测或监督另一方的行动而导致的风险。

在经济活动中，道德风险问题相当普遍。获得2001年度诺贝尔经济学奖的斯蒂格利茨在研究保险市场时，发现了一个经典的例子：美国一所大学学生自行车被盗比率约为10%，有几个有经营头脑的学生发起了一个对自行车的保险，保费为保险标的15%。按常理，这几个有经营头脑的学生应获得5%左右的利润。但该保险运作一段时间后，这几个学生发现自行车被盗比率迅速提高到15%以上。何以如此？这是因为自行车投保后学生们对自行车安全防范措施明显减少。在这个例子中，投保的学生由于不完全承担自行车被盗的风险后果，因而采取了对自行车安全防范的不作为行为。而这种不作为的行为，就是道德风险。可以说，只要市场经济存在，道德风险就不可避免。

道德风险还体现在企业内部存在的委托—代理问题上。企业所有者是委托人，企业的雇员（包括经理和工人）都是代理人。委托人利润最大化的目标需要通过代理人的行为而实现。但是委托人的目标并不一定就是代理人的目标，代理人有自己的目标，如：经理可能追求企业规模的扩张，以扩大自己对企业的控制力；工人可能追求工资收入的最大化或在工资收入既定的条件下追求闲暇的最大化，因而可能在工作时偷懒、怠工。不论是经理还是工人，其努力程度都是难以观察的，而且监督的成本很大，企业主不可能总是跟在经理和工人后面监督他们干活。所以，企业主与经理和工人所拥有的信息是不对称的，其后果可能会出现企业所有者利润受损，也使得社会资源配置的效率受损。

【相关资料】

信息不对称引起的道德风险

唐某自担任上投摩根基金经理助理起便以其父亲和第三人账户，先于基金建仓前便买入某的股票（其父的账户买入近6万股，获利近29万元，另一账户买入20多万股，获利120多万元），总共获利逾150万元。这即是俗称的“老鼠仓”，也是典型的涉嫌内幕交易刑事犯罪的行为。

该股票是2006年市场有色金属热背景下的基金业投资宠儿。上投摩根的多只基金持有此股票，包括上投摩根双息平衡混合型基金、阿尔法股票型基金、中国优势基金，及要加强思想道德教育2006年9月20日成立的成长先锋基金等。唐某在出任成长先锋基金经理之前，正为阿尔法的基金经理助理。上述其所购买股票股价在2006年9月底为每股17元左右，后一路飙升，直至每股28元上下。

2007年初，中国证监会基金部下发文件，要求基金公司申报员工自己和直系亲属的身份证号码、证券账户，称如果出现瞒报、不报或者用隐藏身份炒股的行为将严加制裁。这虽被外界解读为是监管当局正在建立对基金经理“老鼠仓”的监控体系，但并未引起基金业内部的足够重视。事实上，正是从此时开始，唐某等人的行为逐渐被纳入了监管视野。

2007 年 5 月 16 日下午，上投摩根基金管理有限公司声明称：原任上投摩根成长先锋股票型证券投资基金基金经理的唐某涉嫌利用掌握的信息进行违规投资活动，未如实申报个人及家属的投资行为，欺骗公司，严重违反了公司制度。2007 年 5 月 15 日，公司免去唐某担任的成长先锋基金经理及其他一切职务，并予以辞退。

（资料来源：编者根据网络资料改写）

三、信息不对称的对策

（一）逆向选择的对策

政府的介入可以解决一些逆向选择的问题。市场机制并不能解决或至少不能有效解决信息不对称导致的市场失灵，这就要求政府发挥相应的作用。政府可以通过相关的规定与措施尽可能保证消费者和生产者能够得到充分和正确的市场信息，即增加市场的透明度。

另外，还可以通过信号显示来解决逆向选择问题。例如，在旧车市场中，由于信息不对称导致了逆向选择，因为消费者不知道具体哪辆车是好的或坏的。然而，质量好的二手车的所有者有一种激励，希望把好车的实情传递给潜在的购买者，即给购买者进行信号显示。高质量的车主可以向购买者提供质量保证，如果购买者买到的车有质量问题，可以在一定时间内退货或得到补偿。通过这一信号显示，买主可以知道，有质量保证的车是好车。因此，质量保证解决了旧车市场的逆向选择问题。此外，在许多产品市场上，质量保证书、包退包换保修措施等，都可以有效消除逆向选择问题。

（二）道德风险的对策

解决道德风险最传统的办法是加强监督。但监督是有成本的，有时监督因信息问题而常常无效。于是，在不同的市场上，人们根据行业特点总结出了一些解决道德风险的方法。例如，在保险市场上通过完善保险合同可以解决道德风险问题。保险公司可规定在保险事故发生时被保险人自己先承担一定数量金额之内的损失，超过的部分再由保险公司赔付。

委托—代理问题中的道德风险主要通过对代理人的激励机制和约束机制解决。如果不管产量多少，都付给代理人相同的报酬，那么他就没有动力去努力工作。适当的激励机制必须使报酬在一定程度上与产量相关。信息经济学认为，有效激励机制的设计应同时满足参与约束和激励相容约束两个条件。参与约束是指吸引代理人参与工作的最低条件。这就是说，每一代理人有一个保留收益，即使他不参与此项工作，也可能获得一个基本的收益等。代理人如果参与此项工作，他要付出劳动或努力的成本，而且边际成本递增。此时代理人所获得的报酬减去他的劳动成本后的剩余应不小于他的保留收益，否则，代理人根本不愿意参加此项工作。但是，参与工作的代理人还不一定愿意付出委托人所期望的努力水平，他可能会偷懒，而委托人又无法直接观察到他付出的真是劳动，因为产量还取决于其他因素。于是，委托人必须使激励机制的设计能诱使代理人不偷懒，即让代理人努力工作的净收益大于偷懒所能得到的净收益，这一约束称为激励相容约束。

从理论上说，保证上面的两个条件，委托—代理产生的道德风险问题就可以得到解决，但现实中的情况可能更为复杂，在设计有效的激励机制和约束机制时还需考虑更多因素。

单元六　政府失灵

一、政府失灵的含义

二战后，西方国家广泛采取干预政策的确在一定程度上纠正了市场失灵，国家干预政策从此成了西方国家的重要经济政策，用来克服市场失灵、恢复市场的功能，实现社会福利最大化，即由于“市场失灵”的存在，才有政府干预调节的必要性。但是，政府也不是万能的。在力图弥补市场失灵的过程中，政府干预行为本身的局限性导致另一种非市场失灵——政府失灵。

政府失灵又称政府失败或政府缺陷，是指个人对公共物品的需求得不到很好的满足，公共部门在提供公共物品时趋向于浪费和滥用资源，致使公共支出规模过大或者效率降低，政府的活动或干预措施缺乏效率，或者说政府做出了降低经济效率的决策或不能实施改善经济效率的决策。

我们可以把政府失灵理解为政府采取的立法、司法、行政管理及经济等各种手段，在实施过程中出现各种事与愿违的问题和结果，如干预不足或干预过度等，并最终不可避免地导致经济效率和社会福利的损失。例如，战后凯恩斯主义政府干预政策在西方盛行二十余年，带来了政府规模膨胀过度、巨额财政赤字、寻租、交易成本增大、社会经济效率低下等问题；20 世纪 70 年代西方国家的滞胀是政府失灵的典型现象。

二、政府失灵的表现

1. 政府政策的低效率（公共决策失误）

公共决策主要就是政府决策，政府对经济生活干预的基本手段是制定和实施公共政策。公共决策失误通常表现在以下几个方面：

（1）短缺或过剩。如果政府的干预方式是把价格固定在非均衡水平上，将导致生产短缺或者生产过剩：如果把价格固定在均衡水平之下，就会产生短缺；反之，则产生过剩。

（2）信息不足。现代经济社会相当复杂，私人经济部门难以掌握完全的信息，事实上，政府也很难做到这一点。因此，许多行为的结果是难以预料的，政府也难免出现因信息不足而导致决策失误。

（3）官僚主义。政府决策过程中也许高度僵化和官僚主义严重，以及任何公共决策都不可避免产生时滞。在一些时候，当针对某一问题的政策真正起作用时，情况已发生了变化。另外，官僚主义还体现在政策实施情况和最初政策意图的不一致，因为政策制定者和执行者一般不是同一个政府机构，可能纯粹由于政策意图本身的模棱两可，执行机构对政策的解释和理解不一定符合制定者初衷。

（4）缺乏市场激励。政府干预消除了市场的力量，或冲抵了市场的作用，干预就可能消除某些有益的激励。

（5）政府政策的频繁变化。如果政府干预的政策措施变化得太频繁，行业的经济效率就会蒙受损失，因为企业难以规划生产经营活动。

2. 政府工作机构的低效率

政府失灵理论认为政府机构低效率的原因在于：

(1)缺乏竞争压力。一方面,由于官僚机构垄断了公共物品的供给,没有竞争对手,就有可能导致政府部门的过分投资,生产出多于社会需要的公共物品;另一方面,政府雇员受终身雇佣条例的保护,没有足够的压力去努力提高其工作效率。

(2)没有降低成本的激励机制,行政资源趋向于浪费。首先,官员花的是纳税人的钱,由于没有产权约束,他们的一切活动根本不必担心成本问题。其次,官员的权力是垄断的,有无穷透支的可能性。

(3)监督信息不完备。理论上讲,政治家或政府官员的权力来源于公民的权利让渡,因此他们并不能为所欲为,而是必须服从公民代表的政治监督。然而,在现实社会中,这种监督作用将会由于监督信息不完全而失去效力。再加上前面所提到的政府垄断,监督者可能为被监督者操纵。

3. 政府的寻租

垄断导致寻租,寻租导致腐败。政府利用垄断性行政权力和法律手段干预市场,获利的人乐意用较低的贿赂成本获得较高的收益和超额利润。在寻租活动中,政府并非一个被动的被利用的角色,迈克切斯内就提出"政治创租"和"抽租"问题。前者指政府官员利用行政干预的办法来增加私人企业的利润,人为创造租,诱使私人企业向他们行贿作为得到这种利润的条件。后者指政府官员故意提出某项会使私人企业利益受损的政策作为威胁,迫使私人企业割舍一部分既得利益与政府官员分享。

4. 政府的扩张

政府部门的扩张包括政府部门组成人员的增加和政府部门支出水平的增长。对于政府机构为什么会出现自我膨胀,布坎南等人从五个方面加以解释:①政府作为公共物品的提供者和外在效应的消除者导致扩张;②政府作为收入和财富的再分配者导致扩张;③利益集团的存在导致扩张;④官僚机构的存在导致扩张;⑤财政幻觉导致扩张。

基于上述原因,市场经济的支持者们认为政府能够发挥的积极作用也是十分有限的,对于一些市场在经济效率方面的失灵现象,这些经济学家更倾向于通过私人部门的决策来解决。这些看法未免极端,但我们必须考虑"政府失灵"的因素,不能过分夸大政府对于纠正"市场失灵"的作用。另外,政府干预本身也是有成本的,税收是政府筹资的主要方式,在征税过程中会产生征收成本,由于税收干扰了私人经济部门的选择,往往还会带来额外的效率损失,即税收的超额负担。只有市场失灵导致的效率损失大于这些税收成本的情况下才需要政府干预。在一些竞争性领域尤其不应出现政府投资与私人部门相交叉竞争的现象。因为这些领域公共经营效率低下,政府与私人部门相竞争难免要倚仗其固有的行政垄断力量,这也会破坏市场机制作用的发挥。

【学练合一】

一、单选题

1. 市场失灵变现为(　　)。

A. 市场没有达到可能达到的最佳结果

B. 市场没能使社会资源的分配达到最有效率的状态

C. 市场未能达到社会收入的公平分配

D. 以上三种都是

2. 公共产品具有哪些特性(　　)。
A. 外部性　B. 非排他性　C. 非竞争性　D. 以上都是
3. 可用(　　)来描述一个养蜂王与其邻近的经营果园的农场主之间的影响。
A. 外部不经济　B. 外部经济
C. 逆向选择　D. 以上都不是
4. 政府提供的物品(　　)公共物品。
A. 一定是　B. 不都是
C. 都不是　D. 以上都可能
5. 交易双方信息不对称,比方说买方不清楚卖方的一些情况,是由于(　　)。
A. 卖方故意要隐瞒自己的一些情况　B. 买方认识能力有限
C. 完全掌握情况所费成本太高　D. 以上三种情况都有可能
6. 草地的过度放牧,以致沙漠化严重,除了其非排他性之外,还因为草地的(　　)。
A. 竞争性　B. 非竞争性　C. 排他性　D. 非排他性
7. 在公共场合吸烟,会让很多人感到不适应,由此产生了(　　)。
A. 正外部性　B. 负外部性　C. 道德规范　D. 外部性的内在化
8. 公海里的鱼具有(　　)。
A. 非竞争性　B. 排他性和非排他性
C. 竞争性和非排他性　D. 非排他性
9. 某一企业经济活动存在生产外部经济时,指企业的产量一般会(　　)社会最优产量。
A. 高于　B. 低于　C. 等于　D. 等于或低于
10. 下列导致市场失灵的因素有(　　)。
A. 反垄断法　B. 资源稀缺　C. 垄断　D. 以上都是

二、多选题

1. 为纠正由于外部影响所造成的资源配置不当,可采取的措施有(　　)。
A. 使用税收和津贴　B. 使用企业合并的方法
C. 使用规定财产权的办法　D. 经济奖惩
2. 以下属于纯公共物品的是(　　)。
A. 私人汽车　B. 无线广播
C. 住宅　D. 国防
3. 由于垄断会使效率下降,因此,任何垄断都是要不得的,这一命题(　　)。
A. 一定是正确的　B. 并不正确
C. 可能是正确的　D. 基本上是正确的
4. 某一经济活动存在外部不经济是指该活动的(　　)。
A. 私人成本大于社会成本　B. 私人成本小于社会成本
C. 私人利益大于社会利益　D. 私人利益小于社会利益
5. 公共物品市场需求曲线是个人需求曲线垂直相加的原因包括(　　)。
A. 消费上的非竞争性
B. 每个消费者消费的同一商品总量
C. 同一价格消费众多商品
D. 对总消费量支付的价格是所有消费者支付的价格的综合

三、分析题

濒临灭绝的鲸鱼

一个美国人平均每年消费牛肉73磅，猪肉59磅，鸡肉63磅，但是谁也没有听说过这种消费可能导致对牛、猪或鸡的灭绝的担忧。相对而言没有多少美国人吃鲸肉；然而在日本等一些国家，鲸肉被视为佳肴。1986年，由于担心鲸可能灭绝，一项暂停商业猎鲸的国际法规出台。

当然，不仅鲸面临这样的问题。在美国，共有草原上的著名的美洲野牛濒于灭绝就是另外一个例子。要解决这一问题，许多情况下需要全社会联合起来，制定经济激励或法规保护资源，避免过度开发而导致破坏。

有时甚至法规也不足以产生作用。就在限制商业捕鲸法规通过的1986年，某些国家似乎一夜之间出现了动物学研究的热情，急切希望对鲸加以"研究"。1987年，日本宣布增加其"科研用鲸"的数量，几乎是该国原有商业消费量的一半。同时，在日本的高额悬赏吸引下，本身并不属于鲸类消费国的冰岛也跃跃欲试，准备将其大部分的"科研用鲸"制成冻肉运往日本。

回答：为什么同样一个市场系统可以保证产出足够的牛、猪和鸡，却偏偏威胁到某些种类的鲸的生存呢？

【应用与实训】

背景材料：我国高速公路的收费

2014年1月23日，交通运输部对外发布《2013年全国收费公路统计公报》，首次汇总公布了当前我国收费公路的里程、建设投资、收入支出等总体情况。2011年至2013年，全国收费公路收支平衡结果分别为－323亿元、－566亿元和－661亿元，亏损额逐年扩大。高速公路果真暴利吗？每年公众缴纳的数千亿元公路通行费都去了哪里？对于收费公路，公众心中有不少疑问。12月23日，交通运输部对外发布《2013年全国收费公路统计公报》，在亮出家底的同时，还就到期公路收费期限等问题回应了公众关切。

实训目的

分析公共产品（半公共产品）与政府的关系。

实训项目

分析我国高速公路该不该收费。

实训内容

1. 阅读背景材料"我国高速公路的收费"。
2. 学生分成偶数组，两两对弈，双方各自持不同观点，进行讨论和准备资料。
3. 教师主持辩论赛，并选出获胜者，进行点评。

实训说明

本实训为课内进行实训，最后在教室内进行总结。学生分组收集相关数据，撰写调查报告，然后每组选出一人在课堂上做报告。教师根据情况给出相应的意见和建议，做出总结。

项目十一　宏观经济运行的衡量

【学习目标】

1. 理解国内生产总值的含义及核算方法。
2. 了解国民经济核算中的其他指标。
3. 了解国内生产总值与经济增长"三驾马车"的关系。

【导引案例】

谁富、谁穷?

国内生产总值(GDP)常被公认为衡量国家经济状况的最佳指标,是国民收入核算体系中一个重要的综合性统计指标,它反映了一国(或地区)的经济实力和市场规模。

如表11-1所示,截至2017年底,全球总人口约为75.3亿,全球GDP总量约为80.7万亿美元,全球人均GDP约为1.07万美元(10 717美元)。按照世界银行2015年的标准:人均GDP低于1 045美元为低收入国家,在1 045～4 125美元为中等偏下收入国家,在4 126～12 735美元为中等偏上收入国家,高于12 736美元为高收入国家。以此标准,当前高收入国家的人口总量约为12.49亿,占全球人口的比重为16.59%,但GDP总量却高达51.475万亿美元,人均GDP也高达4.12万美元(41 213美元)。

表11-1　2017年全球人口及GDP数据

	人口/亿	人口占比	GDP/万亿美元	GDP占比	人均GDP/美元
高收入国家	12.49	16.59%	51.475	63.79%	41 213
中高等收入国家	25.762	34.21%	22.168	27.47%	8 605
中低等收入国家	29.726	39.48%	6.504	8.06%	2 188
低收入国家	7.324	9.73%	0.549	0.68%	750
全球	75.3		80.7		10 717

(数据来源:世界银行)

人口总量为7.324亿的低收入国家的人均GDP仅为750美元,约为高收入国家人均GDP的1.82%,可见全球贫富差距的严重性。中高等收入国家的人口总量为25.762亿,GDP总量为22.168万亿美元,人均GDP约为8 605美元,约为高收入国家人均GDP的20.88%。中低等收入国家的人口总量最多,为29.726亿,全球占比为39.48%。但GDP总量仅为6.504万亿美元,仅占全球GDP总量的8.06%,且人均GDP也仅为2 188美元(约为高收入国家人均GDP的5.3%)。

美国、日本、英国、法国、德国以及韩国等为高收入国家;俄罗斯、巴西、中国、土耳其、马来西亚等当前是中高等收入国家;印度、巴基斯坦、越南、菲律宾等国为中低收入国家;阿富汗、坦桑尼亚、柬埔寨、尼泊尔、埃塞俄比亚等为低收入国家。

【驱动任务】

上海成全国首个取消GDP增长目标城市

2015年1月25日，上海市十四届人大三次会议开幕，上海市市长杨雄代表市政府做政府工作报告，只字未提GDP预期增长。

上海市人大代表、复旦大学经济学院教授陈建安最先注意到这个改变。这位已有十多年两会经验的“老兵”在翻看政府工作报告时，下意识地先找GDP预期增长目标，但却没有找到，“这是十几年来第一次”。

往年，政府工作报告的第二部分会重点提及新一年的主要任务，按照“惯例”，这一部分的开篇就会指出，新的一年全市生产总值预期增长多少。2012年上海GDP增长的预期目标是8%，2013年和2014年这一数字是7.5%，2015年，这个数字没了。

中国青年报记者注意到，上海市政府工作报告对2015年全市经济社会发展主要目标的建议是：经济平稳增长，结构继续优化，质量效益进一步提高，全市一般公共预算收入与经济保持同步增长。

这个“含糊”表述背后，跟着一连串精准的数字——全社会研发经费支出相当于全市生产总值的比例达到3.6%以上，每万人口发明专利拥有量达到26件左右；城镇登记失业率控制在4.5%以内；环保投入相当于全市生产总值的比例保持在3%左右。

陈建安很快意识到，这是一种“上海态度”——提高经济发展的质量和效率，加快产业结构转型，才是未来经济工作的重心。而无论是质量、效率，还是结构转型的成果，都很难以GDP的增长率来衡量，因此就不提GDP了。陈建安说：“这些都是未来长远的打算，短期内很难在GDP增长率上反映出来，但长期来看，未来这些质的转变，一定会反映在GDP的增长上。”

作为一名经济学教授，陈建安忍不住要称赞这种“不提GDP”的做法，“其实很聪明”。他判断，2015年，伴随着上海环境成本、资源成本、劳动力成本上升等因素，上海的GDP增长率可能会出现一定的下滑，“如果在一开年就把自己卡在一个GDP增长率的指标上，政府会很被动”。

况且，这个指标高一些或是低一些都会引起舆论的广泛争议和讨论。“定低了，会有人说，其他省份都那么高，为什么你上海下滑了；定高了，又给政府自身徒增压力。倒不如不说，给自己一个更大的政策空间。”陈建安说，上海未来的重点在“全球科创中心”，创新力的提升才是重中之重，但创新力的提升并不能马上通过GDP增长来反映。

2014年11月15日，上海市委书记韩正接受英国《金融时报》专访时就曾提到，上海在五六年前就已经不再考核区县的GDP指标。

2014年1月24日，上海市长杨雄也在市政府记者招待会上说，“我们不是太关心GDP，更关注自贸试验区的建设对上海4个中心(即国际经济、金融、贸易、航运中心)建设的影响，包括服务功能的提升、功能性机构的集聚。”

中国青年报记者了解到，给GDP松绑是一个喊了多年的口号，但实实在在落实到省一级政府工作报告中，上海是第一个。

（资料来源：《中国青年报》2015年01月26日）

思考：GDP是衡量国民收入的重要指标，为什么上海市要取消GDP的增长目标？

单元一　宏观经济运行的主要衡量指标

一、国内生产总值

（一）GDP 的含义

国内生产总值(gross domestic product，GDP)是指在一定时期内(通常是一年)，在一个国家境内生产的所有最终商品及其劳务的市场价值的总和。例如，2018 年美国的 GDP 达 20.49 万亿美元，为全球第一大经济体，而 2018 年中国的 GDP 是 13.2 万亿美元，继续为全球第二大经济体。

理解国内生产总值(GDP)的概念时，要注意以下几点：

(1)GDP 是一个时期指标，而非时点指标。GDP 是一个国家在一年内生产多少，而不是在整个历史上积累多少。尽管一般情况下，我们都是按年度来考虑 GDP，但也有按季度计算的 GDP。

(2)GDP 指当年产出的最终产品和服务的总价值，不包含以前产品的库存等。价值就是产品和服务的数量与价格的乘积，所以 GDP 的价值不仅受到计算期内产量变动的影响，也会收到价格水平变动的影响。

(3)GDP 是指最终产品和服务的市场价值，不包括中间产品。什么是最终产品和服务？企业购买一些产品和服务，并把它们用于生产和加工成其他产品和服务，那么这些产品和服务就是中间产品和服务。而最终产品和服务是出售给最终使用者，被用于消费或私人库存。

一个中间产品的一个例子是面粉。当面粉被卖给面包厂，如果把这个被卖出的面粉记入 GDP，则当消费者从面包厂购买面包时，就会再次计算面粉的价值，面粉价值就会计算两次。为了避免重复计算，仅将最终产品计算包含在 GDP 核算中。

(4)GDP 的划定是以国界为准而不是以生产要素的来源为准。只要生产在该国境内进行，不论是本国居民还是外国居民投资生产的产品和服务，其价值都要计入该国的 GDP。比如，中国的 GDP 是由中国境内的劳动和财产所生产的产品和服务的市场价值，而不管劳动者和财产所有者的国籍是哪个国家。一位美国公民在中国短期工作也会增加中国的 GDP。同理，一位在美国工作的中国人会对美国而不是中国的 GDP 做出贡献。

（二）GDP 的缺陷和不足

任何一项统计指标，都有其确定的使用范围。GDP 也是这样，它有很重要的作用，但也有局限性。

(1)GDP 不能反映经济发展对资源环境所造成的负面影响。比如，只要采伐树木，GDP 就会增加，但过量采伐后会造成森林资源的减少，GDP 却不考虑相应的代价。再比如，某些产品的生产会向空气中或水中排放有害物质，GDP 会随着产品产量的增加而增加，却不考虑这些产品的生产对环境造成的损害。显然，在这样的情况下，GDP 只反映出经济发展的积极一面，而没有反映出对资源环境造成损害的消极一面。

(2)GDP 不能准确地反映经济增长质量和一个国家财富的变化。固定资产存量大致可以代表一个国家拥有的财富，那么这个财富能否有效地增长，不仅取决于当年新形成固定资产的多少，也取决于历年固定资产的质量。如果质量不好，所形成的固定资产没有到使用期限就不得不报废，那么当年新形成固定资产中就有一部分价值要用来抵扣报废的固定资产价值，一国的国民财富并不能随着当年新形成固定资产而得到有效提升。而 GDP 只能反映当年新形成固定资产的多少，不能反映固定资产的质量好坏，因此 GDP 不能准确地反映一个国家财富的变化。

（3）GDP 不能反映某些重要的非市场经济活动。有些非市场活动在人们的日常生活中占有很重要的位置，比如家庭妇女做饭、照顾老人、养育儿童等。这些活动没有发生支付行为，按照国际标准，GDP 不反映这些活动。但是，如果这些工作由雇佣的保姆来承担，顾主就要向保姆支付报酬，按照国际标准，相应的活动就必须反映在 GDP 中。可见，由于 GDP 不能反映某些非市场活动，使得它在某种程度上损失了可比性。

在发达的市场经济国家，家务劳动市场化的程度比较高，比如，大多数家庭都把孩子送到幼儿园去养育，许多老人被送到养老院去照顾，许多家庭经常到餐馆里去就餐，等等。而发展中国家家务劳动市场化程度比较低，大部分家务劳动都由家庭成员自己来承担。同样或几乎同样的家务劳动，发达的市场经济国家市场化程度高，对 GDP 的贡献就大；发展中国家市场化程度低，对 GDP 的贡献就小。因此，就这一点来说，发展中国家的 GDP 与发达国家的 GDP 并不完全可比。

（4）GDP 不能全面地反映人们的福利状况。人们的福利状况会由于收入的增加而得到改善。人均 GDP 的增加代表一个国家人民平均收入水平的增加，从而当一个国家的人均 GDP 增加时，这个国家的平均福利状况将得到改善。但是从人均 GDP 看不出由于收入分配的差异而产生的福利的差异状况。

同时，人们的福利涉及许多方面，比如休闲和家庭享乐也属于福利的重要内容。如果人们从事更多的生产活动，得到更多的收入，从而能够购买更多的产品满足个人的需要，那么，他们在为社会创造 GDP 的同时，个人的福利也增加了。但是，如果他们始终忙于生产活动，没有时间与家人团聚，享受天伦之乐，尽管社会的 GDP 因此增加了，但他们的个人福利并不一定增加，因为虽然他们因个人收入的增加而能够消费更多的产品，但他们也失去了很多享乐的机会，前者增加的福利可能会被后者损失的福利所抵消。

【相关资料】

绿色 GDP

绿色 GDP 的概念是衡量一个国家或地区可持续发展能力的指标，1993 年，联合国经济和社会事务部统计处在修改的《国民经济核算体系》中，首次提出了这一新的统计概念。

绿色 GDP 是在传统 GDP 概念的基础上，考虑外部影响和自然资源等因素后得出的新的 GDP，反映了一个国家或地区经济发展所带来的综合福利水平，称可持续发展的国内生产总值。

当绿色 GDP 的增长快于 GDP 时，意味着自然资源得到节约，环境得到改善，这种发展方式具有可持续性，有利于福利水平的不断提高；反之，当 GDP 的增长快于绿色 GDP，意味着经济的发展是以自然资源过度消耗、环境不断恶化为条件的，这种发展方式是不可持续的，不利于福利总水平的提高。

绿色 GDP 对传统 GDP 进行了调整，能够更真实、科学地反映国民福利水平的变化，但是，在实际当中很难为自然资源消耗和环境恶化进行量化，无法对绿色 GDP 进行统计。尽管存在这些困难，但采用绿色 GDP 的指标是发展的趋势。

二、国内生产总值的核算方法

国内生产总值有三种核算方法：支出法、收入法和生产法。用这三种方法测算都能得到相同的结果，如表 11-2 所示。

表 11-2　GDP 的三种统计方法

统计方法	定　义	计 算 方 法
生产法	所有常住单位的增加值之和	第一、二、三产业的增加值（＝总产品－中间投入）之和
收入法	所有常住单位在一定时期内创造并分配给常住单位和非常住单位的初次收入之和	劳动者报酬＋生产税净额＋营业盈余＋固定资产折旧
支出法	所有常住单位在一定时期内最终使用的货物和服务价值与货物和服务净出口价值之和	最终消费＋资本形成总额＋出口－进口

（一）支出法

支出法又称产品流量法或最终产品法，是将一定时期内所有购买者用于购买最终产品和劳务的支出金额分类加总，用以测算 GDP 的方法。

为了避免重复计算，在按照支出法来计算国内生产总值（GDP）时，只统计最终产品和劳务的价值，而不统计中间产品的价值。所谓中间产品是指用来生产其他产品的商品。如，生产汽车所使用的钢材。对最终产品和劳务的支出，一般分为四类，即个人消费支出（C）、私人投资支出（I）、政府购买支出（G）、净出口（$X-M$）。

1. 个人消费支出（C）

个人消费支出是指一定时期内，居民除购买住房以外的所有商品和劳务的支出，如购买耐用消费品、非耐用消费品，支付住房租金和其他劳务费用等方面的支出。个人购买住房的支出列入固定资产投资，但是各国的规定不尽相同。

2. 私人的投资支出（I）

私人的投资支出是指厂商和个人为了在未来获得收益而购买的资本品。投资可分为固定资产投资（fixed investment）和存货投资（inventory investment）两大类。固定资产投资包括增加新厂房、新设备、营业用非住宅建筑物和居民购买住宅用建筑物的支出。存货投资包括企业在某一特定时期内所持有的原材料、半产成品和库存产成品的价值增加额。总投资等于固定资产投资加上存货投资。

3. 政府购买支出（G）

政府购买支出是指政府购买企业最终产品和劳务的支出，包括教育和国防拨款、修建公路等基础设施的投资以及支付政府雇员工资。但是并非政府的全部支出都计入政府购买，其中转移支付就不能包括在政府购买之中，如政府发放的残疾人救济金、失业人员的补贴金等无偿地转移给某些组织和个人的资源。因为政府的这些支出并未取得相应的最终产品和劳务，所以政府这部分支出不能计入国内生产总值。

4. 净出口（$X-M$）

净出口是指出口总额减去进口总额的余额，其大于零意味着出口多于进口，小于零意味着出口少于进口。

用支出法计算国内生产总值（GDP），公式如下：

$$GDP = C + I + G + (X - M)$$

表 11-3 所示为我国 1999—2018 年支出法国内生产总值。

表 11-3 我国 1999 年—2018 年支出法国内生产总值 （单位:亿元）

年 份	支出法国内生产总值			
	总 值	最终消费	资本形成总额	货物和服务净出口
2018	884 426.0	480 340.6	396 644.8	7 440.5
2017	815 260.3	437 151.5	363 954.8	14 154.0
2016	745 632.4	399 910.1	329 137.6	16 584.7
2015	699 109.4	362 266.5	312 835.7	24 007.2
2014	647 181.7	328 312.6	302 717.5	16 151.6
2013	596 962.9	300 337.8	282 073.0	14 552.1
2012	540 988.9	271 112.8	255 240.0	14 636.0
2011	486 037.8	241 022.1	233 327.2	11 688.5
2010	410 708.3	198 998.1	196 653.1	15 057.1
2009	349 883.3	172 728.3	162 117.9	15 037.1
2008	319 935.9	157 466.3	138 242.8	24 226.8
2007	271 699.3	136 229.5	112 046.8	23 423.1
2006	221 206.5	114 728.6	89 823.4	16 654.6
2005	189 190.4	101 447.8	77 533.6	10 209.1
2004	162 742.1	89 086.0	69 420.5	4 235.6
2003	138 314.7	79 513.1	55 836.7	2 964.9
2002	122 292.2	74 068.2	45 129.8	3 094.2
2001	111 250.2	68 546.7	40 378.9	2 324.7
2000	100 576.8	63 667.7	34 526.1	2 383.0
1999	90 823.8	56 621.7	31 665.6	2 536.6

（数据来源:中国国家统计局）

（二）收入法

收入法又称成本流量法或要素成本法，它是把投入生产的各种生产要素（劳动、资本、土地、企业家才能等）所取得的各种收入相加，来核算一国生产出来的最终产品的价值总和。厂商的收入用于以下几个方面:支付劳动者的工资、支付利息、购买中间产品、支付企业间接税、补偿折旧，其余的收入部分作为利润。

用收入法计算的国内生产总值（GDP）可以表示为：

GDP＝工资＋租金＋利息＋利润＋间接税＋折旧

（三）生产法

生产法又称增值法，它是用国民经济各部门的增加价值之和来计算国内生产总值的一种方法。厂商的销售收入扣除中间产品成本后的余额称为增加价值。这种方法反映了国内生产总值的来源，所以又称为生产法。

用增值法测算国内生产总值（GDP）可以表示为：

GDP＝各部门所有厂商增加价值之和

【相关案例】

GDP 的三种核算方法——以 2000 年中国 GDP 为例(见表 11-4)。

表 11-4　2000 年中国投入产出简表　　（单位:亿元）

产　出	中间使用			
投　入	第一产业	第二产业	第三产业	中间使用合计
第一产业	4 036	8 799	1 149	13 984
第二产业	5 473	97 931	16 508	119 911
第三产业	1 644	17 786	11 880	31 311
中间投入合计	11 152	124 517	29 537	165 206
固定资产折旧	597	8 598	5 411	14 606
劳动者报酬	13 443	20 863	15 614	49 920
生产税净额	415	8 889	4 108	13 412
营业盈余	841	10 103	3 465	14 409
增加值合计	15 296	48 453	28 598	92 347
总投入	26 448	172 970	58 135	257 553

最终使用					总产出
总消费	资本形成	净出口	其他	合计	
10 956	1 109	42	358	12 464	26 448
21 186	30 445	1 131	296	53 058	172 970
23 935	946	2 345	−401	26 824	58 135
56 077	32 500	3 517	253	92 347	257 553

支出法核算 GDP

从最终使用的角度衡量，2000 年，我国按支出法计算的 GDP 为 92 347 亿元(56 077+32 500+3 517+253)。在创造的最终产品和劳务中，其流向是用于消费 56 077 亿元、用于资本形成 32 500 亿元、净出口为 3 517 亿元，此外，由于统计口径、误差等原因为 253 亿元。分析最终使用结构，2000 年，我国最终使用流向中 60.7%为消费、35.2%为资本形成、3.8%净出口国外及 0.3%为统计口径等其他原因的误差。

生产法核算 GDP

从生产的角度衡量所有常住单位在 2000 年新创造的价值。2000 年，我国按生产法计算的 GDP 为 92 347 亿元(15 296 亿元+48 453 亿元+28 598 亿元)。进一步分析可以得到：第一产业增加值 15 296 亿元(26 448 亿元−11 152 亿元)；第二产业增加值 48 453 亿元(172 970 亿元−124 517 亿元)；第三产业增加值 28 598 亿元(58 135 亿元−29 537 亿元)。从各产业贡献程度看，2000 年我国第二产业对全国 GDP 的贡献最大，达 52%，其次是第三产业为 31%，第一产业的贡献为 17%。可见，第二产业在我国仍占据主导地位，第一产业对 GDP 的贡献与其人口比重不相配，此外，与社会发展要求比，第三产业还需大大加快发展。

收入法核算 GDP

从生产过程创造的收入分配额看，2000 年，我国按收入法计算的 GDP 为 92 347 亿元(14 606亿元+49 920 亿元+13 412 亿元+14 409 亿元)。在生产过程创造的收入中，由劳动者个人获得的劳动者报酬为 49 920 亿元、政府以生产税形式得到的收入为 13 412 亿元，余下的为企业的营业盈余 14 409 亿元和固定资产折旧 14 606 亿元。考虑到固定资产折旧需在生产过程中对消耗的生产资料进行补偿，因此，扣除固定资产折旧后的净增加值进行分配，其分配结构是劳动者个人得到净增加值的 64%；企业获得 19%的净增加值收入；政府获得 17%的净增加值收入。由此可见，我国生产过程创造的净增加值分配中，劳动者个人得到的份额最多。

根据 GDP 核算三面等值的原则，2000 年中国投入产出表中，生产法计算的 GDP 、收入法计算的 GDP 和支出法计算的 GDP 是相等的。但应说明的是，由于资料来源的不同以及基础数据质量上的差异，实际中存在误差，本案例的 2000 年投入产出表，在制表过程中已做调整，但支出法计算的 GDP 仍还存在 253 亿元的差异。

(资料来源：编者根据网络资料改写)

三、实际 GDP 与名义 GDP

名义 GDP 是以现行价格计算的国内生产总值，它等于各种产品和劳务的数量与现行价格乘积的总和。名义 GDP 既受产出物品和劳务数量变动的影响，又受产出物品和劳务价格变动的影响。名义 GDP 不适用于不同时期 GDP 的比较。实际 GDP 是以不变价格计算的国内生产总值。实际 GDP 与名义 GDP 有如下关系：

$$\text{实际 GDP}=(\text{名义 GDP}/\text{GDP 平减指数})\times 100$$

$$\text{GDP 平减指数}=(\text{报告期价格}/\text{基期价格})\times 100$$

GDP 平减指数可以用来衡量物价水平。如果 2000 年的价格为 150 元，1990 年的价格为 100 元，以 1990 年为基年，那么，2000 年价格指数是 150，1990 年价格指数是 100。说明物价上升了 50%。

如果 2000 年的名义 GDP 为 52 000 亿元，那么：

$$\text{实际 GDP}=52\,000\div 150\times 100=34\,666.7(\text{亿元})$$

四、国民收入核算的其他指标

除了国内生产总值(GDP)以外，国民收入的指标体系还包括国内生产净值、国民生产总值、国民收入、个人收入和个人可支配收入等总量指标。

(一)国内生产净值(NDP)

国内生产净值(net domestic product，NDP)是指在一定时期内(通常为一年)，在一个国家境内新增加的产品价值，即在国内生产总值中减去折旧之后的产值，可以表示为：

$$\text{NDP}=\text{GDP}-\text{折旧}$$

折旧用来补偿生产中固定资产的消耗，它不是当年新创造的价值。计算国内生产总值(GDP)时，最终产品的市场价值中包括了折旧，在计算国内生产净值(NDP)时要扣除折旧费用。

(二)国民生产总值(GNP)

国民生产总值(gross national product，GNP)是一国国民在一定时期内生产的所有最终产品和劳务的市场价值之和。GDP 与 GNP 的区别在于：GDP 是按生产和提供劳务的区域计算的，凡是在本国国土上创造的收入，不论谁经营，所有权归谁，都计入本国的 GDP。GNP 是按照国民的概念计算的，凡是本国国民所创造的收入，不论生产是否在国内进行，都计入本国的 GNP。例如，我国企业在国外的子公司的收入应计入我国的 GNP，不计入我国的 GDP，而计入国外的 GDP。

(三)国民收入(NI)

广义的国民收入(national income，NI)泛指国内生产总值(GDP)、国民生产总值(GNP)、国民生产净值(NNP)等总量指标。狭义的国民收入是指一国国民在一定时期内(通常是一年)提供各种生产要素而获得的全部收入，它包括工资、租金、利息和利润。即

$$\text{NI}=\text{工资}+\text{租金}+\text{利息}+\text{利润}$$

国民收入(NI)与其他总量指标的关系可表示如下：

$$\text{NI}=\text{NNP}-\text{间接税}$$

$$\text{NI}=\text{GNP}-\text{折旧}-\text{间接税}$$

NNP 是国民收入净值(net national product)，它是一国国民在一定时期内新增加的产品价值。与 GNP 的关系是：

$$\text{GNP}=\text{NNP}+\text{折旧}$$

间接税是指消费税、增值税、关税等不是直接与生产要素挂钩的税种，通过销售过程，企业将此转嫁到最终产品和劳务的价格中去，国民收入不包括间接税。

(四)个人收入(PI)

个人收入(personal income，PI)指一个国家在一定时期内(通常为一年)个人从各种来源所得到的全部收入。

它与国民收入在计算中的区别是，要从中减去名义上属于个人收入，而实际上个人并未直接得到的部分。需要减去的部分有：雇主和雇员支付的社会保险金、公司利润所得税、未分配利润。同时也要加上个人得到的各种转移支付，包括政府发放给个人的社会救济金、政府支付给个人的国债利息，以及企业给个人的转移支付，如企业支付给雇员的各种补贴和津贴等。但是不包括个人之间的转移支付，因为它只是改变个人之间收入的分配，并未增加个人的收入总额。个人收入(PI)的构成表示如下：

$$\text{个人收入}=\text{国民收入}-\begin{matrix}\text{公司和个人缴纳}\\\text{的社会保险金}\end{matrix}-\begin{matrix}\text{公司所得税}\\\text{未分配利润}\end{matrix}+\begin{matrix}\text{政府和企业对个人}\\\text{的转移支付}\end{matrix}+\begin{matrix}\text{政府对个人支}\\\text{付的国债利息}\end{matrix}$$

(五)个人可支配收入(PDI)

个人可支配收入(personal disposable income，PDI)是指一个国家的所有个人在一定时期内(通常为一年)实际得到，并可用于消费和储蓄的收入。它与个人收入的区别在于，后者扣除了个人应缴纳的各种税金，如所得税、财产税、房地产税等，以及非税的罚款后，个人才能支配，才属于个人可支配收入，可以用于个人的消费和储蓄。个人可支配收入的计算公式为：

$$\begin{aligned}\text{个人可支配收入(PDI)}&=\text{个人收入(PI)}-\text{个人税}-\text{非税支付}\\&=\text{个人消费支出(C)}+\text{个人储蓄(PS)}\end{aligned}$$

以上分别介绍了国民收入核算中的各个总量指标，这些指标之间的相互关系可以用表 11-5表示。

表 11-5　国民收入指标体系

<table>
<tr><td colspan="2">总投资</td><td colspan="3">净出口</td><td colspan="3">政府购买支出</td><td colspan="2">个人消费支出</td></tr>
<tr><td colspan="10">国内生产总值 GDP</td></tr>
<tr><td>折旧</td><td colspan="2">间接税</td><td>利润</td><td colspan="2">工资</td><td colspan="3">利息</td><td>租金收入</td></tr>
<tr><td></td><td colspan="9">国内生产净值 NDP</td></tr>
<tr><td></td><td colspan="2">间接税</td><td colspan="7">国民收入 NI</td></tr>
<tr><td colspan="3"></td><td>未分配利润等</td><td colspan="6">人收入 PI</td></tr>
<tr><td colspan="4"></td><td colspan="3">个人税等</td><td colspan="3">个人可支配收入</td></tr>
<tr><td colspan="4"></td><td colspan="3">个人储蓄</td><td colspan="3">个人消费</td></tr>
</table>

单元二　GDP 与消费、投资、出口

一般认为，消费、投资和出口是拉动国民经济发展的“三驾马车”，共同拉动经济发展，因此，按照经济发展动力来源可以将经济发展分为：消费拉动型、投资拉动型和出口拉动型。而研究它们各自拉动力的大小就成为研究经济增长动力的源泉、途径及破解经济发展困局的钥匙。

一、消费与经济增长的关系

（一）消费需求是经济增长的助推器

消费是一切经济活动的起点、落脚点和新起点，生产出来的商品和人们的任何需求都必须通过消费这个环节才能最终实现。从这个意义来讲，消费对我国经济发展具有极其重要的作用，需求的强弱影响着我国社会再生产的实现程度，从而影响着我国经济发展的速度。

（二）消费需求是经济波动的稳定器

消费需求的稳定性是经济周期性波动的重要制约因素。消费需求波动相对平缓，在很大程度上削弱了投资需求波动给国民经济带来的动荡，阻止国民经济过于迅速地上升或下降。

（三）消费需求是促进市场经济健康发展的关键

中国经济增长的重要约束已经由短缺时代的资源供给约束转变为市场需求约束，市场需求规模成为决定生产规模和投资规模的重要因素，消费需求的规模扩大和结构升级成为现阶段我国经济增长的根本动力。消费需求不足或消费需求结构不合理，会直接影响到社会再生产的进行，从而影响我国经济发展。所以，通过调节消费需求，引导需求结构，将大大有利于促进市场经济的合理运行。

（四）消费需求对经济增长的贡献高于投资与出口

一般用消费、投资和出口在 GDP 中所占比重及对经济增长的贡献率比较来考查对经济增长的影响，对国民经济产生的拉动作用，通常消费需求每增长 1 个百分点，相当于投资增长 1.5 个百分点，而出口需求来自国外市场，其规模变动取决于国外的经济及政治因素，国内因素对其影响较小。改革开放以来，尽管有时消费需求对经济增长的贡献低于投资需求和出口，但消费需求仍然是拉动我国经济增长的重要因素，对于我国经济保持长期稳定增长发挥重要作用。

二、投资与经济增长的关系

投资对经济增长的作用主要是通过投资的两个方面来实现：

（一）投资的需求效应

在投资过程中，不断通过资金购买生产资料，如电力、水泥、钢材等，从而导致对投资品和消费品的大量需求，引起国民经济中需求总量的增加，推动相关行业扩大生产，促进经济发展。

（二）投资的供给效应

投资项目建成后投入使用，会扩大社会的生产能力，从而使社会能够生产出更多的产品，导致国民经济供给总量的增加，进而促进国民经济的增长。

在处理投资和经济增长的关系时，既要重视投资对经济增长的作用，又不能盲目扩大投资；既要重视投资的需求效应，也要重视投资的供给效应。投资与经济增长之间关系密切，一方面，投资是经济增长的主要推动力，另一方面，经济增长的效果又影响投资方式，决定投资行为，因此，要保持经济持续健康的发展，政府应该引导投资规模适度发展，促进投资主体的多元化，保持合理的投资结构，使投资和经济增长相适应。

三、出口与经济增长的关系

相对于消费是内部需求，出口是指外部需求，即通过本国企业的产品打入国际市场，参与国际竞争，扩大自己的产品销路。

内需可以为外需提供重要的支撑和动力，同样，外需对内需也有着巨大的拉动作用。外需从不同的方面直接或间接地刺激内需，形成了如“出口—带动国内相关产业的发展—提供大量就业岗位—提高居民收入水平—扩大消费需求”或“出口—缓解国内产能过剩—减少相关企业破产—增加国家税收收入—进而扩大国内投资需求和消费需求”的“拉动链”。外需还通过“示范效应”推动内需升级，这种“示范效应”同时存在于投资和消费两个领域。因此，在以扩大内需为宏观经济调控立足点的同时，不可忽略或小视稳定外需的作用，

需要继续重视和支持对外贸易发展，充分发挥好外贸对上下游产业的乘数效应，实现以外需带动内需，以内需促进外需。

GDP是投资、消费、净出口之和，其中，三者存在此消彼长的关系。经济活动中必须正确处理好投资需求、消费需求与国内生产总值的关系，以保持国内生产总值、投资需求和消费需求的稳定、协调发展，从而增强国家经济实力，提高居民的物质文化生活水平。

【学练合一】

一、单选题

1. 下列应该计入当年国内生产总值的是（　　）。

A. 用来生产面包的面粉　　B. 居民家庭食用的面粉

C. 面条加工使用的面粉　　D. 以上都不对

2. 在国民收入核算中，最重要的是核算(　　)。

A. 个人收入　　B. 国内生产总值

C. 国民生产净值　　D. 个人可支配收入

3. 对政府公务员支付的报酬属于(　　)。

A. 政府购买支出　　B. 政府转移支出

C. 税收　　D. 消费

4. 下列不属于国民收入部分的是(　　)。

A. 租金收入　　B. 政府支付的实业救济金

C. 工资收入　　D. 企业支付的利息

5. 如果 1987 年底的物价指数是 128，1988 年底的物价指数是 136，那么 1988 年的通货膨胀率是(　　)。

A. 4.2%　　B. 5.9%　　C. 6.25%　　D. 8%

6. 假设某经济体第一年即期年的名义 GDP 为 500 亿元人民币，如果第 8 年价格指数翻了一倍而实际产出增加了 50%，则第 8 年的当期名义 GDP 是(　　)亿元。

A. 2 000　　B. 1 500　　C. 1 000　　D. 750

7. 中国的某企业在美国的分公司获得的利润应该计入(　　)。

A. 美国的 GNP　　B. 中国的 GDP　　C. 中国的 GNP　　D. 美国的国民收入

8. 关于消费者价格指数 CPI 描述正确的是(　　)。

A. CPI 反映的是全部最终产品与劳务的价格

B. CPI 不包括进口商品的价格

C. CPI 包括生产性物品的价格

D. CPI 给各种价格分配固定权重

9. 如果我国从俄罗斯进口的石油价格下降了，这将会使得(　　)。

A. GDP 折算指数下降　　B. GDP 折算指数上升

C. GDP 折算指数不变　　D. 以上都不正确

10. 按照支出法，下列(　　)会计入 GDP。

A. 政府转移支付　　B. 购买二手房屋

C. 购买一件古董　　D. 政府修建桥梁

二、多选题

1. 被称为经济增长“三驾马车”的是(　　)。

A. 消费　　B. 投资　　C. 进口　　D. 出口

2. 以下对 GDP 的含义理解正确的是(　　)。

A. GDP 是个市场价格概念

B. 为了避免重复计算，GDP 只计算最终产品的价值

C. GDP 仅指一个时期内生产的最终产品而不是一定时间内所售出的最终产品，是个生产概念

D. GDP 仅仅是一定时期内生产的价值，是个流量概念

3. 下列能说明 GDP 没能全面地衡量社会的福利总水平的是(　　)。

A. 没有衡量闲暇的价值
B. 没有计算非市场经济活动的价值
C. 没有计算地下经济活动的价值
D. 没有反映污染等经济活动的社会成本

4. 下列关系正确的是(　　)。
A. NDP＝GDP－折旧
B. NI＝NDP＋企业间接税
C. DPI＝PI－个人所得税
D. GNP＝NNP＋折旧

5. 国内生产总值与国民生产总值的关系是(　　)。
A. 国内生产总值加上来自国外的净要素收入就得到国民生产总值
B. 国内生产总值加本国生产要素在国外获得的要素收入，减去本国付给外国生产要素在本国获得的收入
C. 国内生产总值减去来自国外净要素收入就得到国民生产总值
D. 国内生产总值减去本国生产要素在国外获得的要素收入，加上本国付给外国生产要素在本国获得的收入

三、分析题

根据表 11-3 提供的某国经济数据，求该国相应年份的 GDP、NDP、C、I 和 I_n(净投资)。

表 11-3　某国经济数据　　(单位:亿元)

指标	第一年	第二年
新生产建筑	5	5
新生产设备	10	10
新生产消费品	110	90
消费的消费品	90	110
估计一年现有建筑的折旧	10	10
估计一年现有设备的折旧	10	10
年初消费品的库存量	30	50
年底消费品的库存量	50	30

【应用与实训】

实训目的

运用项目十一所学知识解读宏观经济数据及了解宏观经济运行状况。

实训项目

宏观经济数据解读。

实训内容

1. 阅读以下材料。
2. 运用本项目所学知识，解读当前我国的宏观经济数据，写一篇我国宏观经济总体运行

状况的报告，字数500字左右。

实训说明

本实训为课后进行实训，学生3～6人为一个小组提交分析报告，然后教师选出几份分析报告在班上与学生分享，并根据情况给出相应的意见和建议，做出总结。

资料：

从820 754亿元到900 309亿元——仅仅一年时间，中国经济总量再上新台阶。2018年，我国国内生产总值首次突破90万亿元大关，同比增长6.6%，增速在世界前五大经济体中居首位，经济总量稳居世界第二位。初步估算人均GDP将接近一万美元。

"2018年，经济社会发展的主要预期目标较好完成，三大攻坚战开局良好，供给侧结构性改革深入推进，改革开放力度加大，人民生活持续改善。"国家统计局局长宁吉喆在国新办新闻发布会上表示。

经济总量首次突破90万亿元，新台阶背后是满满的获得感。2018年，世界经济起伏跌宕，金融市场、大宗商品价格剧烈波动，全球投资大幅下滑、全球贸易保护主义及单边主义盛行。

尽管外部环境复杂严峻，中国经济运行依然保持在合理区间，交出了一张亮眼的成绩单。90万亿元，标定了中国经济总量的新台阶和新高度。

"国民经济运行保持在合理区间，总体平稳、稳中有进态势持续显现，朝着实现全面建成小康社会的目标继续迈进。"宁吉喆告诉记者。

90万亿元背后，是中国经济稳中有进的脚步——2018年，中国经济增长速度稳，GDP保持6.6%的中高速增长；工业生产稳，规模以上工业增加值比上年实际增长6.2%；居民消费价格稳，CPI比上年上涨2.1%；市场销售稳，全年社会消费品零售总额比上年增长9.0%；外贸进出口稳，货物贸易规模创历史新高，保持世界第一；投资增长缓中趋稳，制造业投资和民间投资增速加快；宏观杠杆率趋稳，2018年M2增长低于名义GDP的增长；外汇储备在3万亿美元以上，人民币汇率基本稳定……90万亿元背后，是满满的幸福感和获得感——2018年，全国农村贫困人口减少1 000万以上。280万人易地扶贫搬迁顺利完成，预计有280个左右贫困县脱贫摘帽。

2018年，居民收入和消费较快增长，人民生活持续改善。全国人均可支配收入实际增长6.5%，快于人均GDP 6.1%的增速。居民消费支出增加，居民消费升级提质，全国居民恩格尔系数为28.4%，比上年下降0.9个百分点。

2018年，节能减排和污染防治取得积极进展，万元GDP能耗比上年下降3.1%，清洁能源消费量比重上升。全国338个地级及以上城市空气质量平均优良天数比例为79.3%，比上年提高了1.3个百分点。

就业是最大的民生。2018年，全年城镇新增就业1 361万人，比上年多增加10万人，连续6年保持在1 300万人以上，完成全年目标的123.7%。12月份，全国城镇调查失业率为4.9%，比上年同月下降0.1个百分点。2018年各月全国城镇调查失业率保持在4.8%～5.1%，实现了低于5.5%的预期目标。

经济结构优化，发展活力不断增强。2018年，在全球跨境投资大幅下滑的背景下，我国利用外资1 350亿美元，同比增长3%，特别是制造业利用外资增长了20%，占比达到30%。按照世界银行营商环境报告，在190个经济体中我国排名比上年上升32位。

2018年，我国重点领域改革向纵深推进，“放管服”改革成效明显。财税体制改革全面铺开，国企国资改革、价格改革、投资改革等稳步推进，产权保护制度不断完善，对外开放水平不断提升，吸引外资势头良好。

供给侧结构性改革深入推进，经济转型升级态势持续。“三去一降一补”重点任务扎实推进。钢铁、煤炭年度去产能任务提前完成，全国工业产能利用率为76.5%，企业资产负债率下降，全国商品房待售面积比上年末下降11.0%，企业成本继续下降，薄弱环节投资较快增长。

改革开放力度加大，经济结构优化，发展活力不断增强。市场主体大量增加。2018年全国新登记企业比上年增长10.3%，日均新登记企业1.84万户。

经济结构继续优化。2018年，第三产业增加值占国内生产总值的比重为52.2%，比上年提高0.3个百分点，高于第二产业11.5个百分点；对国内生产总值增长的贡献率为59.7%，比上年提高0.1个百分点。消费作为经济增长主动力作用进一步巩固，最终消费支出对国内生产总值增长的贡献率为76.2%，比上年提高18.6个百分点，高于资本形成总额43.8个百分点。绿色发展扎实推进。万元国内生产总值能耗比上年下降3.1%，实现了下降3%以上的预期目标。能源消费结构继续优化。全年天然气、水电、核电、风电等清洁能源消费量占能源消费总量的比重比上年提高约1.3个百分点。

稳中求进，充分把握发展机遇带来的新内涵。2019年，中国经济发展的外部环境更加复杂严峻。同时，国内的结构性矛盾仍然突出。

“我们既要看到矛盾、困难、挑战和危机的一面，更要看到希望、机遇和光明的一面。”宁吉喆指出，中央经济工作会议已对今年的经济工作作出明确部署。2019年，我国经济危中有机、稳中趋进，有基础、有条件、有信心、有能力保持经济运行处于合理区间，实现经济持续健康发展。

宁吉喆表示，要看到稳中有变、变中有忧，同时也要看到危中有机，要看到中国发展仍处在重要战略机遇期，特别要发挥好战略机遇期一些新内涵的作用。“世界大变局和我国新格局都带来了新的重大机遇。我们与其他国家开放合作、互利共赢，参与全球经济治理变革的空间十分广阔。同时，我们加快经济结构优化升级，提升科技能力、创新能力，深化改革开放，加快绿色发展，也给发展机遇带来新内涵。”

“抓住机遇，克服挑战，变下行压力为提升动力，促进经济稳中求进，迈向高质量发展。”宁吉喆具体分析中国经济保持平稳增长的有利因素：

——我国拥有全球最具潜力的消费市场。中国人口规模将近14亿，拥有全球规模最大、最具成长性的中等收入群体。国家统计局做了内部测算，中国典型的三口之家年收入在10万元至50万元之间，2017年我国中等收入群体已经超过4亿人，2018年数量还会增加。这4亿人有购车、购房、闲暇旅游的能力，消费对我国经济持续平稳增长形成了有力支撑，这是巨大的潜力。

——我国拥有丰厚的物质基础和人才基础。经过改革开放40年的发展，我国的工业体系在世界上是比较完整的，基础设施也在不断完善，物质技术基础比较雄厚。我国劳动力资源近9亿人，就业人员7亿多，受过高等教育和职业教育的高素质人才有1.7亿，每年大学毕业生有800多万。中国具有巨大的人口数量和劳动力大军，人口红利仍然存在，劳动的参与率还在提高。同时，人才红利正在形成，为推动经济高质量发展、培育经济发展新高地提供了智力基础和支撑。

——改革红利加速释放。改革过去是、现在是、将来还是中国经济发展强劲的动力。

——宏观政策空间大、经验足。当前，我国的通胀水平、财政赤字率在国际上都是比较低的，外汇储备充足，宏观政策操作空间大。

“针对存在的困难和问题，要采取有针对性的对策。宏观政策要强化逆周期调节、结构性政策要强化体制机制建设、社会政策要强化兜底保障的功能。”宁吉喆指出，供给侧结构性改革的“巩固、增强、提升、畅通”八字方针，有利于改善供求关系，有利于结构性去产能、结构性去杠杆。同时，也要考虑总需求平稳，现在的政策取向很明确，要继续实行积极的财政政策和稳健的货币政策，积极的财政政策要加力提效，稳健的货币政策要松紧适度。

“有党中央、国务院的坚强领导，有明确的发展思路，有各地区、各部门、全国人民的努力，我们有信心、有条件、有基础，也有能力保持2019年中国经济运行在合理区间。”宁吉喆强调。

项目十二　宏观经济运行的监测

【学习目标】

1. 了解失业的定义、类型及其造成的代价，掌握治理失业的措施。
2. 了解通货膨胀的定义和类型，掌握通货膨胀的原因、造成的危害和治理措施。
3. 运用所学知识识别和分析经济中的通货膨胀及失业。

【导引案例】

当钱不值钱了怎么办——历史上的恶性通货膨胀

1922—1923 年，德国平均月通货膨胀率为 322%，最高时是 1923 年 10 月的 29 000%，即月初 1 美元的商品到了月末变为 290 美元。德国两年间物价上升了 100 亿倍，当时每个德国人口袋中可能都装有几十亿马克，甚至有段时间一个面包就需要 2 000 亿马克。

在战后的 1945 年 5 月 15 日，匈牙利国家银行发行 500 帕戈的新版纸币，在之后的一年零两个半月的时间里，纸币面值有如脱缰野马般飞速增长，每十几个小时物价就翻一番。匈牙利政府在 1946 年更是印制了世界历史上最大面值的钞票——10 垓匈牙利帕戈。10 垓究竟等于多少钱？答案是 1 万亿亿，一共有 20 个 0，10 垓匈牙利帕戈在当时兑换美元的话仅仅价值 20 美分。

2008 年 7 月，津巴布韦通货膨胀率为 2 200 000%，一份报纸的价格为 250 亿津元。

中国 1936 年上半年物价指数为 1，到 1949 年物价上涨幅度竟然超过了一万亿倍，物价增幅的天文数字已经远远超过了人们正常理解能力的范围。

【驱动任务】

一边用工荒，一边就业难！到底是谁说了谎？

相信大家都或多或少地在网络上看到很多地方每年春节后都出现了严重的用工荒，很多企业都出现了因招不到员工被迫停产或者减少订单等问题。另一边，或许大家也发现，很多人抱怨现在就业形势严峻，找工作很困难，找一个合适的工作更难。那么一边是用工荒招不到员工，另一边是工作岗位少找不到工作，我们到底该信谁呢？

其实两种说法各有各的理，现在随着中国人口老龄化和劳动力人口的减少，国内当前确实有很多劳动密集型企业存在了用工荒的问题，但是用工荒的问题也并非完全是因为劳动力人口的减少而造成的。随着现代化进程的不断推进和国内经济改革的事实，单纯的人力劳动型企业和高污染低效益企业已经逐步跟不上时代的发展，人工成本的逐年增加和企业效益的低下形成了很大的矛盾，一边是企业给不了较高的薪水待遇，另一边是求职者想得到更高薪水待遇，所以就形成了用工荒和求职难的问题。

作为求职者，认为就业难不是没有道理，毕竟每年国内高校毕业生有 800 多万人，加上大量的职业技术型人才和大量的农民工,所以各行各业的岗位竞争还是比较大的。如今社会的高物价以及高房价,大部分求职者都希望能找到一家工资高待遇好的企业,所以在求职的过程中更加谨慎和挑剔。还有就是现在很多大型制造业随着信息化、网络化、机械化、智能化的普及,确实也减少了很多的岗位需求。

总体而言,现在的社会不缺少就业岗位,更不缺少劳动力,缺少的只是彼此之间的公平和真诚。作为一家企业如果为自己利益着想的同时也多为员工着想,给予员工更多的文化关怀以及更好的福利待遇,那么我相信这样的企业不会招不到好的员工。当然,作为一名求职者也不能一味地只看眼前的工资待遇,更应该关注企业的文化和未来,在工作过程中能把企业未来当成自己的未来一样去努力,那么这样的员工也不会存在就业难的问题。所以,用工荒和求职难并不存在矛盾,矛盾的只是一些不良企业和自我纠结的求职者。

(资料来源:编者根据网络资源改写)

思考:

1.“用工荒”和“就业难”矛盾吗?为什么?

2.大学生如何理性地看待就业问题?

单元一　失业问题及其治理

一、失业的描述

(一)失业的含义

一国劳动力(labor force)包括就业者和失业者。根据联合国国际劳工局的定义,失业者是在一定年龄范围内,有工作能力,想工作,而且正在找工作,但仍然没有工作的人。

这一定义对于进入失业范围的劳动力作了详细界定,包括符合特定年龄范围、具备工作能力、有工作意愿等。各个国家根据本国实际对这一定义进行了具体化。在美国,劳动力的年龄范围为16～65岁。

衡量失业状况的最基本指标是失业率。失业率(rate of unemployment)是失业人数占劳动力总数的百分比。

(二)失业的分类

宏观经济学通常把失业分为三种类型,即摩擦性失业、结构性失业和周期性失业。

摩擦性失业(frictional unemployment)是指在生产过程中由于难以避免的摩擦而造成的短期、局部性失业,通常指劳动者正常流动过程中出现的暂时性失业。如人们为找到收入更高、更能发挥自己才能的工作而辞去原有工作岗位,在找到新工作机会之前,他们需要经过一段搜寻信息、自我提高的时间,从而处于暂时性失业状态,就属于摩擦性失业。毕业的大学生暂时没有找到合适的工作就属于这种情况。

摩擦性失业在任何时候都是存在的,随着经济的发展,还表现出不断扩大的趋势,客观地说,经济中存在适当的摩擦性失业,有利于人才的流动,有利于实现人力资源的最优配置。

结构性失业(structural unemployment)是指经济结构变动所引起的失业,其特点是工作机会与失业并存。一方面存在大量工作机会,另一方面,失业者或是没有与之匹配的工作技能,或是居住地点与工作地点不一致,因而无法填补现有的岗位空缺。例如,由于科学技术的发展，纺织工艺发生了重大变化，工人因为学历、能力等方面的原因，缺乏纺织新工艺所要求的新技术，无法满足纺织新工艺的要求，他们可能就不被再雇佣，这种失业就是结构性失业。

周期性失业(cyclical unemployment)是指经济周期出现衰退或萧条时，因需求下降而造成的失业，这种失业是由整个经济的支出和产出下降造成的。在复苏和繁荣阶段，各厂商争先扩充生产，就业人数普遍增加。在衰退和谷底阶段，由于社会需求不足，前景暗淡，各厂商又纷纷压缩生产，大量裁减雇员，形成令人头疼的失业大军。美国 20 世纪 30 年代经济大萧条时期的失业就完全属于周期性失业。

除上述三种失业类型外，宏观经济学中还存在自愿失业与非自愿失业之分。自愿失业(voluntary unemployment)是指劳动者不愿接受现行工资水平而形成的失业。非自愿失业(involuntary unemployment)指愿意接受现行工资水平但仍找不到工作的失业。

(三)自然失业率与充分就业

充分就业(full employment)并非意味着人人都有工作。凯恩斯认为，如果“非自愿失业”已消除，失业仅限于摩擦性失业和自愿失业时，就是实现了充分就业。充分就业仍然有一定的失业，这是因为经济中有些造成失业的原因(如劳动力的正常流动等)难以避免，劳动市场总不是十分完善。宏观经济学认为，经济在任何时期总存在着一定比率的失业人口，实现了充分就业时的失业率称为自然失业率。自然失业率是在经济社会处于正常状况下，劳动市场处于供求稳定状态时的失业率。这里的稳定状态是指既不会造成通货膨胀也不会导致通货紧缩的状态。

自然失业率的高低，取决于劳动市场的完善程度、经济状况等各种因素。自然失业率由各国政府根据实际情况确定。各国在各个时期所确定的自然失业率有所不同。以美国为例，20 世纪 70 年代的自然失业率为 4.5%～5.5%，即有 94.5%～95.5%的人就业就是实现了充分就业。20 世纪 80 年代的自然失业率为 5.5%～6.5%，即有 93.5%～94.5%的人就业就是实现了充分就业。

二、失业的影响

高失业率不仅是个经济问题，而且是个社会问题。高失业率会影响经济政策发展，严重的甚至会引发社会动荡。因此，各国政府都十分重视就业问题，都把增加就业机会作为重要的政策目标。失业主要有以下两方面的影响。

(一)经济和社会代价

失业意味着劳动力资源的浪费，现有的生产能力无法充分利用，从而使国内生产总值下降，相应地导致国民收入降低。表 12-1 反映了美国出现的几次高失业率对经济造成的影响。

表 12-1 高失业率时期的经济代价

时 期	平均失业率	GDP 损失(10 亿美元，1999 年价格)	占该时期 GDP 的百分比/%
大萧条时期(1929—1939 年)	18.2 %	2 420	27.6
石油危机和通货膨胀时期(1975—1984 年)	7.7 %	1 480	3.0
新经济时期(1985—1999 年)	5.7 %	240	0.3

(资料来源：萨缪尔森，诺德豪斯. 微观经济学(第 17 版)[M]. 萧琛，译. 北京：人民邮电出版社，2007. 第 534 页)

20世纪60年代，美国经济学家阿瑟·奥肯（Arthur Okun）根据美国的经济数据，发现经济周期中产出变动与失业率变动之间在数量上存在着明显的相关关系，提出了著名的奥肯法则。

奥肯法则（Okun'law）指出，实际GDP每下降2个百分点，失业率大约会上升1个百分点。当然这一关系是根据经验统计数据得出来的，在不同时期并不完全相同。奥肯法则揭示了产出市场和劳动市场之间极为重要的联系。它描述了实际GDP的短期变动与失业率变动的联系。根据奥肯法则，可以通过GDP的变动预测失业率的变动，也可以通过失业率的变动推测GDP的变动。

对社会而言，失业增加了社会福利支出，同时，高失业率会影响社会的安定，带来其他的社会问题，例如示威游行、集会抗议等，这些会对社会的稳定造成潜在的威胁。

（二）个人和家庭代价

失业问题还可能给个人造成心理伤害，带来家庭关系的恶化。失业不仅会减少失业者的损失，还会给他们造成巨大的心理压力，这种情绪会影响到家庭关系，对家庭的和睦产生不良影响。

三、失业的治理

失业问题直接影响社会的经济发展和政治稳定，成为现代社会备受关注的问题，很多国家将实现充分就业视为宏观经济管理的第一目标。各国治理失业的主要政策表现在：

（1）采用扩张性的宏观经济政策，包括增加政府支出、减税、增加货币供给量、降低利率等，以刺激总需求，从而直接或间接地增加就业人数。

（2）提供就业信息，普及职业培训，消除就业歧视，为劳动力的流动提供指导和帮助。

（3）在特定时期对工资或社会保险缴费数额进行干预，降低企业成本，增加就业人数。

【相关资料】

中国失业率统计问题

目前中国真实的失业状况有待进一步探究。这主要是因为中国始终缺乏一个能够与国际接轨的失业率统计数据。目前，国际上通行的失业指标主要有两种，即登记失业率和调查失业率。而我国官方公布的失业率数据是城镇登记失业率。由于登记失业率存在种种缺陷，失真性较大，因而很难反映中国真实的失业现状。城镇登记失业率一直以来受到外界广泛的质疑。例如，2000年第五次人口普查得到的失业率为8.27%，而国家公布的城镇登记失业率仅为3.1%。

业统计是国家促进充分就业、保障民生的一项基础工作。如果失业统计方法不当，不仅会导致得到的失业率数据失真，使其不能反映经济发展的真实面貌，还会对经济发展、社会稳定产生消极影响。因此我们应该正视我国现行失业统计指标存在的问题，并努力完善失业统计方法。我国现行失业统计体系存在的问题如下：

1. 调查方法不科学，失业统计口径过窄

我国采用单一的统计口径，国家官方公布的失业率指标只有“城镇登记失业率”。而这一单一的失业统计口径得到的失业人数与现实中实际的失业人员的数目相差很大。2003—

2012年间，城镇登记失业率一直保持在4.0%～4.3%。

但一些社会团体、专家学者通过调查得到的失业率数据远高于国家统计局发布的官方失业率数据，这促使我们反省中国失业调查方法的科学性及统计口径的缺陷。

2.失业人员界定狭隘

首先，城镇登记失业率仅包括那些到就业服务机构登记的无工作人员，而没有去登记的失业人员被排除在失业者队伍以外。其次，统计指标未覆盖农村失业人口。根据国家统计局对城镇登记失业人员的定义，失业的统计对象仅限于城镇居民，农业户口人员即使处于无工作状态，也不被列入城镇登记失业人员的队伍。年龄限制狭窄。此外，我国对失业人员的界定在年龄上既有上限又有下限，只包括16周岁及以上至法定退休年龄内的无工作人员。而我国现行职工退休年龄为男60周岁，女干部55周岁，女工人50周岁。然而我国的实际情况是存在相当大的一部分人超过了年龄上限但仍具有工作能力，且正在积极地寻找工作。最后，不包含隐性失业人员。如由于企业兼并、破产、裁员等原因而出现的下岗人员被排除在统计范围外。

3.数据时效性差

首先，登记失业率记录的是过去而不是当前的状态。如果失业登记人员在有关失业救济部门登记之后实现再就业，却没有在登记失业人员中排除。其次，在我国，人口普查数据也成为了解我国就业和失业状况的一个重要窗口。然而，人口普查每十年进行一次，这使得人口普查得出的调查失业率也存在时效性差的问题。

总之，我国应尽快建立失业率调查制度，并定期发布调查失业率。逐步拓宽统计指标，建立下岗职工再就业率、劳动参工率等辅助指标；并建立一套科学的失业监控体系，动态监测失业状况；政府部门应坚持实事求是的原则，做到不遮盖、不隐瞒。进而准确度量我国宏观经济状况，做出正确的决策。

（资料来源：李晓乐《中国经贸》，2014年第19期）

单元二　通货膨胀问题及其治理

一、通货膨胀的含义及其衡量

通货膨胀(inflation)是一个经济中物价水平普遍而持续上涨的动态过程。理解通货膨胀应注意，仅有个别商品的价格上涨或是物价水平短期上升不是通货膨胀，只有大多数商品和劳务的价格持续上升才是通货膨胀。

宏观经济学用价格指数来描述经济中的各种商品和劳务价格的总体平均数，即经济中的价格水平。宏观经济学中经常涉及的价格指数有三种：

(一)GDP平减指数(GDP deflator)

GDP平减指数是指没有扣除物价变动的GDP增长率与剔除价格变动的GDP增长率之差，这一指数能够较准确地反映一般物价水平走向。

GDP平减指数＝名义GDP/实际GDP

(二)消费者价格指数(consumer price index，CPI)

消费者价格指数是衡量各个时期居民个人消费的商品和劳务平均零售价格变化的指标。

计算消费者价格指数，要先选择有代表性的零售商品，计算出以基期价格为标准的支出总额，再计算出以现行价格为标准的支出总额，最后用后者除以前者。

$$CPI=(当期价格/基期价格)\times 100$$

【相关资料】

2019 年 CPI 上涨 2.9%　物价总体运行平稳

2020 年 1 月 9 日，国家统计局对外发布，2019 年全国居民消费价格(CPI)比上年上涨 2.9%，实现了 CPI 涨幅 3%左右的年度预期调控目标。

去年 12 月，CPI 同比上涨 4.5%，涨幅与上月相同。其中，食品价格上涨 17.4%，涨幅回落 1.7 个百分点，影响 CPI 上涨约 3.43 个百分点。

“从 12 月份来看，CPI 上涨仍然呈现食品带动的结构性上涨特征。”中国宏观经济研究院市场与价格研究所研究员郭丽岩说。

国家统计局城市司高级统计师沈赟分析，2019 年 12 月不同食品的价格有升有降。鲜果价格下降 8.0%，降幅扩大 1.2 个百分点。猪肉价格上涨 97.0%，涨幅回落 13.2 个百分点。牛肉、羊肉、鸡肉、鸭肉和鸡蛋价格涨幅在 7.3%～20.4%，均有不同程度回落。鲜菜价格上涨 10.8%，涨幅有所扩大。

不过 12 月 CPI 的环比涨幅由 11 月上涨 0.4%转为持平，释放积极信号。

“随着生猪生产出现积极变化，中央和地方储备猪肉陆续投放，进口量有所增加，猪肉供给紧张状况进一步缓解，价格由上月环比上涨 3.8%转为环比下降 5.6%，影响 CPI 下降约 0.27个百分点。”沈赟表示，在猪肉价格下降的影响下，牛肉和羊肉价格涨幅分别由 2.8%和 1.3%回落至 0.1%和 0.2%。

据国家发改委价格司有关负责人透露，自 2019 年 12 月 12 日至今，中央冻猪肉储备已投放五批，合计约 13 万吨。全国大多数省份及主要城市也结合当地市场形势，联动进行了投放。通过上下联动密集投放冻猪肉储备，增加了猪肉市场供应，有效稳定了市场预期，维持了猪肉市场价格相对平稳运行。

郭丽岩表示，通过投放储备肉、扩大进口、促进消费替代等举措扩大了有效供给，阶段性抑制住了猪肉价格较快上涨势头，同时带动牛羊肉环比涨幅回落、禽肉环比由升转降。

“这些积极变化，说明针对食品类民生商品的保供稳价措施已经取得阶段性成效。”郭丽岩介绍，2019 年，针对猪肉等 CPI 权重占比较高、波动率较大的食品，各级有关部门采取了一系列保供稳价的有力措施，逐步抑制住了较快上涨势头，为稳定全年物价总水平提供了有效支撑。“2019 年全年剔除食品和能源的核心 CPI 是 1.6%，物价总体运行平稳，这个成绩来之不易。”

(资料来源：编者根据网络资料改写)

(三)生产者价格指数(producer price index，PPI)

生产者价格指数是表示生产者购买的批发物品平均价格变动的指数。计算生产者价格指数的步骤与计算消费者价格指数相同。但是它所选择的物品种类与后者不同，其中包含了大量的中间物品。

上述三种价格指数都能反映出基本相同的通货膨胀率的变动趋势，但由于各指数所包含的范围不同，所以数值并不完全相同。

二、通货膨胀的分类

通货膨胀的程度通常用通货膨胀率来衡量。通货膨胀率(rate of inflation)指从一个时期到另一个时期价格水平变动的百分比。它可用公式表示：

$$\text{通货膨胀率}(t\text{ 年})\frac{t\text{ 年的价格水平}-(t-1)\text{年的价格水平}}{(t-1)\text{年的价格水平}}\times 100\%$$

按照通货膨胀的严重程度和特征，一般将通货膨胀分为三类：

(1)温和的通货膨胀：又称爬行的通货膨胀，其特点是通货膨胀率低(在 10%以内)且比较稳定。

(2)奔腾的通货膨胀：又称加剧的通货膨胀，其特点是通货膨胀率较高(一般在 10%以上和 100%以内)且还在加剧。

(3)超级通货膨胀：又称恶性通货膨胀，其特点是通货膨胀率非常高(一般在 100%以上)且往往失去控制。

三、通货膨胀与通货紧缩

通货紧缩(deflation)是与通货膨胀相反的一种经济现象，是指在经济相对萎缩时期，物价总水平在较长时间内持续下降，货币不断升值的经济现象。其实质是社会总需求持续小于社会总供给。

通货膨胀最直接的表现是纸币贬值，物价上涨，购买力降低。通货紧缩则往往伴随着生产下降、市场萎缩、企业利润率降低、投资减少，以及失业增加、收入下降、经济增长乏力等现象，主要表现为物价低迷，大多数商品和劳务价格下跌。

通货膨胀直接使纸币贬值，如果居民的收入没有变化，生活水平就会下降，造成社会经济生活秩序混乱，不利于经济的发展。通货紧缩导致物价下降，在一定程度上对居民生活有利，但从长远看会严重影响投资者的信心和居民的消费心理，导致恶性的价格竞争，对经济的长远发展和人民的长远利益不利。

四、通货膨胀的成因

(一)需求拉动型通货膨胀(demand-pull inflation)

这是从总需求的角度来分析通货膨胀的成因。认为通货膨胀的成因在于总需求过度增长，总供给不足，即“太多的货币追逐较少的商品”。当经济中已实现充分就业时，表明资源已经得到充分利用，如果总需求继续增加，就会由于过度总需求的存在而引起通货膨胀。

(二)成本推动型通货膨胀(cost-push inflation)

这是从总供给的角度来分析通货膨胀的成因。成本推动型通货膨胀是指在没有超额需求的情况下，由于供给方面成本的提高所引起的一般价格水平持续和显著的上涨。

引起成本增加的原因并不相同，因此，成本推动型通货膨胀可根据其原因分为以下几种：

1. 工资推动的通货膨胀

工资是生产成本的主要部分，在完全竞争的劳动市场上，工资率取决于劳动的供求，工资的提高不会导致通货膨胀；但在不完全竞争的劳动市场上，由于工会组织的存在，工会利用其垄断地位要求提高工资，雇主迫于压力提高工资，由于工资的增长率超过生产增长率，工资的提高就会导致成本上升，从而导致一般价格水平上升，形成工资推动的通货膨胀。

工资提高和价格上升还会形成螺旋式的上升运动，称为工资-价格螺旋，即工资上升引起物价上升，物价上升又引起工资上升，工资与价格不断互相推动，形成严重的通货膨胀。

2. 利润推动的通货膨胀

垄断厂商为增加利润而提高价格所引起的通货膨胀。在不完全竞争市场上，具有垄断地位的厂商控制产品的价格，从而可以提高价格以增加利润。

3. 进口成本推动的通货膨胀

由于进口的原材料价格上升而引起的通货膨胀。在这种情况下，一国的通货膨胀会通过国际贸易渠道影响到其他国家。

（三）供求混合推动的通货膨胀

许多西方经济学家认为，通货膨胀的根源不是单一的总需求或总供给，而是二者共同作用的结果。应从需求和供给两个方面及其相互影响说明通货膨胀的成因，即供求混合推动的通货膨胀。

（四）结构性通货膨胀

这是由经济结构的特点所引起的通货膨胀。从生产率提高的速度看，社会经济中一些部门生产率提高的速度快，另一些部门生产率提高的速度慢，而各部门的工资水平由于攀比行为向高工资水平看齐，会使整个社会的工资增长率超过劳动生产率而引起通货膨胀。从经济发展的过程看，社会经济中一些部门迅速扩张，需要更多的资源和工人，另一些部门渐趋萎缩，资源与工人过剩，如果资源与工人能迅速地由衰落部门流动到扩张部门，则结构性通货膨胀不会出现。但现实中，由于种种限制，资源与工人不能迅速流动，从而扩张部门由于资源和人力短缺，工资上升，而萎缩部门尽管资源与人力过剩，但资源价格不会下降，尤其是工资水平不仅不会下降，还会由于攀比行为而上升，结果导致社会一般价格水平上涨，出现结构性通货膨胀。

（五）货币数量与通货膨胀

以弗里德曼为代表的货币主义者认为，通货膨胀的唯一根源只能是货币供给量过多，其他原因都会引起局部暂时的价格水平上升，但不足以引起普遍而持续的通货膨胀。经过对美、英、日等国经济数据的研究，货币增长率的变动和通货膨胀率变动的总趋势一致。货币增长率的变动总是先于价格水平的变动，即总是货币增长在先，通货膨胀在后。货币主义者得出这样的结论：通货膨胀是一种货币现象，当货币供给量明显增加，且其增加速度超过产量增加速度时，通货膨胀就会发生。其他各种原因也会使通货膨胀率发生暂时的变动，但只有当它们影响到货币增长率时，才会对通货膨胀率产生持久的影响。

（六）预期和惯性的通货膨胀

预期的通货膨胀和惯性的通货膨胀用于解释通货膨胀持续的原因。二者非常接近，前者由货币主义者提出，强调现在对未来的影响，即现在的通货膨胀对于未来预期及经济行为的影响。后者由凯恩斯主义者提出，强调了过去对现在的影响，即过去的通货膨胀作为一种惯性，对现在经济行为的影响。

根据预期的通货膨胀理论，无论何种原因引起了通货膨胀，即使最初引起通货膨胀的原因消除了，它也会由于人们的预期而持续，甚至加剧。例如，上一年的通货膨胀率是10%，人们据此预期下一年的通货膨胀率也不会低于10%。这样，他们就要以此作为下一年工资谈判的基础，即要求下一年的货币工资增长率最低为10%。下一年的货币工资增长率为10%，就使得下一年的通货膨胀率最低也会由于工资的增加而保持10%的水平。于是，由于预期的关系，即使引起上一年通货膨胀率为10%的原因消失了，下一年的通货膨胀率也会是10%。

根据惯性的通货膨胀理论，无论何种原因引起了通货膨胀，即使最初引起通货膨胀的原因消除了，通货膨胀也会由于其自身的惯性而持续下去。这是因为，工人与企业所关心的是相对工资与相对价格水平。在他们决定自己的工资与价格时，他们要参照其他人的工资与价格水平。如果其他人的工资与价格由于通货膨胀的原因上升了10%，那么，他们在决定自己的工资与价格时，也要以这10%的通货膨胀率为基础。所有工人与企业的工资与价格的决定都要互相参照。这样通货膨胀就会由于这种惯性而持续下去，因为谁也不会首先降低自己的工资与物价水平。

上述介绍的各种通货膨胀的成因都有一定的道理。但在现实生活中，通货膨胀往往是各种因素共同作用的结果，因而各种通货膨胀的理论是相互补充而非相互排斥的。探讨更根本的通货膨胀的成因，仍是经济学家的重要任务之一。

五、通货膨胀的影响

温和的通货膨胀对经济的影响较小，不会给社会带来危害；而奔腾的和超级的通货膨胀会对经济造成极大冲击，其影响表现在以下几个方面：

(一)对实际收入和财富分配的影响

如果名义工资的增长率慢于通货膨胀增长幅度，公众所获得的货币收入因货币贬值，其购买力会下降，即实际收入减少。当通货膨胀率不能预期时，财富会在不同主体间进行分配，表现在：

(1)在债权人和债务人之间，通货膨胀将有利于债务人而不利于债权人。这是因为，债权人债务人双方根据签订债务契约时的通货膨胀率确定名义利率，当发生未预期到的通货膨胀时，债务契约无法更改，从而使实际利率下降，债务人受益，债权人受损。

(2)在雇主和工人之间。通货膨胀将有利于雇主而不利于工人。这是因为，在不可预期的通货膨胀之下，工资不能迅速地根据通货膨胀率来调整，从而使实际工资下降。

(3)在政府与公众之间，通货膨胀将有利于政府而不利于公众。这是因为，在不可预期的通货膨胀之下，名义工资会有所增加(但不一定能保持原有的实际工资水平)，随着名义工资的提高，达到纳税起征点的人数会增加，还有许多人进入更高的税率等级。这样使得政府的税收增加，而公众的纳税额增加，实际收入减少。

(二)对经济效率的影响

通货膨胀会扭曲价格和价格信号，从而损害经济效率。在一个低通货膨胀的经济社会中，如果某种商品的市场价格上升，则商品的买卖双方都会知晓，这种商品的供给和需求都发生了实际的变化，他们可就变化作出正确的反应。例如，市场上某种商品的价格上涨了，那么人们就会去选择替代品。但如果在高通货膨胀的经济社会中，人们就很难区分到底是商品的相对价格变化还是整体价格变化，面对频繁变动的商品市场价格，人们无从判断，自然无所适从。

在通货膨胀时期，由于货币贬值，人们更愿意持有实际资源而减少货币持有量，人们会频繁的进出银行，磨损了鞋底、浪费了时间，这就是所谓的“皮鞋成本”，即为减少货币持有量所浪费的资源。实际的资源仅被用来适应不断变化的货币尺度，而不是被用来进行生产投资，降低了经济效率。

通货膨胀对于经济的影响较为复杂，在不同国家的不同历史时期，通货膨胀有不同的作用。只有把通货膨胀与经济增长放在具体的历史条件下进行分析才有意义。

六、通货膨胀的治理

各国政府在其经济发展过程中历来都非常警惕通货膨胀问题，也努力寻求治理通货膨胀的经济政策。

（一）紧缩性的财政政策和货币政策

紧缩性的财政政策和货币政策是所有国家在治理通货膨胀时所采用的传统方法。紧缩性的财政政策包括减少政府支出和增加税收，直接效果是降低总需求。紧缩性的货币政策包括减少货币供应量，提高法定准备金率和再贴现率，其直接效果是利率的提高，进而抑制投资和消费，从而引起总需求的减少，以控制通货膨胀。

（二）收入政策

收入政策是在通货膨胀时期采用各种直接方式（如工资和物价管制，政府、工会和企业之间进行协商等）降低工资和价格的增长速度，使总供给下降，抑制通货膨胀。但收入政策在现实中使用较少，因为工资和物价在很长一段时间被固定，会使市场上的劳动力和某些商品的供给出现短缺，从而引发其他问题。比较可行的做法是：以税收杠杆实现工资和价格增长指数化。政府规定工资的增长与劳动生产率提高相适应的原则，以及价格变动与工资成本变动相适应的原则。对于政府规定的工资和价格增长指数，政府以税收手段进行奖惩。对超过该指数的单位，政府以高税率进行惩罚；对低于该指数的单位，政府以低税率进行鼓励。

这种做法对资源配置的负面影响较小，成效较为明显。

（三）人力资源政策

这种政策主要用于控制结构性通货膨胀。政府提供资金用于劳动力的职业培训，提高其知识水平和工作技能，使其符合工作岗位的需要，以减少资源流动的阻力，消除失业人员和工作岗位并存的局面，缩小各部门之间的收入差距，从而抑制由于攀比所引起的工资和物价上涨势头。

现实生活中，抑制通货膨胀常常是以失业和经济衰退为代价的。如美国在1979～1984年间反通货膨胀的代价是：每降低一个百分点的通货膨胀率，就大约损失2 500亿美元的产出（按1999年美元价格计算）。这说明政府在进行宏观调控时，以通货膨胀刺激就业和产量增长并不明智，政府的短期行为会使其在长期中付出巨大代价。

单元三　经济周期、经济增长及其政策

一、经济周期的含义

经济周期（business cycle）也可译作“商业周期”“商业循环”“经济循环”，是指国家的总体经济活动有规律地周期性波动，大多数经济部门的扩张或收缩交替反复出现。一个周期包含繁荣、衰退、萧条和复苏。经济运行从来都不是按部就班、一成不变的，经济发展必然出现一种开始向上，然后向下，再重新向上的反复的周期性运动。从经济周期的定义和经济学家的解释中，可以看出以下几点：第一，经济周期是所有市场经济的共同特征，经济中的周期性波动是不可避免的；第二，每次经济周期所经历的扩张和衰退，其持续的时间及变化程度各不相同，但具有共同的特征；第三，经济周期重要的衡量标志是国民收入的波动情况，这种波动是中心，它与失业率、物价水平、利率、对外贸易等活动的波动相互影响。

二、经济周期的阶段

一般把经济周期分为四个阶段，即繁荣、衰退、萧条和复苏。繁荣阶段是经济活动扩张向上的阶段；衰退阶段是经济活动从扩张的顶峰向下跌落的阶段；萧条阶段是经济活动继续收缩向下至谷底的阶段；复苏阶段是经济活动由谷底上升转为繁荣的阶段。二战以来，各国政府对经济实施不同程度的干预政策，经济周期中繁荣和衰退的幅度有所下降，有时难以清晰地划分出四个阶段。西方的经济学家一般将经济周期划分为两个大阶段和两个转折点：即衰退和扩张。“峰”和“谷”代表的是周期的转折点，如图 12-1 所示。

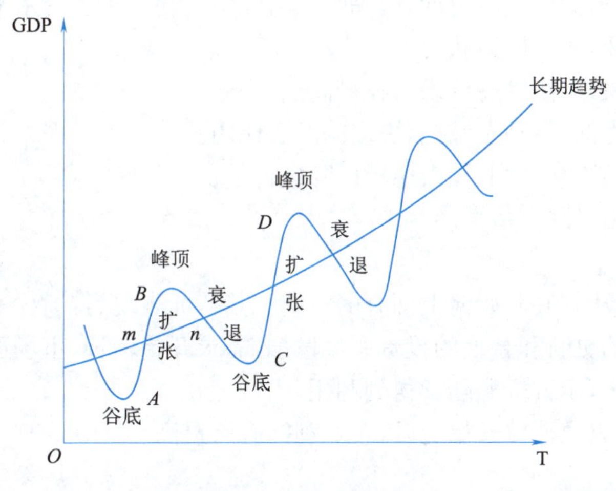

图 12-1　经济周期曲线

在图 12-1 中，经济在 A 点时达到谷底，$A-B$ 为扩张期，其中 $A-m$ 为复苏期，$m-B$ 为繁荣期；经济在 B 点时达到峰顶，$B-C$ 为衰退期，其中 $B-n$ 为衰退期，$n-C$ 为萧条期，在 C 点时达到谷底。从一个峰顶 B 到另一个峰顶 D，从一次繁荣（或萧条）开始到另一次繁荣（或萧条）之间的时间称为一个周期。

衰退的判定标准一般是实际 GDP 至少两个季度下降。扩张的判定标准一般是实际 GDP 连续两个季度上升。判断经济周期处于哪个阶段的标准，除了 GDP 的变化以外还有其他经济指标的变动，如一个国家的工业总产量、产成品存货、资本借贷量、物价水平、利率、利润率、失业率等指标的变化。这些指标中，工业总产量、资本借贷量、物价水平、利率、利润率属于顺周期性变量，而产成品存货、失业率属于逆周期变量。复苏和繁荣处于扩张阶段，是总需求和经济活动的增长时期，通常伴随着就业、生产、价格、货币、工资、利率和利润等顺周期变量上升；衰退和萧条阶段则是总需求和经济活动下降的时期，情况正好相反，各种逆周期变量上升。经济周期的每一个阶段都有各自的特征。

(一)繁荣阶段

繁荣阶段是国民收入与经济活动高于正常水平的阶段。其特征表现为：

(1)社会有效需求充足,市场销售旺盛,产成品存货减少。

(2)投资持续增长,私人投资活跃,投资报酬率较高,企业利润丰厚。

(3)劳动力需求上升,就业率不断提高。

(4)物价水平及工资和利率逐渐上涨。

(二)衰退阶段

衰退阶段是经济活动从扩张的高峰向下跌落的阶段。其特征表现为：

(1)社会需求总量下降,市场疲软,大量产品积压。

(2)私人投资下降,企业利润急剧下滑。

(3)企业产出量减少,对劳动力的需求下降,失业率上升。

(4)物价下跌,工资增长速度放慢。

(5)对贷款的需求减少,利率一般会下降。

(三)萧条阶段

萧条阶段是衰退的持续发展时期,国民收入与经济活动低于正常水平。其特征表现为：

(1)投资继续下降,直至停滞状态。

(2)物价继续下跌,失业率持续维持在最高点。

(3)企业利润极为低下,甚至亏损,更多的厂商倒闭。

(4)金融市场大量资金过剩,无人愿冒风险进行借贷。

(5)就业率与产出量跌至最低。

(四)复苏阶段

复苏阶段是经济从谷底开始向上回升的时期。其特征表现为：

(1)对机器设备的更新和替换的投资明显增加,需求开始增长,市场逐渐活跃。

(2)生产不断扩张,闲置资源陆续得到利用。

(3)就业率、收入以及消费开始上升,企业利润有所提高。

三、经济周期的类型

经济学家对经济周期波动的时间进行了实证研究,研究发现,每一次经济周期发生的频率、波动的幅度、循环的时间各不相同,他们根据周期波动的时间长短将经济周期划分为不同的类型,即短周期、中周期和长周期,又称短波、中波和长波。

(一)短周期(短波)

短周期又称基钦周期,它是由美国经济学家基钦(J. Kitchin)在 1923 年发表的《经济因素中的周期与倾向》一文中提出的。他认为,经济周期实际分为大周期和小周期两种。小周期平均长度约为 3～4 年(40 个月),大周期则是若干个小周期的总和,一个大周期一般包括两个或三个小周期。根据统计资料,美国在 1807－1937 年间共经历了 37 个小周期,其平均长度为 3.51 年。

(二)中周期(中波)

中周期又称朱格拉周期。1860 年,法国经济学家朱格拉(C. J. Zuglar)在其发表的论著里指出,危机或恐慌并不是一种独立的现象,而是经济周期波动三个连续阶段中的一个,三个阶段是繁荣、危机和清算。这三个阶段反复出现形成周期现象，每一周期平均长度为9～10年，这就是中周期。统计资料表明，美国在1795－1937年间共经历了17个中周期，其平均长度为8.35年。

（三）长周期（长波）

长周期又称康德拉耶夫周期。1925年，苏联经济学家康德拉耶夫(N. D. D. Kondratieff)在发表的论文《经济生活中的长期波动》中提出了长周期理论，他分析了美国、英国、法国一百多年的批发价格水平、利率、工资等要素的变动情况，得出结论：在经济生活中存在着长期波动，其平均长度为50年左右。根据他的理论来划分，18世纪末以来，经济社会存在着三次长期波动，即3个长周期，平均长度为48年。康德拉耶夫对长周期的发现，在西方经济学界产生了深远的影响。

四、经济周期产生的原因

多年来，经济学家关于经济周期产生的根源有多种解释，并提出了许多理论，其中创新周期理论、投资过度周期理论、纯货币周期理论、消费不足理论、政治周期理论等，是以经济体系之外的某些因素的波动来解释经济周期发生的原因，如战争、石油价格、新资源发现、科学突破和技术创新等，这些理论被称作外因论。还有一些理论则是在经济体系内部寻找经济周期产生的机制，具有代表性和影响力的是乘数-加速原理。这类理论认为，任何一次扩张都孕育着新的衰退和收缩，任何一次收缩也都包含着可能的复苏和扩张，经济生活沿着经济发展的总体趋势有规律地循环往复。这些理论被称作内因论。下面介绍几种具有代表性的经济周期理论。

（一）创新周期理论

创新周期理论是由奥地利经济学家熊彼特提出的。他认为经济周期是由创新打破的旧均衡向新均衡过渡的结果，创新是经济周期产生的主要原因。由于创新为创新者带来超额利润，从而引起其他企业纷纷仿效，这样必然导致对银行信用和资本品需求的增加，促进了经济扩张，出现了经济繁荣。随着创新的普及，超额利润消失，对银行信用和资本品需求减少，经济开始衰退，进而转为萧条。当下一次创新出现时，上述情景又再现了，经济进入下一周期的繁荣阶段。

创新周期理论还认为经济周期时间的长短是由创新的大小及其重要性决定的。重大的创新因影响经济的时间长，从而导致了长周期，中等创新引起了中周期，小创新引发了短周期。

（二）投资过度周期理论

投资过度理论从投资的角度分析经济周期的形成原因，它认为投资过度是引发经济周期的主要根源。由于投资的增加首先引起对资本品需求的增加，使其价格上升，这样更加刺激了对资本品的投资，资本品生产的过度发展促使经济进入繁荣阶段。与资本品生产发展相比，消费品生产发展速度慢，从而导致经济结构的失衡。这种失衡最终会引起资本品过剩，于是出现生产过剩危机，经济进入衰退阶段。

对投资增加的原因又有不同的解释，货币投资过度理论认为货币量的增加引起投资增加，而非货币投资过度理论则认为引起投资增加的因素是新发明的出现、新市场的开辟。

（三）纯货币周期理论

纯货币周期理论将经济周期归因于货币和信贷规模的扩张及收缩。该理论认为，经济周期纯粹是一种货币现象，货币数量的增减是经济发生波动的根本原因，货币流通的波动又是由于银行体系信用的周期性扩张和紧缩所造成的。当银行体系降低利率、扩大信用时，生产中货币投放量增加，引起生产的扩张和收入的增加，商品需求和物价水平也随之增加和上升，经济扩张进入了繁荣期。当银行信用规模停止扩张，转向紧缩时，商品总需求减少，出现生产过剩性危机，经济衰退进入萧条期。当银行信用再次扩张时，经济开始复苏，进入下一轮循环。

（四）乘数-加速原理

内因论解释经济周期的根源，其中一个重要理论就是乘数-加速原理。美国经济学家汉森与萨缪尔森运用乘数原理和加速原理结合相互作用来解释经济周期性变动的原因。乘数原理说明投资变动通过乘数作用引起收入更剧烈的变动；加速原理说明在加速数的作用下，收入变动将引致投资更大幅度的变动。经济活动中，乘数和加速数同时发生作用。

乘数和加速数交织作用引起经济周期性波动的过程如下：当投资数量增加时，在乘数作用下，引起国民收入以倍数增长。随着国民收入的增长，整个社会物品的销售量就会增长，通过加速数作用，总投资和净投资又以更大幅度增加。乘数和加速数的相互作用不断进行，经济活动逐步扩张，最终发展至繁荣。由于社会资源的有限性，当经济发展到顶峰的时候，收入不可能继续增加。根据加速原理，收入停止增长意味着投资开始下降。在乘数作用下投资下降会引起国民收入更大幅度的减少，这就进一步导致投资量的降低。如此循环往复，国民收入不断减少，投资规模不断萎缩，经济进入衰退期直至谷底。这时，一部分企业需要更新设备，进行重置投资。随着投资的增加，在乘数的作用下，国民收入停止下降，逐渐回升，投资进一步增加。通过乘数和加速数不断相互作用，经济开始复苏。

上述各种理论都含有一些合理成分，但也都存在着局限性，我们需要吸取其中的精华，加以应用。

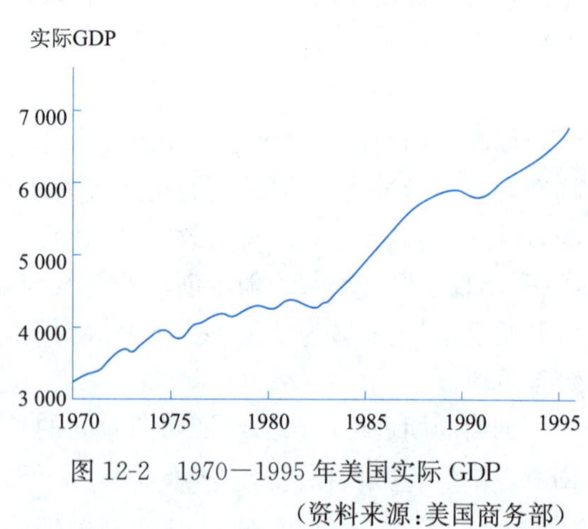

图 12-2　1970—1995 年美国实际 GDP

（资料来源：美国商务部）

图 12-2 中数据表明，美国经济在 1970—1995 年的 25 年间实际 GDP 总体趋势是增长，经济发展是向上的，实际 GDP 的持续增长使美国人的生活水平普遍提高。从图 12-2 中也可以看出，实际 GDP 的增长并不稳定，其中美国经济经历了三次较明显的衰退。有人认为 20 世纪七八十年代的衰退是石油危机引发的，而 20 世纪 90 年代初期的衰退则是海湾战争造成的。其实，导致经济波动的原因并不这么简单。事实上，这些外在因素通过经济的内在机制发生作用，导致经济波动。

五、经济增长理论

（一）经济增长的含义及类型

1. 经济增长的含义

在宏观经济学中，对于经济增长（economic growth）的定义有多种表述。美国经济学家

S. 库兹涅茨给经济增长下的定义是：一个国家的经济增长，可以定义为给居民提供种类日益繁多的经济产品的能力长期上升，这种不断增长的能力是建立在先进技术以及所需要的制度和思想意识之相应调整的基础上的。库兹涅茨对经济增长的定义包括了社会制度、经济结构的变化，将经济增长延伸到了经济发展。保罗·萨缪尔森给出的定义是：经济增长代表的是一国潜在的 GDP 或国民产出的增加。当一国生产可能性边界向外移动时，就是实现了经济增长。从这一定义可以看出，经济增长不是指现存资源利用率的提高所带来的 GDP 的增加，而是指社会生产能力的提高而带来的 GDP 的增加，经济增长意味着技术进步或者社会总资源的增加。

考虑到价格变动和人口增加的因素，通常用实际 GDP 和人均实际 GDP 来衡量社会产出量，经济增长一般是指实际 GDP 或人均实际 GDP 的增加。

2. 经济增长的类型

根据实现增长的方式不同，经济增长可以分为外延型经济增长和内涵型经济增长。

(1)外延型经济增长。外延型经济增长是因生产要素的投入量增加，包括原料、劳动和资本的增加而引起的增长。生产要素的增加扩大了生产能力，增加了总产出量，但总生产要素的利用效率并没有提高，即单位总要素投入的产出量不变。在外延型经济增长中，尽管单位总要素投入的产出量不变，但某一单个要素单位投入的产出量却可能发生变化，这种变化受各单个生产要素增长率的影响。例如，如果资本量投入的增长率大于劳动力投入的增长率，单位劳动投入的产出量就会增加，但单位资本投入的产出量则会减少；反之，如果劳动力投入的增长率大于资本投入的增长率，单位劳动投入的产出量就会下降，而每单位资本投入的产出量就会上升。从上述关系中可以看出，在外延型经济增长的国家，只有当资本积累的增长速度高于人口的增长速度时，单位劳动平均的产出量才能增加，才能实现人们生活水平的普遍提高。这正是许多国家都主张控制人口增长速度的原因。

(2)内涵型经济增长。内涵型经济增长是因生产要素的生产效率提高而引起的增长，它可以在生产要素数量不增加的情况下实现。内涵经济增长包括两种方式：一是总生产要素生产效率的提高；二是各单个生产要素生产效率的提高。因此，当生产效率提高时，每种生产要素单位投入的产出量都会提高。不必投入更多的资源，就可以得到更多的产出量，使人们的平均生活水平普遍提高。实现内涵型经济增长可以通过许多途径，如技术变革和创新、提高劳动力素质、改善基础设施、提高生产组织的管理水平，等等。

(二)经济增长的源泉

经济学家进行了大量的实证研究发现，一个国家推动经济增长的途径各不相同，但是经济增长的基本机制是一样的，存在共同的因素影响着一国的经济增长，经济增长的源泉可被归结为劳动和资本的增长以及技术进步。

1. 资本

资本积累增加是经济增长的重要条件，特别是在经济增长的初始阶段，资本的增加是经济起飞的先决条件。经济增长的一般规律是：资本的增加要大于劳动力的增加，从而使人均资本量(每个劳动力所拥有的资本量)提高，只有人均资本量提高，人均产出才能相应增加，即生产率才会提高。如果增加资本投资是经济增长的唯一方式，那么，随着人均资本量的增加，报酬递减规律发生作用，资本的相对作用将会下降。从当前情况看，经济增长率较高的仍然是那些投资率较高、资本增加较快的国家。

2. 劳动

劳动投入既包括数量又包括质量，是两者的统一。在研究经济增长时，函数模型中的劳动这个概念仅指劳动力数量，而劳动力质量常常归入人力资本。就劳动数量而言，它与资本之间在一定范围内存在着一种替代关系，当资本不足时可以通过增加劳动投入来弥补，同样，当劳动不足时也可以通过增加资本投入来弥补。若仅仅依靠劳动数量的增加，带来的只能是外延型经济增长，不一定能使人们的生活水平普遍提高。在经济增长的不同阶段，劳动的重要程度是不同的。劳动质量是指劳动者的技术知识、纪律性和身体素质。只有那些具有良好知识技能、训练有素的劳动者才能使用先进的设备和技术，并使这些生产要素发挥作用。他们既是先进设备的使用者，同时又是技术进步和创新的实现者。提高劳动力的质量，将极大地提高劳动生产率，促进经济进入内涵型增长。

3. 技术进步

狭义上的技术进步主要是指生产工艺、中间投入品以及制造技能和生产组织方式等方面的革新和改进。具体表现为：改造旧设备采用新设备、改进旧工艺采用新工艺、使用新的原材料和能源、对原有产品进行改进、研究开发新产品、提高工人的劳动技能、改进生产组织提高管理水平、获得规模经济、改善资源配置等。从广义上讲，技术进步是指技术所涵盖的各种形式知识的积累与改进。在开放经济中，技术进步的途径主要有三个方面：即技术创新、技术扩散、技术转移与引进。技术进步引起投入要素生产率的提高，使得相同数量的生产要素投入可以提供更多的产出。它不但可以提高各生产要素的生产率，还可以使总要素的生产率得到提高。在技术进步的作用下，经济可以实现长期的增长。

【相关资料】

加快转变发展方式，大力推进经济结构战略性调整

2009年中国政府工作报告提出：今年要围绕保增长、促升级，重点抓好产业结构调整。一是认真实施汽车、钢铁、造船、石化、轻工、纺织、有色金属、装备制造、电子信息、现代物流等重点产业调整和振兴规划。着力解决这些行业发展中存在的突出矛盾和问题，推进结构调整和优化升级。二是大力推进企业组织结构调整和兼并重组，支持优势企业并购落后企业和困难企业，鼓励强强联合和上下游一体化经营，提高产业集中度和资源配置效率。三是采取更加有力的措施扶持中小企业发展。抓紧落实金融支持政策，健全融资担保体系，简化贷款程序，增加贷款规模。中央财政中小企业发展资金从39亿元增加到96亿元。继续实行鼓励中小企业科技创新、技术改造、增加就业的税收优惠政策。健全中小企业社会化服务体系。四是积极支持企业加快技术改造，建设创新型企业。中央财政拟安排200亿元专项资金，主要用贴息方式支持企业技术改造。鼓励企业应用新技术、新工艺、新设备、新材料，适应市场变化，开发适销对路产品，推进产品创新，提高产品质量和生产经营水平。五是加快发展现代服务业。促进金融保险、现代物流、信息咨询、软件和创意产业发展，拓展新兴服务领域，提升传统服务业。

大力推进科技创新。科技创新要与扩内需、促增长，调结构、上水平紧密结合起来。今年中央财政科技投入1 461亿元，增长25.6%。

（资料来源：2009年政府工作报告）

【学练合一】

一、单选题

1. 结构性通货膨胀的主要原因是(　　)。
   A. 需求结构的变化加上不易改变的工资和价格
   B. 使价格上升的过度需求
   C. 生产成本的增加
   D. 大型企业的垄断
2. 需求拉动的通货膨胀(　　)。
   A. 通常用于描述某种供给因素所引起的价格波动
   B. 通常用于描述某种总需求的增长引起的价格波动
   C. 表示经济制度已调整过的预期通货膨胀率
   D. 以上都不对
3. 通货膨胀的收入效应是指(　　)。
   A. 收入结构变化　　B. 收入普遍上升
   C. 收入普遍下降　　D. 债权人收入上升
4. 周期性失业是指(　　)。
   A. 经济中由于正常的劳动力流动而引起的失业
   B. 由于总需求不足而引起的短期失业
   C. 由于经济中一些难以克服的原因引起的失业
   D. 由于经济中一些制度上的原因引起的失业
5. 下列人员中,不属于失业人口的是(　　)。
   A. 调动工作期间在家休养　　B. 在校学生
   C. 季节工　　D. 对薪水不满而辞职的员工
6. 通货膨胀是(　　)。
   A. 一般物价水平普遍、持续的上升
   B. 货币发行量超过货币的需求量
   C. 货币发行量超过流通中的商品的价值量
   D. 以上都不是
7. 通货膨胀会使(　　)群体受益。
   A. 债权人　　B. 债务人　　C. 工薪阶层　　D. 退休人员
8. 工人为了寻找理想的工作所造成的失业是(　　)。
   A. 季节性失业　　B. 摩擦性失业　　C. 结构性失业　　D. 周期性失业
9. 充分就业意味着(　　)。
   A. 经济中不存在失业　　B. 消灭了自然失业时的就业状态
   C. 消灭了周期性失业时的就业状态　　D. 消灭了摩擦性失业时的就业状态
10. 某国在一段时期内 GDP 的增长率在不断降低,但是总量却在不断增加,从经济周期的角度看,该国处于(　　)阶段。
    A. 复苏　　B. 繁荣　　C. 衰退　　D. 萧条

二、多选题

1. 属于成本推动的通货膨胀有（　　）。

A. 自然灾害导致农业歉收　　B. 行业工会加薪要求

C. 油价上涨　　D. 垄断定价

2. 下列因素中，可能造成需求拉动的通货膨胀有（　　）。

A. 过度扩张的财政政策　　B. 过度扩张的货币政策

C. 消费习惯的突然改变　　D. 农业的收成暴跌

3. 失业对经济的影响主要反映为（　　）。

A. 劳动资源的浪费　　B. 国民生产总值的减少

C. 破坏社会安定团结　　D. 影响社会福利

4. 当经济处于经济周期的衰退阶段时（　　）。

A. 经济产生水平超过消费需求　　B. 总需求稳步增长

C. 存货增加而需求减少　　D. 投资快速增加

5. 下列关于经济增长的说法正确的有（　　）。

A. 经济增长是一种经济长期的趋势

B. 一般采用 GDP 来衡量经济增长

C. 经济增长也可以定义为人均实际 GDP 的增长

D. 经济增长着重研究总供给的长期变动

三、分析题

1. 若 1950 年的价格水平为 54，1960 年为 69，1970 年为 92，1980 年为 178，那么 20 世纪 50 年代、60 年代和 70 年代的通货膨胀各是多少？

【应用与实训】

实训目的

认识失业与通货膨胀。

实训项目

了解我国通货膨胀的历史。

实训内容

1. 教师选取有关失业和通货膨胀的资料。
2. 组织学生阅读并运用所学知识分析资料中的通货膨胀的类型及政府治理通货膨胀的措施。
3. 以 3～6 人为一组，组织各小组进行问题讨论，并形成讨论稿。
4. 提交讨论稿。

实训说明

本实训为课堂实训，课后提交问题讨论稿，教师选出几份讨论稿在班上与学生分享，并根据情况给出相应的意见和建议，做出总结。

材料：

我国历史上的通胀通缩

我国历次通胀分析：

1. 1980 年

20 世纪 70 年代末，为了恢复国内经济，自 1978 年十一届三中全会起，我国实行改革开放政策,党的工作重心转向社会主义现代化建设。随后经济出现了快速的增长,大规模的基本建设投资导致财政支出激增,出现了较为严重的财政赤字,央行为了解决财政赤字,大量发行货币,货币供应量M0从1978年的212亿元扩张到1980年的346.2亿元,上涨了63.3%。过量的货币发行必定会引起通货膨胀,CPI物价指数从1978年的0.7%上涨到1980年的7.5%。

快速上行的通货膨胀引起了政府的高度重视,为了抑制通胀,1980年12月,国务院发出了《关于严格控制物价、整顿议价的通知》,政府采取了压缩基本建设投资、收缩银根等一系列措施,通货膨胀在1981年得到抑制,历时两年多。

2.1985年

1984年,中央政府提倡加快改革,建设“有计划的商品经济”,地方政府响应号召,扩大投资规模,固定资产投资增长率从1983年的16.2%上涨到1985年的38.8%;而1984年的货币供应量M2比1983年新增1 071.3亿元,过快的社会投资引起社会总需求过旺。同年,国务院决定实行工资改革,使得居民实际收入大幅上扬。社会投资增长以及居民收入增速快于劳动生产率的提高,通货膨胀再次出现,CPI价格指数从1984年的2.7%上涨到1985年的9.3%。

为了抑制此次通胀,国务院采取了一系列的宏观调控政策,通过紧银根,减少货币发行,控制固定资产投资规模,抑制物价上扬,本次通胀历时三年。

3.1988年

中央为了理顺价格机制,1988年上半年放开肉、蛋、菜、糖价格,7月底,又放开名烟、酒价格,名烟、酒价格一下上涨5至10倍,社会出现抢购现象,在这种情况下又规划出台物价工资改革方案。改革需要稳定的经济增长环境,为了使经济保持较高的增速,紧缩的政策开始松动,货币供应M0同比增速从1987年的19.4%上涨至1988年的46.7%,1988年CPI物价指数暴涨至18.8%。

1989年,中央召开会议整顿经济秩序,采取减少社会总需求,控制贷款规模紧缩银根,提高利率回笼货币等政策,1990年通胀得到控制,历时三年。

4.1994年

1993年,中央为了进一步理顺价格,先后放开了粮食、钢铁及部分统配煤炭的价格,调整提高了原木、水泥的出厂价格,并对部分原油价格实行了议价。生产要素价格上升推动企业成本大幅上涨。随后,中央又出台了工资改革制度,进一步增加了企业的成本负担,最终造成物价上涨。与此同时,1993—1994年固定资产投资规模高速增长,1994年固定资产投资增速达到25.5%;而货币供给量在1992年已经开始上涨,影响滞后到1994年,加剧总供给与总需求的不平衡,拉动市场物价的上涨。1994年,CPI物价指数上涨到了24.1%的极高水平。

在抑制通胀方面,政府采取紧缩的货币政策,提高银行存贷利率,减少货币供应量,在1996年通胀得到控制,历时三年。

5.2011年

2011年,因内外因的共同影响,造成了此次的通货膨胀。首先,2009年的“四万亿投资计划”以及为了对冲巨额的外汇占款,央行抛出20万亿人民币,导致了当时的流动性过剩。2010年12月份M2的增长率处于19.72%的较高水平,过多的货币供应形成潜在的通货膨胀压力。其次,大宗商品价格上涨,由于我国对原油、铁矿石等大宗商品进口依存度较高,给中国带来输入性通胀的压力。再者,当时房地产泡沫越吹越大,国内总需求过剩,加大了通胀压力。2011 年,CPI 物价指数上涨至 5.4%,是 1996 年以来的最高值。

稳定物价成为当时的首要任务,央行实行从紧的货币政策,密集上调基准利率和存款准备金率,2010—2011 年期间,上调 5 次基准利率、12 次存款准备金率,到 2011 年 6 月 20 日,存款准备金率高达 21.5%。2011 年末通胀得到控制,历时一年多。

我国历次通缩分析:

1.1998 年

1997 年以前,中国一直处于通货膨胀的经济时期,1996 年由于银行积累了大量的坏账,加之为了治理 1994 年的通胀,银行紧缩银根后积累了大批的不良贷款,银行的这种现象到 1996 年已经达到非常严重的状态,为了防范银行风险,政府开始控制银行不良贷款,银行出现惜贷现象,企业不再像以前一样可以轻松地获得贷款,面临着发不出工资的局面,经营困难,不得不降价销售产品,推动物价下滑。同时,1997 年 7 月,亚洲金融危机爆发,出口市场收缩,国内供给压力增大,加剧国内通货紧缩。1997 年 CPI 价格指数下滑至 2.8%,到 1998 年,CPI 增速出现负增长,为−0.8%。

通货紧缩,也使得经济增速从 1997 年的 9.2%下降至 1998 年的 7.8%,为了保持经济稳定,政府将货币政策从"适度从紧"转为"稳健的货币政策",由于银行惜贷,货币供应传导受阻。积极的财政政策在当时发挥了关键的作用,政府通过发行国债,投资基建设施来提高社会总需求。2000 年,通缩得到控制,历时两年。

2.2002 年

2002 年,CPI 指数再次为负值,当年的物价总水平连续下跌了 10 个月,从这一点来讲,可以认为当时出现了通货紧缩。2001 年中国加入 WTO,吸引了大量的外资,企业技术水平得到提升,生产效率提高,成本下降而引发物价总水平的下滑。企业生产成本的下降伴随着的是利润的增长,企业再生产意愿得到激发,而物价水平的下降刺激需求的增加。这次通缩和 1998 年不同,是由总供给的增长快于总需求的增长而导致的物价水平下降,并不是需求不足引发的,所以当时并没有出现货币供应量和投资增速的快速下滑。2003 年 CPI 指数恢复正增长,结束了这次非典型的通货紧缩,历时一年。

3.2009 年

从 2007 年下半年,由美国开始的次贷危机演变为金融危机,并迅速向世界蔓延,我国也未能独善其身。我国的经济明显受到了金融危机的影响,2009 年每月的出口额增速均在−20%以下,大量中小企业破产,大批农民工返乡,货币供应量 M2 增速从 18.92%下降至 14.8%,经济增速快速回落,2009 年一季度 GDP 的增长率仅为 6.6%,CPI 物价指数从 2008 年末开始下滑,2009 年出现连续 10 个月负值。

为了应对这种危局,政府实行积极的财政政策和适度宽松的货币政策,推出"四万亿投资计划",加快基建投资,扩大内需。四万亿的投资计划也为 2011 年的通胀埋下了伏笔。大规模的政府投资使得经济快速升温,CPI 物价指数上涨,该次通缩历时一年。

项目十三　宏观经济运行的调控

【学习目标】

1. 了解宏观经济政策目标以及经济政策影响。
2. 理解财政政策及其效果、货币政策及其效果、两种政策的混合使用。
3. 运用财政政策和货币政策分析宏观经济问题。

【导引案例】

凯恩斯主义

凯恩斯主义是指以英国资产阶级经济学家凯恩斯的理论为基础，主张采用国家干预经济的政策以实现充分就业和经济增长的一个当代西方经济学派。其实质和核心就是凯恩斯主义的宏观调控理论，这一理论自20世纪30年代以来对资本主义的发展产生了深刻的影响。

20世纪30年代以前，在西方经济理论界占据统治地位的学派是主张自由放任的古典经济学。自从古典经济学家亚当·斯密于1776年发表其著名的《国富论》以来，市场力量这只“看不见的手”把资本主义经济搅得沸沸扬扬，一度曾显得“光彩照人”。西方经济学者把资本主义吹捧为一个“理想的社会”。19世纪末马歇尔声称，资本主义经济是一架可以自行调节的机械，市场机制的自发调节，能使社会生产达到均衡。因此，自由放任和国家不干预是最好的经济政策。然而，在这种自由放任的市场经济里，市场机制成了唯一的自发调节器，其盲目性终于导致了1929—1933年的整个资本主义世界经济危机的爆发。

面对这种自由放任的市场经济的运作所带来的生产过剩，经常性的失业以及与需求不足有关的通货膨胀，迫使当时的经济学家去探索出路，凯恩斯主义便在这样的背景下应运而生。

当时凯恩斯提出了一整套治理自由放任市场经济弊端的理论和措施，强调国家干预，以政府的介入来克服和弥补市场机制所带来的自发性和盲目性。这主要体现在他于1936年发表的《就业、利息和货币通论》一书中。该书的问世，轰动了西方经常学界，标志着现代西方宏观经济学的诞生以及由经济自由主义占统治地位向国家干预占统治地位的巨大变革。

【驱动任务】

习近平：“看不见的手”和“看得见的手”都要用好

2014年5月27日，在中央政治局就使市场在资源配置中起决定性作用和更好发挥政府作用的集体学习中，中共中央总书记习近平在主持学习时强调，使市场在资源配置中起决定性作用、更好发挥政府作用，既是一个重大理论命题，又是一个重大实践命题。科学认识这一命题，准确把握其内涵，对全面深化改革、推动社会主义市场经济健康有序发展具有重大意义。在市场作用和政府作用的问题上，要讲辩证法、两点论，“看不见的手”和“看得见的手”都要用好，努力形成市场作用和政府作用有机统一、相互补充、相互协调、相互促进的格局，推动经济社会持续健康发展。

习近平强调,科学的宏观调控,有效的政府治理,是发挥社会主义市场经济体制优势的内在要求。更好发挥政府作用,就要切实转变政府职能,深化行政体制改革,创新行政管理方式,健全宏观调控体系,加强市场活动监管,加强和优化公共服务,促进社会公平正义和社会稳定,促进共同富裕。各级政府一定要严格依法行政,切实履行职责,该管的事一定要管好、管到位,该放的权一定要放足、放到位,坚决克服政府职能错位、越位、缺位现象。

习近平强调,新形势下,各级干部特别是领导干部要坚持在实践中深化学习、在学习中深化实践,不断研究新问题、总结新经验,学会正确运用"看不见的手"和"看得见的手",成为善于驾驭政府和市场关系的行家里手。

思考:"看得见的手"指的是什么?政府是如何运用"看得见的手"对经济进行干预的?

单元一　宏观经济政策目标与工具

一、宏观经济运行机制与调控体系

宏观经济运行机制就是经济运行系统,又称开放的经济系统(见图 13-1),经济系统是由相互联系和相互作用的若干经济元素结合成的,是具有特定功能的有机整体。一个国家的国民经济系统的运行,不仅涉及这个国家内部的各地区、各部门、各企业、各单位,而且涉及世界经济系统以及世界上若干国家、地区、集团等。国民经济系统既反映了内部若干经济元素的相互联系和相互作用,同时又受到外部因素的影响。学习和研究宏观经济的运行机制,就是通过家庭、企业、政府、国外四大经济部门的关系,考察国内生产总值或国民收入的决定。国民收入的大小和结构决定就业状况,价格水平决定通货膨胀状况,国民收入的周期性波动就是经济周期,国民收入的长期发展趋势就是经济增长。可以说,国民收入是宏观经济运行的中心问题。具体来说,在实际工作中,主要从以下几方面的问题来研究和分析宏观经济。

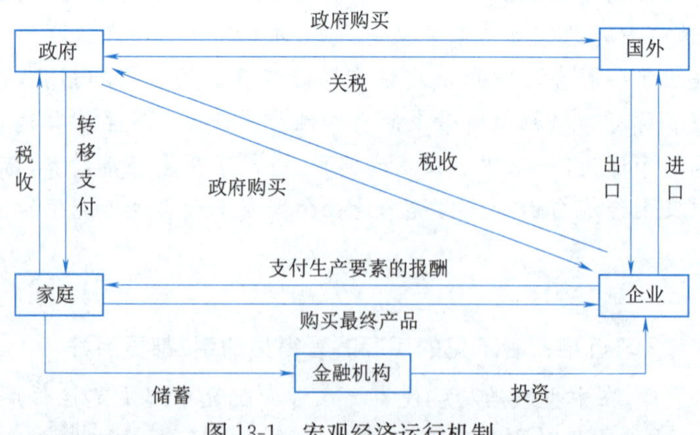

图 13-1　宏观经济运行机制

一是经济运行的衡量,宏观经济的核算。就是如何用量化的指标,客观计算和评价宏观经济的运行结果。这些指标既是宏观经济运行现状的量化反映,也是政府调控经济、制定政策的依据。

二是经济运行的均衡,总供给和总需求及国民收入的决定。从市场的总供给和总需求关系，分析经济运行可能出现的问题，从而调节供需关系，保持宏观经济运行的均衡。由此可推导出经济均衡运行的条件是：

投资＋政府购买＋出口 ＝ 储蓄＋政府净税收(税收－转移支付＋进口)

三是经济运行的监测，通货膨胀和失业。是政府在短期经济运行中最关注的问题，也是年度经济运行监测的重点。

四是经济运行的动态与稳定，经济波动和经济周期以及经济增长和经济发展。研究经济运行出现波动的原因是什么？为什么会出现经济周期？如何避免经济的大起大落？从长期考察分析经济增长的动力及其影响因素，重点关注经济可持续发展和相应的长期经济战略。

五是经济运行的调控，财政、货币等宏观经济政策。政府调控经济采用哪些手段、工具？如何选择调控的目标？如何综合运用各种手段有效调节经济？如何评价政策的调控效果？这些问题将在下面的论述中予以解答。

宏观经济调控是现代市场经济的一个显著特征，是指政府通过宏观经济政策、法律手段和必要的行政手段等措施，对国民经济总量和结构进行调节和控制，以保持经济总量的基本平衡，促进经济结构的优化，提高经济增长的质量和效益，引导国民经济持续、稳定、健康发展。其中，宏观经济政策是主要调控手段，主要包括财政政策和货币政策，图 13-2 展示了整个宏观经济调控体系的构成。

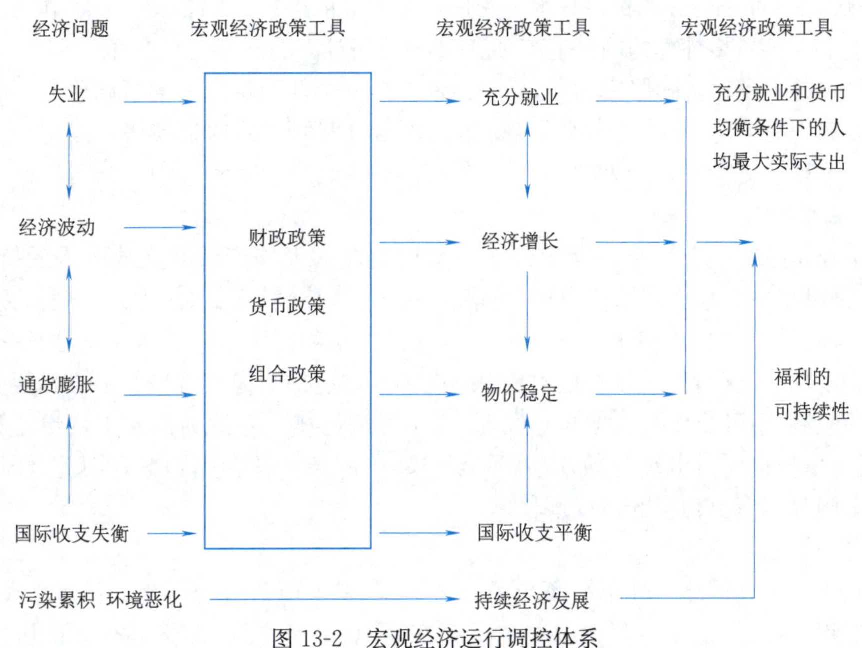

图 13-2　宏观经济运行调控体系

二、宏观经济政策的目标

宏观经济政策是指政府有意识、有计划地运用一定的政策工具，调节控制宏观经济运行，以达到一定的政策目标，国家宏观调控的政策目标，一般包括充分就业、经济增长、物价稳定和国际收支平衡四项。

(一)充分就业

充分就业是衡量资源充分利用的一个指标，它表示生产要素的投入情况，通常以失业率表示。充分就业包含两种含义:一是指除了摩擦失业和自愿失业之外,所有愿意接受各种现行工资的人都能找到工作的一种经济状态,即消除了非自愿失业就是充分就业。二是指各种生产要素,都按其愿意接受的价格,全部用于生产的一种经济状态,即所有资源都得到充分利用。失业意味着稀缺资源的浪费或闲置,从而使经济总产出下降,社会总福利受损。因此,失业的成本是巨大的,降低失业率,实现充分就业常常成为宏观经济政策的首要目标。

(二)物价稳定

物价稳定是指物价总水平的稳定。一般用价格指数来衡量价格水平的变化。价格稳定不是指每种商品价格的固定不变,也不是指价格总水平固定不变,而是指价格指数的相对稳定。价格指数分为消费者物价指数(CPI),生产者物价指数(PPI)和国民生产总值折算指数(GNP deflator)三种。

消费者物价指数(consumer price index,CPI)是反映与居民生活相关的产品及劳务价格统计出来的物价变动指标,通常作为观察通货膨胀水平的重要指标。生产者物价指数(producer price index,PPI)是衡量工业企业产品出厂价格变动趋势和变动程度的指数,是反映某一时期生产领域价格变动情况的重要经济指标,也是制定有关经济政策和国民经济核算的重要依据。GNP deflator 又称 GNP 缩减指数或 GNP 折算指数,是指反映价值指标增减过程中与物量变动同时存在的价格变动趋势和程度的价格指数。GNP 平减指数是衡量一国在不同时期内所生产的最终产品和劳务的价格总水平变化程度的价格指数。其计算公式为:国民生产总值平减指数 =报告期价格计算的国民生产总值/不变价格计算的国民生产总值。

物价稳定并不是通货膨胀率为零,而是允许保持一个低而稳定的通货膨胀率,所谓低,就是通货膨胀率为 1%~3%,所谓稳定,就是指在相当时期内能使通货膨胀率维持在大致相等的水平上。这种通货膨胀率能为社会所接受,对经济不会产生不利影响。

(三)经济增长

经济增长是指在一个特定时期内经济社会所生产的人均产量和人均收入的持续增长。它包括:一是维持一个高经济增长率;二是培育一个经济持续增长的能力。一般认为,经济增长与就业目标是一致的。经济增长通常用一定时期内实际国民生产总值年均增长率来衡量。经济增长会增加社会福利,但并不是增长率越高越好。这是因为经济增长一方面要受到各种资源条件的限制,不可能无限地增长,尤其是对于经济已相当发达的国家来说更是如此。另一方面,经济增长也要付出代价,如造成环境污染,引起各种社会问题等。因此,经济增长就是实现与本国具体情况相符的适度增长率。

(四)国际收支平衡

国际收支平衡具体分为静态平衡与动态平衡、自主平衡与被动平衡。静态平衡,是指一国在一年的年末,国际收支不存在顺差也不存在逆差;动态平衡,不强调一年的国际收支平衡,而是以经济实际运行可能实现的计划期为平衡周期,保持计划期内的国际收支均衡。自主平衡,是指由自主性交易即基于商业动机,为追求利润或其他利益而独立发生的交易实现的收支平衡;被动平衡,是指通过补偿性交易即一国货币当局为弥补自主性交易的不平衡而采取调节性交易而达到的收支平衡。

国际收支平衡的目标要求做到汇率稳定,外汇储备有所增加,进出口平衡。国际收支平衡不是消极地使一国在国际收支账户上经常收支和资本收支相抵,也不是消极地防止汇率变动、外汇储备变动,而是使一国外汇储备有所增加。适度增加外汇储备看作改善国际收支的基本标志。同时由于一国国际收支状况不仅反映了这个国家的对外经济交往情况，还反映出该国经济的稳定程度。

以上四大目标之间既相互促进，也存在矛盾的关系。目标之间有相互促进的作用，如为了实现充分就业水平，就要维护必要的经济增长。目标的时限存在相互排斥的情况，如物价稳定与充分就业之间就存在两难选择。为了实现充分就业，必须刺激总需求，扩大就业量，这一般要实施扩张性的财政和货币政策，由此就会引起物价水平的上升。而为了抑制通货膨胀，就必须紧缩财政和货币，由此又会引起失业率的上升。又如经济增长与物价稳定之间也存在着相互排斥的关系。因为在经济增长过程中，通货膨胀是难以避免的。再如国内均衡与国际均衡之间存在着交替关系。这里的国内均衡是指充分就业和物价稳定，而国际均衡是指国际收支平衡。为了实现国内均衡，就可能降低本国产品在国际市场上的竞争力，从而不利于国际收支平衡。为了实现国际收支平衡，又可能不利于实现充分就业和稳定物价的目标。

由此，在制定经济政策时，必须对经济政策目标进行价值判断，权衡轻重缓急和利弊得失，确定目标的实现顺序和目标指数高低，同时使各个目标能有最佳的匹配组合，使所选择和确定的目标体系成为一个和谐的有机的整体。

单元二　政府的“左手”：财政政策

一、中国财政政策的种类

国家财政由政府收入和政府支出构成，其中政府支出包括政府购买和转移支付，而政府收入主要包括税收和公债两部分。

财政政策是国家干预经济的主要手段之一，是指一国政府为实现一定的宏观经济目标而调整财政收支规模和收支平衡的指导原则及其相应的措施，即政府对政府支出和税收总水平的选择，以便影响总需求进而影响就业和国民收入的政策。财政政策对经济的调节作用主要通过影响社会总需求来发挥，从而调节经济整体运行，实现扩张经济或紧缩经济的政策目标，如图 13-3 所示。

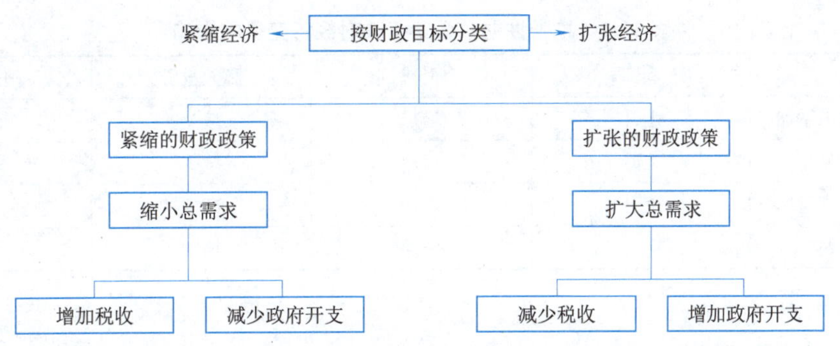

图 13-3　财政政策目标、政策和具体措施示意图

(一)根据财政政策在调节社会总需求方面的不同功能分类

根据财政政策在调节社会总需求方面的不同功能，财政政策可划分为扩张性财政政策、紧缩性财政政策和中性财政政策。

1. 扩张性财政政策

扩张性财政政策是国家通过财政分配活动刺激和增加社会总需求的一种政策行为。又称膨胀性财政政策或积极的财政政策。扩张性财政政策是指主要通过减税、增支进而扩大财政赤字的财政分配方式，增加和刺激社会总需求。扩张性财政政策的主要政策措施：减税和扩大预算支出规模。

（1）减税。减税即降低税率、改变税率结构等，会增加个人和企业的可支配收入，以刺激消费需求和增加生产和就业。在财政支出规模不变的情况下，相应地扩大了社会总需求。减税的种类和方式不同，所引起的膨胀效应也不同。对流转税的减免，在增加需求的同时也会刺激供给的增加，即这种减税的膨胀效应主要在供给方面。对所得税的减免，则可以增加社会需求，膨胀效应主要表现在需求方面。

（2）扩大预算支出规模。由于政府支出直接构成社会总需求的一部分，政府支出规模的增大必然相应地增加社会总需求。一国财政情况，就其收支对比而言，不外乎三种结果：一是收入大于支出有结余；二是支出大于收入有逆差，即赤字；三是收支相等，如图 13-4 所示。

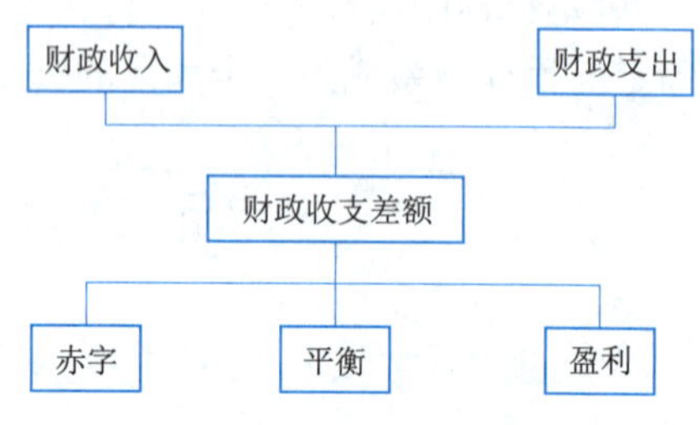

图 13-4 财政收支状态类型

在财政支出大于收入，出现逆差时，就会出现财政赤字。从实际经济运行来看，收支相等的情况几乎不存在，而且当今世界各国年年有预算结余的国家为数极少，财政预算赤字已经是一种世界性的经济现象。就这个意义说，扩张性财政政策也就是赤字财政政策。赤字财政是指国家用赤字来调节经济的一种政策，亦即通过财政赤字扩大政府支出规模，刺激社会有效需求增长。在一个财政年度内，当财政出现赤字，收入不足以支付开支时，就需要对赤字进行弥补。发行公债，尤其是发行国内公债已成为国家弥补赤字的最佳选择。

扩张性财政政策可以采用减少税收，或者增加政府开支，或者减税和增加政府开支的组合来实现扩大总需求的目标。1998 年之后，我国实施的“积极的财政政策”，就是一种扩张性的财政政策。扩张性财政政策工具对经济变量的影响如表 13-1 所示。

表 13-1 扩张性财政政策工具对经济变量的影响

政策	利率	消费	私人投资	国民收入
政府购买支出增加	上升	增加	减少	增加
减少所得税	上升	增加	减少	增加
增加转移支付	上升	增加	减少	增加
投资补贴	上升	增加	增加	增加

2. 紧缩性财政政策

紧缩性财政政策是指通过财政分配活动来减少和抑制总需求。在国民经济总需求过旺的情况下，通过紧缩性财政政策消除通货膨胀缺口，达到供求平衡。实现紧缩性财政政策目标的具体措施主要有增税（提高税率、改变税率结构等）和减少财政支出。

与减税的作用相反，增加税收可以减少企业和个人的可支配收入，降低人们的消费需求从而减少总需求。减少财政支出可以减低政府的消费需求和投资需求，从而可以直接减少总需求。可以通过增加税收，或者减少政府开支，或者二者组合来达到缩小总需求的目标。

我国 1993 年之后，为了实现宏观经济的“软着陆”所实施的“适度从紧的财政政策”，就是一种紧缩性的财政政策。

3. 中性财政政策

中性财政政策是指把财政的分配活动对社会总需求的影响保持中性，即财政收支活动既不会产生扩张效应，也不会产生紧缩效应。一般情况下，这种政策要求财政收支要保持平衡。但是，使预算收支平衡的政策并不等于中性财政政策，中性财政政策在现实中很少见。

（二）按照财政政策调节经济周期的方式分类

1. 自动稳定器式的财政政策

是指某些能随着经济运行状况自动发生作用的政策，它无须借助外力就可以达到调控经济的效果。主要表现为：

（1）税收的自动稳定性。在预算平衡和税率保持不变的前提下，当经济活动进入萧条状态时，税收收入会自动减少，如果这时政府预算支出仍保持不变，就会产生财政赤字，这种赤字又会自动产生一种力量，抑制国民经济的持续下降。

（2）财政支出的自动稳定性。当经济处于不景气时，会有更多的失业者向政府申请失业救济金等，政府支出会自动增加，从而抑制社会总需求下降。同样，当经济进入繁荣状态时，财政救济性支出会减少，导致居民消费减少，从而抑制社会总需求过旺。

2. 相机抉择的财政政策

是指政府根据经济形势，主动采取不同的财政措施以消除通货膨胀或通货紧缩的缺口，是政府利用国家财力有意识地干预经济运行的行为。主要包括汲水政策和补偿性政策。汲水政策：是经济进入低谷时，政府通过增加公共财政支出使经济恢复活力的政策。补偿性政策：是指政府根据对经济情况的判断，主动地调整财政收支以改变社会总需求，进而达到稳定经济目的的财政政策。

二、中国财政政策的基本措施

（一）国家预算

主要通过预算收支规模及平衡状态的确定、收支结构的安排和调整来实现财政政策目标。

（二）税收

主要通过税种、税率来确定和保证国家财政收入，调节社会经济的分配关系，以满足国家履行政治经济职能的财力需要，促进经济稳定协调发展和社会的公平分配。

（三）财政投资

通过国家预算拨款和引导预算外资金的流向、流量，以实现巩固和壮大社会主义经济基础，调节产业结构的目的。

（四）财政补贴

它是国家根据经济发展规律的客观要求和一定时期的政策需要，通过财政转移的形式直接或间接地对农民、企业、职工和城镇居民实行财政补助，以达到经济稳定协调发展和社会安定的目的。

（五）财政信用

它是国家按照有偿原则，筹集和使用财政资金的一种再分配手段，包括在国内发行公债和专项债券，在国外发行政府债券，向外国政府或国际金融组织借款，以及对预算内资金实行周转有偿使用等形式。

（六）财政立法和执法

它是国家通过立法形式对财政政策予以法律认定，并对各种违反财政法规的行为（如违反税法的偷税抗税行为等），诉诸司法机关按照法律条文的规定予以审理和制裁，以保证财政政策目标的实现。

（七）财政监察

它是实现财政政策目标的重要行政手段。即国家通过财政部门对国营企业事业单位、国家机关团体及其工作人员执行财政政策和财政纪律的情况进行检查和监督。

三、财政政策的效果

（一）财政政策的乘数效应

由于经济中的连锁反应，因政府支出 G 和税收 T 引起国民收入变动的幅度往往几倍于政府收支（G 和 T）变动的幅度。这种政府财政政策变动而引起的国民收入变动的倍数称为财政政策乘数，包括政府支出乘数、税收乘数和平衡预算乘数。

（二）财政政策的挤出效应

挤出效应指政府支出增加所引起的私人消费或投资降低的效果。事实上，财政政策的乘数效应并不能完全发挥，因为财政政策对宏观经济还有另外一方面的影响：挤出家庭部门的消费和企业部门的投资。经济萧条时，扩张性财政政策通过乘数效应使总需求倍增，从而总产出也相应增加，总产出增加又会扩大对货币的需求。竞争加剧，物价上涨，在货币名义供给量（M1）不变的情况下，实际货币供给量会因价格上涨而减少，进而使可用于投机目的的货币量（M2）减少，债券价格下跌，利率上升，提高投资成本，导致私人投资减少，消费亦随之减少，总需求减少。

但是在实践中，乘数效应和挤出效应的作用程度并不相同。通常，乘数效应的作用要比挤出效应的作用大，因此财政政策仍然能够影响总需求。

四、财政政策的局限性

财政政策实施中遇到的困难及局限性主要体现在以下几个方面：

（1）有些财政政策的实施会遇到阻力。如增税一般会遭到公众的普遍反对；减少政府购买可能会引起大垄断资本的反对；削减政府转移支付则会遭到一般平民的反对。

（2）财政政策会存在“时滞”。首先，财政政策的形成过程需要较长的时间。因为财政政策的变动一般是一个完整的法律过程，这个过程包括议会与许多专门委员会的讨论，政府部门的研究，各利益集团的院外活动等。这样，在财政政策最终形成并付诸实践时，经济形势可能已经发生意想不到的变化。因此，就会影响其所要达到的目标。其次，财政政策发挥作用也有时滞。有些财政政策对总需求有即时的作用。如政府购买的变动对增加总需求有直接而迅速的作用，减税对增加个人可支配收入有即时的作用，但对消费支出的影响则要一定时间后才会产生。

（3）适度的财政赤字是可行的，但过高的财政赤字可能使政府陷入债务危机，破坏经济的稳定性。

(4)公众的行为可能会偏离财政政策的目标。如政府采取增支减税政策扩大总需求时，人们并不一定会把增加的收入用于增加支出，也可能转化为储蓄。除此之外，财政政策的实施，还要受到政治因素的影响。

【相关资料】

美国的赤字财政政策

美国财政部2008年10月14日公布的数据显示，受经济下滑、救市开支猛增等因素影响，2008财年美国政府财政赤字达到创纪录的4 550亿美元，创历史新高。2009年2月13日美国通过了高达7 870亿美元的经济刺激计划，下一财年美国政府财政赤字将继续居高不下，并很可能突破7 000亿美元的规模。此前，美国政府财政赤字的最高纪录是2004年创下的4 130亿美元。

由于20世纪30年代的大萧条，二战之后，凯恩斯主义盛行，赤字政策成了西方各国对经济进行宏观调控的主要手段。以美国为例，在1951—1979年的25年中，出现财政赤字的年份为23年。较为严重的几年有1968年，财政赤字高达252亿美元，约占当年GNP的3%，还有1976年，赤字额高达665亿美元，占GNP的4.5%。

赤字财政的指导思想是通过扩大政府开支、用财政手段来调节经济和刺激经济，政府开支在国民经济中的作用越来越大。例如美国，1913年时，政府开支占国民生产总值的比重不足3%，20世纪30年代上升到15%左右，20世纪80年代达到20%，1996年国家预算在GNP中的比重达到33%。西欧国家的上升幅度更是惊人，英国在1913年政府开支仅占GNP的3%，而二战后，政府开支逐渐上升到占GNP的40%；德国、法国、意大利和奥地利等都高达50%，丹麦和瑞典最高为60%。

与此同时，货币供应量也在不断增加。美国20世纪50年代货币[M1]的年增长率平均仅为2%，国民生产总值的增长率平均为3.6%；1966－1970年，货币供应增长率上升到5.2%，而GNP的年均增长降为3.4%。20世纪70年代，美国的年均货币供应增长率进一步上升为6.7%，而GNP的年均增长率进一步下降为2.9%。货币发行的增长大大超过GNP的增长，从而为日后愈演愈烈的通货膨胀打下了基础。

在西欧，各国为了调节经济，系统地采取发行大大超过市场需求的支付手段的办法，财政支出和货币发行的增长速度都快于国民生产总值，特别是20世纪70年代石油危机之后，政府财政赤字占国民生产总值的比重普遍提高，西德从1970年的0.1%上升到1979年的3.6%；法国从1972年为0.1%，上升到1979年的1.9%；英国从1972年的2.9%上升到1979年的5.4%。

与巨额的财政赤字相联系，西欧主要国家的货币增长速度在20世纪70年代有了大发展。西德20世纪60年代平均为8.6%，20世纪70年代平均为10%；法国相应的数字为8.5%和11%；英国为4.6%和15%。

货币大量增加，国内信贷规模也随之大幅增长。从1950年到1983年，法国信贷规模增长了80倍，意大利188倍，英国15倍，西德38倍。由于货币增长速度大大超过GNP的增长速度，结果，货币供应量超过了流通过程的实际需要，通货膨胀日益严重，特别是到了20世纪70年代末和80年代初，通货膨胀率都超过了两位数，消费物价大幅上涨，国民经济陷入一种“滞胀”状态。

进入20世纪80年代，西方发达资本主义国家在经过反思后，认识到赤字财政带来的通货膨胀的苦处，于是逐渐转入用货币主义的手段来调控经济。1979年，货币主义学派的代表芝加哥大学的米尔顿·弗里德曼教授获得诺贝尔奖，货币主义在世界上名声大振。从此，财政政策的主导作用逐渐被货币政策所取代。

（资料来源：编者根据网络资料改写）

单元三　政府的“右手”：货币政策

一、货币政策的目标和传导机制

货币政策是中央银行为实现既定的目标运用各种工具调节货币供应量，进而影响宏观经济运行的各种政策措施。

正如前面所论述的，货币政策的工具包括称为“三大法宝”的一般性货币政策工具、选择性货币政策工具和其他货币政策工具，它们是中央银行调控宏观经济的主要方式（见图13-5），货币政策工具的变动将对货币供应量产生相应的影响（见表13-2），进而调节宏观经济。

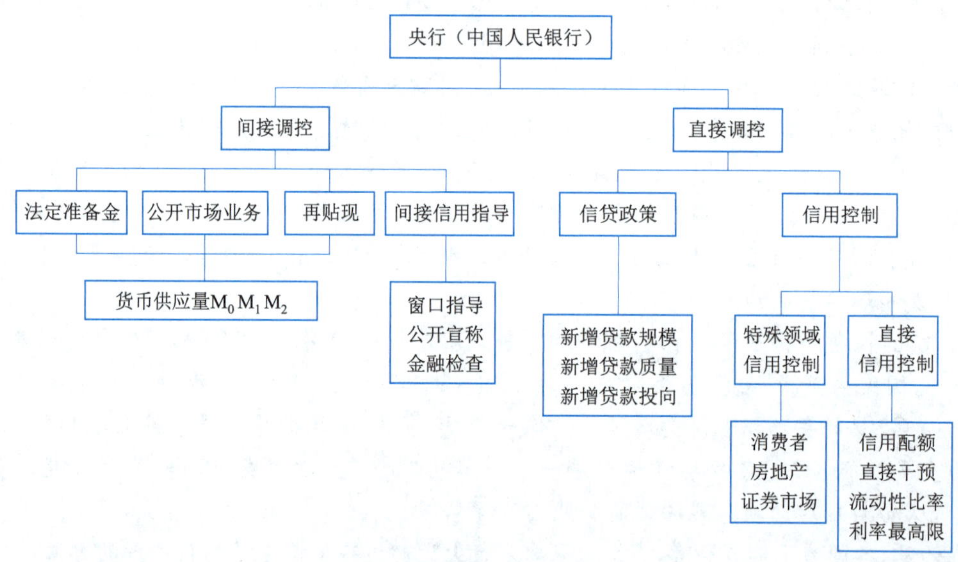

图13-5　央行对宏观经济的调控方式体系

表13-2　货币政策工具变动对货币供应量的影响

货币政策工具	政策的变动	变动的结果	政策归类
公开市场业务	卖出政府债券	货币供给量减少	紧缩性
	买入政府债券	货币供给量增加	扩张性
法定准备金率	提高	货币供给量减少	紧缩性
	降低	货币供给量增加	扩张性
贴现率	提高	货币供给量减少	紧缩性
	降低	货币供给量增加	扩张性

(一)货币政策目标

货币政策目标一般包括最终目标、中介目标和操作目标。

最终目标：保持币值稳定，促进经济增长。但是央行很难直接调控价格总水平，主要运用各种货币政策工具，调控货币供应量，在此基础上使总供求达到基本平衡，实现价格总水平稳定和经济增长。

操作目标：是中央银行通过货币政策工具操作能够有效准确实现的政策变量，如准备金、基础货币量等。

中介目标：是中央银行通过货币政策操作和传导后能以一定的精确度达到的政策变量，如市场利率、货币供应量、信贷量、汇率等。我国现行的货币政策中介指标包括：货币供应量(流通中的现金和单位存款)；信用总量(银行信用量、合作信用量、国家信用量、股份信用量、企业间商业信用量、银行间同业拆借信用量、民间信用量等各种信用量的总和)；同业拆借利率；银行备付金及其比率(备付金为超额准备金，银行备付金率＝银行存款备付金/当期存款总额)。

(二)货币政策的传导机制

货币政策工具借助于中介指标达到货币政策最终目标还存在一个传导机制，其时滞长短直接影响货币政策的效应。货币政策传导主要通过机构传导和经济变量传导进行。

货币政策传导机制主要环节的传导顺序是：

机构传导：①从中央银行到商业银行等金融机构和金融市场。中央银行的货币政策工具操作，首先影响的是商业银行等金融机构的准备金、融资成本、信用能力和行为，以及金融市场上货币供给与需求的状况。②从商业银行等金融机构和金融市场到企业、居民等非金融部门的各类经济行为主体。商业银行等金融机构根据中央银行的政策操作调整自己的行为，从而对各类经济行为主体的消费、储蓄、投资等经济活动产生影响。③从非金融部门经济行为主体到社会各经济变量，如总支出量、总产出量、物价、就业等。

经济变量传导：通过或比价格(利率、汇率)信号和货币供应量的变动把中央银行行为、商业银行行为和居民行为联系在一起，从而引导企业和消费者的行为，影响整个经济活动。

货币政策的传导顺畅或调控机制灵敏有效，需要一个合适的外部经济环境，就是说中央银行要具有相对独立性，法制健全，金融市场发达，市场各主体受利益驱动并依据市场行情理性决定自己的获利行为。

二、货币政策取向

货币政策取向有紧缩性货币政策、扩张性货币政策与中性的货币政策。

紧缩性货币政策又称紧的货币政策或“收紧银根”，是指严格控制货币供应量，使货币供给总量趋于下降。经济过热时，总需求大于总供给，应收紧银根，采取紧缩性货币政策，以抑制总需求，降低物价。

扩张性货币政策又称松的货币政策或“放松银根”，是指放松对货币供应量的控制，使货币供应量较大地超过实际需要的货币量，借以刺激经济回升。经济萧条时，总需求小于总供给，应放松银根，采取扩张性货币政策，以刺激总需求。

中性的货币政策是指温和的货币政策，对货币供应量的扩大或减少控制在较小幅度内，而主要调整货币供给结构，从而促进经济结构调整。

三、货币政策的局限性

货币政策实施中遇到的困难及局限性表现在：

(1)从货币市场均衡的情况看，增加或减少货币供给要影响利率的话，必须以货币流通速度不变为前提。如果这一前提并不存在，货币供给变动对经济的影响就要打折扣。在经济繁荣时期，中央银行为抑制通货膨胀需要紧缩货币供给，或者说放慢货币供给的增长率，然而，那时公众一般说来支出会增加，而且物价上升快时，公众不愿把货币持在手上，而希望尽快花费出去，从而货币流通速度会加快，这无异在流通领域增加了货币供给量。这时候，即使中央银行减少货币供给，也无法使通货膨胀率降下来。反之，当经济衰退时期，货币流通速度下降，这时中央银行增加货币供给对经济的影响也就可能被货币流通速度下降所抵消。货币流通速度加快，意味着货币需求增加，流通速度放慢，意味着货币需求减少，如果货币供给增加量和货币需求增加量相等，LM 曲线就不会移动，因而利率和收入也不会变动。

(2)在通货膨胀时期实行紧缩的货币政策可能效果比较显著，但在经济衰退时期，实行扩张的货币政策效果就不明显。那时候，厂商对经济前景普遍悲观，即使中央银行松动银根，降低利率，投资者也不肯增加贷款从事投资活动，银行为安全起见，也不肯轻易贷款。特别是由于存在着流动性陷阱，不论银根如何松动，利息率都不会降低。这样，货币政策作为反衰退的政策，其效果就相当微弱。即使从反通货膨胀看，货币政策的作用也主要表现于反对需求拉升的通货膨胀，而对成本推进的通货膨胀，货币政策效果就很小。因为物价的上升若是由工资上涨超过劳动生产率上升幅度引起或由垄断厂商为获取高额利润引起，则中央银行想通过控制货币供给来抑制通货膨胀就比较困难了。

(3)货币政策作用的外部时滞也影响政策效果。中央银行变动货币供给量，要通过影响利率，再影响投资，然后再影响就业和国民收入，因而，货币政策作用要经过相当长一段时间才会充分得到发挥。尤其是，市场利率变动以后，投资规模并不会很快发生相应变动。利率下降以后，厂商扩大生产规模，需要一个过程，利率上升以后，厂商缩小生产规模，更不是一件容易的事。总之，货币政策即使在开始采用时不要花很长时间，但执行后到产生效果却要有一个相当长的过程，在此过程中，经济情况有可能发生和人们原先预料的相反变化，比方说，经济衰退时中央银行扩大货币供给，但未到这一政策效果完全发挥出来经济就已转入繁荣，物价已开始较快地上升，则原来扩张性货币政策不是反衰退，却为加剧通货膨胀起了火上浇油的作用。

货币政策在实践中存在的问题不止这些，但仅从这些方面看，货币政策作为平抑经济波动的手段，作用有限。

【相关资料】

西方货币主义与实践

货币学派强调货币供应量的变动是引起物价水平和经济活动发生波动的根本原因，他们认为，只要货币供应增长与生产增长相适应，国民经济就能健康运行。因此，控制“滞胀”的主要处方就是控制货币供应量的增长。于是，为了遏制通胀，钞票不随便印了，但缺钱怎么办？那就只有借。终于，自 20 世纪 80 年代起，“赤字财政”变成了“债务财政”。

到了 20 世纪 80 年代，尽管以英美为首的一些国家力图改弦更张，控制财政开支，削减财政赤字,但一时却难以奏效。各国的财政赤字非但未能减少,反而继续扩大。英美七国财政赤字占国民生产总值的比重 1981 年平均为 2.6%,1983 年为 4.1%,1985 年为 3.6%,1986 年为3.5%,1987 年才降为 2.5%。

美国里根总统上台时信誓旦旦地要削减政府支出和财政赤字,但赤字却比以往任何时候增长都快。1981 年仅为 579 亿美元,1982 年就突破了 1 000 亿美元大关,1983 年又猛增到 1 954亿美元,1986 年达到 2 207 亿美元。在里根执政的 8 年时间,财政赤字累计达到 1.67 万亿美元。这说明以往财政赤字问题已成了历史性的结构问题了。

但美国 20 世纪 80 年代货币供应量的增长速度相对 GNP 的增长速度并不高,从 1980 年到 1988 年,国民生产总值平均增长速度为 7.5%[按当年美元计算],货币供应量平均增长速度为8.7%,仅高出一个百分点。所以在这一段时间通货膨胀率并不高,平均为 4%左右。

那么,里根政府在财政赤字累计 1.67 万亿美元的 8 年中,如何保持了低通胀呢?

窍门只有一个:借债。这是一个赤字与债务并行的年代。1980 年里根总统刚刚上台时,美国政府的债务大约为 1 万亿美元,但到里根下台的 1988 年,美国国债额已接近 3 万亿美元。布什总统执政的 4 年期间,美国国债进一步上升到 4 万亿美元。从 1980 年到 1992 年,美国政府使国债增加了 3 倍。

借债度日,倒也是在货币主义学派启发下行使的一招。发行钞票导致货币总量增加,必然引起通货膨胀。而发行债券,既不增加货币总量,又可以解决货币需求缺口,从而解决财政方面的燃眉之急。因此,从里根到布什,十几年时间终于使美国成为当今世界上最大的净债务国。

西欧国家情况也好不到哪里去。1992 年,欧盟国家为了统一货币,签署的《马斯特里赫条约》,其中规定欧盟成员国在 1999 年统一货币时必须做到以下几个标准:一是各国财政赤字不得超过国内生产总值的 3%,二是公共债务[国债]不得高于国内生产总值的 60%。但直到 1996 年,财政赤字方面达标国家仅有 3 个,政府债务达标国家只有 4 个。像德国的政府债务高达 2 万亿马克,是 GDP 的 60%多,法国和英国的国债约为 GDP 的 53%,意大利为 124%,比利时为 133%,希腊为 111%。值得一提的是,美国政府不仅从国内借债,还更多地从国外借债。1981 年美国在国外还有净债权 1 407 亿美元,到 1985 年已净负债 1 119 亿美元,从此美国沦落成一个债务国。到布什总统下台时,美国的净外债额已达 1 万多亿美元。今天美国高达 5 万亿美元的国债大约有一半是从国外借的。有人形象地把美国比喻成“借债经济”。

1993 年克林顿总统上台时,其顾问班子已意识到债务问题的严重性。他们在一份报告中指出,20 世纪 50 年代,在联邦政府开支的资金来源中,借债只占 2.5%的比例,20 世纪 60 年代平均也只有 4.4%,但是 20 世纪 70 年代上升到 11%,20 世纪 80 年代达到 17.7%,20 世纪 90 年代更上升为 19%。也就是说,在 1996 年 1.6 万亿美元的财政开支中,大约有 3 000 亿美元来自借债。这样,政府财政对债务的依赖度越来越大,以致借债从一个次要因素变成了一个根本因素。巨大的债务使美国政府必须借了新债还旧债,一年一年,循环往复。债务已成了美国人难以摆脱的阴影,巨额债务利息源源不断流向国外。

(资料来源:编者根据网络资料改写)

【相关资料】

中国人民银行历年上调人民币存款准备金率情况

存款准备金制度是在中央银行体制下建立起来的。存款准备金制度的初始作用是保证存款的支付和清算，之后才逐渐演变成为货币政策工具，通常被认为是货币政策中最猛烈的工具之一，并且具有强制性。中央银行通过调整存款准备金率，影响金融机构的信贷资金供应能力，从而间接调控货币供应量。

中国的存款准备金率从1984年开始历经了多次调整。

1984年中国人民银行按存款种类规定了法定存款准备金率：企业存款为20%，农村存款为25%，储蓄存款为40%。

1985年，中国人民银行为克服存款准备金率过高带来的负面影响，将法定存款准备金率统一调整为10%。

1987年从10%上调为12%。

1988年9月进一步上调为13%。

1998年法定存款准备金率从13%下调到8%。

1999年金融机构法定存款准备金率由8%下调到6%。

2003年8月23日，国务院批准央行为防止货币信贷总量过快增长，从2003年9月21日起，将存款准备金率，由6%调高至7%。

2004年4月25日，央行正式对部分不能达到资本充足率的银行实行差别存款准备金率制度，并提高存款准备金率0.5个百分点，由7%提高到7.5%。

2006年央行三次上调存款准备金率，11月15日由原来7月5日的8%调整到9%。

2007年央行十次上调存款准备金率，12月25日由原来1月15日的9.5%调整到14.5%。

2008年央行再度数次上调存款准备金率，6月25日调整到17.5%。

（资料来源：中国人民银行网站）

【学练合一】

一、单选题

1. 政府收入中，最主要的部分是（　　）。

A. 税收　　B. 举债　　C. 发行国库券　　D. 公债

2. 实行紧缩性的财政政策会产生（　　）。

A. 预算赤字　　B. 预算盈余　　C. 物价上涨　　D. 失业减少

3. 再贴现是指（　　）。

A. 商业银行间的借款　　B. 商业银行给厂商的贷款

C. 央行给商业银行的贷款　　D. 商业银行给居民的贷款

4. 当前央行控制货币供给的最重要工具是（　　）。

A. 法定准备金率　　B. 再贴现率

C. 公开市场业务　　D. 道义劝告

5. 政府的财政收入政策通过（　　）因素对国民收入产生影响。

A. 转移支付　　B. 政府购买　　C. 消费支出　　D. 税收

6. 央行在公开市场业务中买入政府债券会使货币供给量（　　）。

A. 增加　　B. 减少　　C. 不变　　D. 无法确定

7. 下列(　　)财政政策工具能够在经济中存在失业时增加就业。

A. 增加政府购买　　B. 增加货币供给

C. 提高个人所得税　　D. 提高税率水平

8. 面对经济停滞,政府应该(　　)。

A. 扩大支出、减税,以及/或实施从紧的货币政策

B. 减少支出、税收,以及/或实施从宽的货币政策

C. 扩大支出、减税,以及/或实施从宽的货币政策

D. 以上都不正确

9. 若实行减少个人所得税和增加国防开支的政策,在短期内会导致(　　)。

A. 总供给减少,物价上涨　　B. 增加总需求从而增加国民收入

C. 总需求减少从而减少国民收入　　D. 因政策相互矛盾导致结果不确定

10. 公开市场业务是指(　　)。

A. 商业银行的信贷活动

B. 商业银行在公开市场中买入或卖出政府债券

C. 央行增加或减少对商业银行的贷款

D. 央行在金融市场上买入或卖出政府债券

二、多选题

1. 央行改变货币供给量可通过(　　)。

A. 改变法定准备金率　　B. 改变再贴现率

C. 公开市场业务操作　　D. 降低利率

2. 在其他条件不变的情况下,以下(　　)属于扩张性的货币政策。

A. 降低贴现率　　B. 央行出售政府债券

C. 增加货币发行　　D. 降低法定准备金率

3. 宏观经济政策的目标是(　　)。

A. 充分就业　　B. 物价稳定

C. 经济增长　　D. 国际收支平衡

4. 属于内在稳定器的项目有(　　)。

A. 政府购买　　B. 税收

C. 政府转移支付　　D. 政府公共支出

5. 扩张性财政政策的一般效应是(　　)。

A. 消费需求增加　　B. 投资需求增加

C. 总需求增加　　D. 政府支出增加

三、分析题

中央经济工作会议:继续实施积极财政政策和稳健货币政策

据新华社报道,2018 中央经济工作会议 12 月 19—21 日在北京举行。会议指出,宏观政策要强化逆周期调节,继续实施积极的财政政策和稳健的货币政策,适时预调微调,稳定总需求;积极的财政政策要加力提效,实施更大规模的减税降费,较大幅度增加地方政府专项债券规模;稳健的货币政策要松紧适度,保持流动性合理充裕,改善货币政策传导机制,提高直接

融资比重，解决好民营企业和小微企业融资难融资贵问题。

对此，摩根士丹利华鑫证券首席经济学家兼研究部主管章俊对《中国经营报》记者表示："从政策面来看，虽然依然维持积极的财政政策和稳健的货币政策的立场没有发生变化，但对积极的财政政策提出了更多的要求，'要加力提效，实施更大规模的减税降费，较大幅度增加地方政府专项债券规模'，而稳健的货币政策的关键是在保持流动性合理充裕的前提下，改善货币政策传导机制和解决民企融资难融资贵的问题。这与我们之前对明年'稳货币，送信贷，宽财政'政策组合是一致的。"

民生银行首席研究员温彬也对记者表示，对比来看，今年中央经济工作会议对货币政策的表述有了一些变化：首先，对稳健货币政策的要求变了，从"要保持中性"改成了"要松紧适度"，这个变化主要跟经济形势的变化有关系。其次，今年中央经济工作会议不再提"管住货币供给总闸门"，而提出"保持流动性合理充裕"。再次，今年中央经济工作会议强调要"改善货币政策传导机制"，而去年的提法是"保持货币信贷和社会融资规模合理增长"。

值得注意的是，会议还强调，在充分肯定成绩的同时，要看到经济运行稳中有变、变中有忧，外部环境复杂严峻，经济面临下行压力。这些问题是前进中的问题，既有短期的也有长期的，既有周期性的也有结构性的。要增强忧患意识，抓住主要矛盾，有针对性地加以解决。

就此，章俊对记者分析称，此次会议在之前政治局会议中首次提及"稳中有变"的基础上又首次提及了"变中有忧"，而对于"忧"的定义又涉及了内外两个方面：外部环境复杂严峻，主要是指全球贸易保护主义和单边主义势力抬头给全球经济一体化造成了困难，以及全球经济复苏拐点出现导致主要经济体在经济和金融各个层面风险上升；而国内经济下行压力一方面是全球经济和贸易环境恶化所导致的，另一方面也是自身在结构性改革过程中主动降低逆周期政策力度所带来的。

会议还指出，我国发展仍处于并将长期处于重要战略机遇期。世界面临百年未有之大变局，变局中危和机同生并存，这给中华民族伟大复兴带来重大机遇。同时，会议还认为，我国经济运行主要矛盾仍然是供给侧结构性的，必须坚持以供给侧结构性改革为主线不动摇，更多采取改革的办法，更多运用市场化、法治化手段，在"巩固、增强、提升、畅通"八个字上下功夫。

章俊认为，明年整体政策会在"稳中求进"的总基调下围绕"六个稳"来寻求"稳增长，促改革，调结构，惠民生，防风险"之间的平衡，在全面建成小康社会的关键之年推动中国经济向高质量方向发展。

（资料来源：编者根据网络资料改写）

问题：以上材料运用了哪些财政政策和货币政策的原理？

【应用与实训】

实训目的

掌握宏观经济政策的四大目标及其相互之间的关联性。

实训项目

阅读我国有关宏观经济政策的资料。

实训内容

1. 教师选取有关我国宏观经济政策的资料。

2. 组织学生阅读并运用所学知识分析资料中的财政政策类型及政府经济问题的解决方案、货币政策的类型及政府的措施。

3. 以3～6人为一组，组织各小组进行问题讨论，并形成讨论稿。

4. 提交讨论稿。

实训说明

本实训为课堂实训，课后提交问题讨论稿，教师选出几份讨论稿在班上与学生分享，并根据情况给出相应的意见和建议，做出总结。

参 考 文 献

[1]刘霞,周岳梅. 经济学基础[M]. 北京:北京大学出版社,2009.
[2]刘日星,赵亚芬. 经济学基础[M]. 北京:北京邮电大学出版社,2012.
[3]萨缪尔森,诺德豪斯. 微观经济学(第 17 版)[M]. 萧琛,译. 北京:人民邮电出版社,2007.
[4]杨长江,陈伟浩. 微观经济学[M]. 上海:复旦大学出版社,2004.
[5]霍爱英,高晓华. 宏观经济学案例与实训教程[M]. 成都:西南财经大学出版社,2016.
[6]张顺. 微观经济学习题集 [M]. 北京:中国人民大学出版社,2015.
[7]高鸿业. 西方经济学:微观部分 [M]. 5 版. 北京:中国人民大学出版社,2012.
[8]徐辉. 经济学基础 [M]. 北京:电子工业出版社,2018.
[9]平狄克,鲁宾费尔德 . 微观经济学(第 8 版) [M]. 高远,朱海洋,范子英,等译. 北京:中国人民大学出版社,2013.